# 異文化対応の
# 会計課題

柴 健次 編著
Shiba Kenji

グローバルビジネスにおける
日本企業の特徴

同文舘出版

# はしがき

　本書は国際会計研究学会おいて 2016 年度と 2017 年度の 2 年間設置された研究プロジェクト「グローバルビジネスの会計課題に関する研究」（主査・柴健次）の研究成果である。なお，われわれは，2017 年 9 月 2 日に青山学院大学で中間報告を行い，2018 年 9 月 7 日に中部大学で最終報告を行った。その後も，研究内容の精緻化を試み，今般，市販化の機会を得ることになった。

　われわれの研究は，グローバルビジネスの会計課題を異文化対応の会計課題として接近した研究である。グローバルにビジネスを展開する企業は，進出先で文化の壁に遭遇するため，文化問題を意識するようになる。遭遇する文化は，国家の範囲を超えることもあるし，1 つの国家の内部に複数存在する場合もある。企業は，グローバルにビジネスを展開しつつも，ローカルに対応するという現実的な経営問題に直面する。その現実的な経営問題を文化問題として認識するとき，われわれは新しい接近法を手に入れたことになる。この新しい接近法が会計で適用されるとき，異文化会計（cross cultural accounting）が成立する。ここでは文化と会計，すなわち文化の相違という環境制約とローカルにビジネスを適合させるという企業の会計行動を研究対象とすることになる。

　以上要するに，国家と会計の関係を意識した国際会計，市場と会計の関係を意識したグローバル会計に対して，われわれは文化と会計の関係を意識した異文化会計の確立のための基礎研究を行うのである。

　今少し，詳しく見ていきたい。われわれの研究グループは，当初，異文化理解をキーワードに研究を開始した。その後，異文化理解から一歩進めて，異文化会計の成立可能性を探った。

　その研究成果を以下の構成に並べた。

第1章　異文化会計という接近法（柴）
第2章　言語・文化・会計の相互関係に関する基礎理論（工藤）
第3章　会計研究における多国籍企業立地選択論（林）
第4章　グローバルビジネスと財管一致の会計システム
　　　　―財務会計のリンクと管理会計のリンク（高橋）
第5章　グローバル化対応のグローバル・キャッシュ・マネジメント（小
　　　　澤・松本）
第6章　ロイヤルティの経営戦略上の意義と会計・税務問題（小形）
第7章　海外進出子会社の会計行動から見える異文化会計（仲尾次・宗田）
第8章　中小製造業における経営の現地化と管理会計システムの適合
　　　　―株式会社西部技研の中国現地法人を事例として（飛田）

## 第1章　異文化会計という接近法

　先に触れたように，われわれは，「国際」と「グローバル」と「異文化」を区別することにした。その上で，柴は日本企業の海外進出の実態を踏まえて，以下のような特徴を有する接近法を提案して研究の方向性を示した。

① 異文化コミュニケーションの促進要因としての会計という視点
② 異文化コミュニケーションの阻害要因としての会計という視点
③ 検討対象を日本企業に限定するという制約

## 第2章　言語・文化・会計の相互関係に関する基礎理論

　工藤は，「異文化会計」という接近法を機能させるための準備作業として，「文化」と「会計」を「言語」でつないで分析する。その結果，会計には多様化と標準化の双方の力学が働くという考えを提示する。ここで，多様化が認められる背景には文化や言語の相対主義がある。標準化が目指される背景には言語の比較可能性がある。以上を踏まえて，以下が示される。

① 会計によるコミュニケーションの重要性認識の共有
② 言語の同期化（標準化）の必然性
③ 言語の翻訳における意味本質の正しい伝達の必要性
④ 会計コミュニケーションのための継続的教育の必要性

## 第3章　会計研究における多国籍企業立地選択論

　林は，文化の多様性をIFRS適用との関係で論じる。具体的には，分析手法を多国籍企業の立地論に求める。従来，多国籍企業の立地選択論，FDIの決定要因分析は国際金融論，国際貿易論，国際経済学，国際経営学の主要な研究テーマの1つとなってきた。一方，会計研究者はFDIの決定メカニズムの解明は守備範囲外と捉えてきた。しかし，IFRSの世界的普及を契機に，会計研究者もIFRSのFDI促進機能の有無について検討するようになってきたのである。

## 第4章　グローバルビジネスと財管一致の会計システム
### ―財務会計のリンクと管理会計のリンク

　高橋は，会計が異文化理解の促進要因になりうることを主張する。そのためには，経営者が経営判断に用いる情報と，投資家へ開示される財務会計の情報を整合させるような会計処理が要請される。IFRSという会計の標準化が現実化しつつある現在，それゆえにこそ構想されうるのが財管一致である。その結果として，財務会計のリンクと管理会計のリンクの形成が効果的に働くことになり，在外子会社のアライアンスが促進されるということが期待される。以上の点から，財管一致の会計システムの構築によって，会計が異文化コミュニケーションの促進要因として作用する可能性がある。

## 第5章　グローバル化対応のグローバル・キャッシュ・マネジメント

　小澤・松本は，グローバル・キャッシュ・マネジメント（GCM）の必要性を説く。財務に特化したこの手法は文化の差を乗り越えることができる。小澤・松本の調査によると，日本企業でGCMの適用が進まない理由として，グループ企業間でERPが統一されていないこと，そもそも財務管理体制が不十分であること，国境を越えた資金移動に制約が多いことなどが明らかになった。その上で，海外子会社管理の要締となるはずのERPとGCMとの接合は，日本企業においてはほぼ関心が払われていないという現実があり，それらが未整備による粉飾などの不正を招きかねないと警告を発する。

## 第6章　ロイヤルティの経営戦略上の意義と会計・税務問題

　小形は，日本企業がグローバルに展開しつつ，ローカルの壁に衝突するという例を論じた。それがロイヤルティ問題である。ロイヤルティには国際税務戦略の側面と収益獲得の側面がある。税務戦略の側面では，成熟化した海外子会社が本国親会社への送金拡大のためにロイヤリティを利用するが，これが現地国の税務当局との対立するようになるというものである。収益獲得の側面では，日本企業は，IFRSと日本基準という会計基準の選択を通じて会計数値を裁量的に操作している可能性があると指摘する。ロイヤルティの2つの側面のいずれを重視するかは，その企業の国際経営戦略上の違いとして説明することができる。

## 第7章　海外進出子会社の会計行動から見える異文化会計

　仲尾次・宗田は，半構造化インタビューの手法で台湾進出企業とシンガポール進出企業に実態解明を試みた。日本企業の現地法人が，当該国において社会的規範の1つである会計規制や慣習を含む会計実務にどのように向き合っているか，仮に超文化技術＝共通言語としての会計とそうではない会計があるのであれば，その線引きないし見極め方は如何という内容である。しかし，事前の仮説は証明できなかった。このようなインタビューの経験により，理論に基づく仮説を設けることの重要性を確認できたかもしれない。しかし，体系づけられたケースも，かかるインタビュー調査が基礎にあることを忘れてはならない。

## 第8章　中小製造業における経営の現地化と管理会計システムの適合
### 　　　―株式会社西部技研の中国現地法人を事例として

　飛田は，日本企業の海外進出を管理会計の視点から鋭く切り込む。先行研究を踏まえ，分析視点を①中小製造業，②経営の現地化，③管理会計システムの適合に絞り込み，分析対象に中国に進出した特定企業を当てた。その結果，明らかになったことは以下のとおりである。第1に，日本本社で用いられているシステムを現地語に変換して移転しているが，権限を移譲し，極力現地での判断に委ねることによってテンションをマネジメントしているとい

えそうである。第2に，中国人の気質，人員や取引先の現地化，発票制度に代表される中国独特の取引慣行などの社会システムに適合させながら，現地化された日本の管理会計システムの運用に努めている。

　われわれは，当初，異文化理解をキーワードに海外進出に伴う会計課題への接近法を模索した。これに対して，後に，異文化会計の構築を目指してありうる接近法を模索した。

　文化は多様である。日本から見れば異文化である多様な文化に対応できなければ海外進出は失敗する。一方，会計もまた多様である。しかし，標準化を目指してもいる。多様な文化に対する多様な会計の存在というだけでは，学問的な貢献は少ないかもしれない。これに対して，本研究グループのメンバーは，それぞれの観点から異文化会計の構築を目指した。

　本書は国際会計研究学会に提出した報告書をそのままの形で印刷したものではない。メンバーは学会最終報告に全力を尽くしたのであるが。なお改善を試みた。主査である柴も，メンバーの研究の進展をみながらも異文化会計のコンセプトを明確にしてきた。本書は完成形ではないかもしれないが，文化と会計を扱う研究領域のありうる姿の一端を示すことができたのではないかと思っている。

　本書が世に出るまでには多くの方々の協力があった。本研究プロジェクトを採択していただいた橋本尚国際会計研究学会前会長とその執行部，継続的支援をいただいた杉本徳栄現会長と執行部に感謝申し上げる。本書の市販化の意義を認め，出版まで尽力していただいた同文舘出版の青柳裕之氏に感謝申し上げる。

2019 年 4 月

柴　　健次

もくじ

はしがき　i

## 第 1 章
# 異文化会計という接近法

Ⅰ　はじめに ………………………………………………………… 4

Ⅱ　日本企業の海外進出の状況 …………………………………… 5

Ⅲ　異文化という環境 ……………………………………………… 11

Ⅳ　アンケート調査と個別の聞き取りから ……………………… 15

Ⅴ　異文化会計のコンセプトづくり ……………………………… 20
　　1　経営環境対応とマネジメントの組み合わせ　20
　　2　異文化対応へのバランス　21
　　3　2つの図表の合成　21
　　4　異文化の見える化　23
　　5　われわれの研究の特徴　24

## 第 2 章
# 言語・文化・会計の相互関係に
# 関する基礎理論

Ⅰ　はじめに ………………………………………………………… 28

Ⅱ　言語としての会計 ……………………………………………… 28

vii

1　言語と会計　28

　　2　表記としての会計言語とその共通性および多様性　30

　　3　共通語あるいは標準語としての会計言語の形成　32

　　4　比較可能性を超えて　34

Ⅲ　会計の制度性構築に対する文化的影響 ……………………………………… 36

　　1　会計と文化　36

　　2　文化の多様性と会計の多様性　38

　　3　会計コミュニケーションのための異文化理解あるいは異文化受容　40

Ⅳ　言語と文化の相互関係―サピア゠ウォーフ仮説の教訓― ………… 41

Ⅴ　まとめ ……………………………………………………………………………… 43

---

第 **3** 章
# 会計研究における
# 多国籍企業立地選択論

Ⅰ　はじめに ………………………………………………………………………… 48

Ⅱ　外国進出戦略 …………………………………………………………………… 49

Ⅲ　アジア地域進出日本企業 …………………………………………………… 51

Ⅳ　韓国 KOSDAQ 上場日本企業の事例 …………………………………… 62

Ⅴ　IFRS の FDI 促進機能 ……………………………………………………… 65

Ⅵ　文化の価値次元指標とグローバルビジネス ……………………………… 74

Ⅶ　小括 ……………………………………………………………………………… 78

もくじ

# 第 4 章
## グローバルビジネスと
## 財管一致の会計システム
### 財務会計のリンクと管理会計のリンク

Ⅰ　はじめに ………………………………………………………………… 84

Ⅱ　グローバルビジネスの戦略とその展開 ………………………………… 85
　　1　統合―適合フレームワーク　85
　　2　トランスナショナル企業経営からメタナショナル企業経営へ　86

Ⅲ　グローバル経営と会計問題 ……………………………………………… 90
　　1　在外子会社の自律的な活動のマネジメントとグループ全体のマネジメント　90
　　2　自律的な在外子会社の管理会計　90
　　3　グローバルビジネスにおける連結経営　91

Ⅳ　財管一致の会計システムとその課題 …………………………………… 93
　　1　財管一致の会計システムとは　93
　　2　財務会計と管理会計の関係　94
　　3　マネジメントと財管一致　96
　　4　グローバル経営での財管一致　99
　　5　財管一致の会計システムの構築上の問題　101

Ⅴ　むすび―異文化会計と財管一致― …………………………………… 104

# 第 5 章
## グローバル化対応の
## グローバル・キャッシュ・マネジメント

Ⅰ　はじめに ………………………………………………………………… 108

ix

Ⅱ　調査の背景と対象会社 ……………………………………………… 109
　　1　調査の背景　109
　　2　インタビュー調査の実施概要　110

Ⅲ　グローバル・キャッシュ・マネジメント（GCM）の概要 ………… 110

Ⅳ　GCM を導入している事業会社（甲社）
　　および金融機関（乙行）の実情と課題 ……………………………… 117
　　1　事業会社（甲社）のケース　117
　　2　金融機関（乙行）のケース　119
　　3　GCM のわが国における課題　120

Ⅴ　わが国企業の海外子会社における GCM の適用状況
　　―シンガポール子会社を中心に― …………………………………… 121
　　1　調査対象および手法　121
　　2　インタビュー結果に基づく現地における資金管理体制の現状　121

Ⅵ　GCM に対する第三者による保証業務の提供可能性 ……………… 133

Ⅶ　おわりに ………………………………………………………………… 136

---

第 **6** 章
# ロイヤルティの経営戦略上の意義と会計・税務問題

Ⅰ　はじめに ………………………………………………………………… 140

Ⅱ　日本企業におけるロイヤルティ取引の現状 ………………………… 140

Ⅲ　国際経営戦略の視点 …………………………………………………… 145

Ⅳ　国際税務戦略の一環としてのロイヤルティとそのリスク ………… 147
　　1　国際税務戦略としてのロイヤルティの活用　147

もくじ

2 課税リスク　148

## V　収益獲得機会の拡大戦略としての ロイヤルティとその会計課題 ……………………………… 152

1 会計基準の国際的相違　152
2 ロイヤルティの会計処理をめぐる IFRS 第 15 号と適用指針第 30 号　153
3 条件付対価における国際的相違　156

## VI　むすびに代えて―今後の検討課題― …………………………… 160

---

第 **7** 章
# 海外進出子会社の会計行動から 見える異文化会計

## I　はじめに ……………………………………………………………… 166

1 研究目的　166
2 研究方法・調査概要　169

## II　事例研究 1（台湾）………………………………………………… 171

1 台湾の環境制約　171
2 調査概要　173
3 E 社へのインタビュー調査結果　176
4 台湾進出子会社の会計行動から見える異文化会計　180

## III　事例研究 2（シンガポール）……………………………………… 181

1 シンガポールの環境制約　181
2 調査概要　187
3 G 社へのインタビュー調査結果　188
4 シンガポール進出子会社の会計行動から見える異文化会計　193

## IV　むすびに代えて …………………………………………………… 194

xi

# 第 **8** 章
## 中小製造業における経営の
## 現地化と管理会計システムの適合
### 株式会社西部技研の中国現地法人を事例として

I　はじめに ……………………………………………………………… 202

II　企業のグローバル化に伴う管理会計問題
　　―国際管理会計と日本的管理会計― ………………………………… 203

III　調査概要と西部技研の管理会計システム ………………………… 208
　　1　株式会社西部技研の概要　209
　　2　西部技研の管理会計システム　210

IV　中国法人における管理会計システムと課題 …………………… 212
　　1　中国における日系企業の進出状況　212
　　2　中国法人総経理（当時）の視点から見る中国のビジネス環境　216
　　3　中国子会社の組織構造と管理会計システム　217
　　4　今後の経営課題　220
　　5　小括　221

V　おわりに ……………………………………………………………… 222


索　　引　227

# 異文化対応の会計課題

## ―グローバルビジネスにおける日本企業の特徴―

# 第 1 章

## 異文化会計という
## 接近法

# I ｜ はじめに

　本章では，われわれの「グローバルビジネスの会計課題に関する研究」の基本をなす接近法を述べる[1]。この研究において，われわれは伝統的な2つの接近法に代わる第3の接近法を確立しようとしている。

　第1の接近法は国際会計である。国家の領域を超えると国際問題が認識される。国際問題は国境を意識した2国間ないし多国間の問題となる。会計も国際問題に直面することから，国際会計という領域が成立する。会計はそもそも政治的色彩を帯びやすいので，国際会計の領域にあっては，国際政治舞台における会計基準設定をめぐる反目となって表れる[2]。

　第2の接近法はグローバル会計である。グローバル会計は国境を越えて一体化した市場を意識した研究分野である。ここでは経済問題が中心になる。かつて反目を繰り返した国際会計基準設定もより良き経済インフラとしての会計基準が志向される。IFRS財団は，一組の高品質なグローバル会計基準（いわゆるIFRS基準）を開発する責任を負っている，とし，その使命を「世界の金融市場に透明性，アカウンタビリティ，効率性をもたらすような会計基準を開発することにある」としている[3]。

　以上が伝統的な2つの接近法であった。しかし，グローバルにビジネスを展開する企業は，進出先で文化の壁に遭遇するため，文化問題を意識するようになる。遭遇する文化は，国家の範囲を超えることもあるし，1つの国家の内部に複数存在する場合もある。企業は，グローバルにビジネスを展開しつつも，ローカルに対応するという現実的な経営問題に直面する。その現実的な経営問題を文化問題として認識するとき，われわれは新しい接近法を手

---

[1]　国際会計研究学会の2016年度と2017年度の2年間にわたり，柴健次を主査として実施した研究である。中間報告を2017年9月2日青山学院大学で，最終報告を2018年9月8日に中部大学で行った。

[2]　Lane and Gerhartは「国際政治舞台における会計：国際基準設定活動における反目」という論文で会計の政治化を指摘する（Lane and Gerhart [1988]）。

[3]　「IFRSについて」〈https://www.ifrs.org/about-us/〉（最終閲覧日：2019年5月18日）。

異文化会計という接近法　**第1章**

に入れたことになる。ここに，第3の接近法というべき異文化会計（cross cultural accounting）が成立する。ここでは，文化の相違という環境制約の研究と，当該ローカル文化にビジネスを適合させるという企業行動を研究対象とする。

以上要するに，国家と会計の関係を意識した国際会計，市場と会計の関係を意識したグローバル会計に対して，われわれは文化と会計の関係を意識した異文化会計の確立のための基礎研究を行うのである。

# II ｜ 日本企業の海外進出の状況

異文化会計を確立するという観点からすれば，日本企業が異なる文化圏にどういう割合で進出しているかを知ることが重要である。しかしながら，現時点では，文化別のデータを入手できない。そこで日本が国別にどのように進出しているかを知ることからはじめざるを得ない。

東洋経済新報社の『海外進出企業総覧［国別編］2018年版』（以下，『企業総覧』）には海外現地法人30,753社と日本側出資企業5,070社が収録されている。出資企業1社当たり平均6.07社の現地法人を有することになる。このうち，現地法人データを進出先国と業種のマトリックスの形式で集計したものが**図表1-1**である。図表1-1の列には，現地法人数の多い順に国別に15位まで並べ，残りはその他とした。図表1-1の行には，現地法人数の多い順に業種別に並べた。この『企業総覧』の業種は，メーカーと卸が識別されているので，両者を一括して再集計したものを下の方の行に掲載した。

## ■ 図表 1-1　進出先別・業種別の現地法人の分布

| | 合　計 | 中国 | アメリカ | タ　イ | シンガポール | 香　港 | インドネシア | 台　湾 |
|---|---|---|---|---|---|---|---|---|
| 2016 | 29125 | 6825 | 3720 | 2318 | 1335 | 1298 | 1163 | 1055 |
| 2018 | 30753 | 6774 | 3949 | 2489 | 1416 | 1311 | 1273 | 1101 |

分類 1（業種別）30753

| | 合計 | 中国 | アメリカ | タイ | シンガポール | 香港 | インドネシア | 台湾 |
|---|---|---|---|---|---|---|---|---|
| 電気機器卸売 | 2454 | 367 | 241 | 147 | 181 | 248 | 50 | 139 |
| 電気機器 | 2058 | 699 | 163 | 169 | 42 | 55 | 74 | 88 |
| 輸送機器 | 2043 | 525 | 285 | 242 | 4 | 3 | 146 | 40 |
| 機械卸売 | 1981 | 274 | 200 | 165 | 102 | 69 | 80 | 68 |
| 化学 | 1899 | 589 | 214 | 192 | 55 | 21 | 109 | 90 |
| 機械 | 1541 | 519 | 202 | 145 | 25 | 9 | 53 | 61 |
| 他サービス | 1290 | 280 | 252 | 61 | 96 | 54 | 29 | 46 |
| 統括会社 | 1250 | 150 | 335 | 60 | 127 | 95 | 3 | 1 |
| 情報・システム・ソフト | 1018 | 264 | 180 | 58 | 54 | 26 | 29 | 29 |
| 化学卸売 | 971 | 202 | 96 | 72 | 61 | 93 | 33 | 60 |
| 他卸売 | 864 | 165 | 108 | 56 | 55 | 80 | 20 | 34 |
| 倉庫・物流関連 | 820 | 210 | 59 | 85 | 35 | 41 | 49 | 14 |
| 他製造業 | 652 | 189 | 56 | 55 | 10 | 31 | 47 | 16 |
| 金属製品 | 639 | 204 | 67 | 108 | 11 | 7 | 37 | 17 |
| 精密機械卸売 | 620 | 67 | 80 | 22 | 29 | 24 | 8 | 19 |
| 総合卸売 | 619 | 135 | 45 | 51 | 32 | 43 | 28 | 31 |
| 食料品 | 604 | 163 | 96 | 67 | 16 | 10 | 40 | 19 |
| 輸送用機器卸売 | 589 | 57 | 69 | 50 | 16 | 11 | 20 | 13 |
| 建設 | 535 | 66 | 31 | 75 | 40 | 9 | 44 | 14 |
| 精密機械 | 439 | 119 | 66 | 27 | 9 | 11 | 6 | 8 |
| 繊維・衣服 | 432 | 208 | 22 | 42 | 1 | 15 | 37 | 8 |
| 貨物運送 | 388 | 63 | 44 | 42 | 18 | 29 | 18 | 16 |
| 鉄鋼・金属卸売 | 366 | 77 | 57 | 34 | 18 | 32 | 19 | 12 |
| ゴム製品 | 361 | 94 | 38 | 53 | 7 | 3 | 30 | 7 |
| ガラス・土石 | 360 | 96 | 32 | 18 | 1 | 1 | 11 | 21 |
| 鉄鋼 | 360 | 103 | 41 | 46 | 5 | 3 | 30 | 6 |
| 不動産 | 358 | 72 | 80 | 12 | 20 | 11 | 25 | 10 |
| 食料品卸売 | 332 | 60 | 68 | 20 | 30 | 18 | 8 | 16 |
| 非鉄金属 | 316 | 105 | 30 | 38 | 5 | 5 | 13 | 18 |
| 投資業等 | 313 | 13 | 77 | 15 | 22 | 24 | 2 | 5 |
| 医薬品 | 270 | 60 | 66 | 4 | 7 | 4 | 10 | 8 |
| 海運 | 245 | 15 | 13 | 13 | 41 | 12 | 4 | 3 |
| 鉱業 | 242 | 3 | 37 | 3 | 12 | | 6 | |
| 広告 | 218 | 40 | 23 | 19 | 23 | 6 | 18 | 12 |
| 飲食・外食 | 210 | 31 | 41 | 16 | 15 | 29 | 8 | 26 |
| 人材派遣・業務請負 | 202 | 20 | 17 | 16 | 19 | 12 | 6 | 7 |
| 繊維・衣服卸売 | 192 | 80 | 22 | 9 | 4 | 35 | 5 | 3 |
| 他金融 | 191 | 8 | 31 | 18 | 8 | 11 | 13 | 5 |

| ベトナム | マレーシア | 韓　国 | イギリス | インド | ドイツ | オーストラリア | フィリピン | 15か国計 | その他 |
|---|---|---|---|---|---|---|---|---|---|
| 889 | 926 | 922 | 875 | 751 | 764 | 558 | 547 | 23946 | 5179 |
| **1064** | **978** | **962** | **934** | **845** | **838** | **608** | **608** | **25150** | **5603** |
|  |  |  |  |  |  |  |  |  |  |
| 36 | 52 | 120 | 87 | 60 | 135 | 48 | 35 | 1946 | 508 |
| 99 | 129 | 57 | 37 | 44 | 46 | 7 | 80 | 1789 | 269 |
| 64 | 42 | 44 | 30 | 117 | 26 | 5 | 55 | 1628 | 415 |
| 42 | 69 | 66 | 55 | 66 | 92 | 38 | 31 | 1417 | 564 |
| 64 | 81 | 93 | 30 | 55 | 36 | 15 | 41 | 1685 | 214 |
| 44 | 28 | 74 | 31 | 63 | 56 | 9 | 17 | 1336 | 205 |
| 40 | 33 | 47 | 45 | 33 | 41 | 29 | 34 | 1120 | 170 |
| 5 | 15 | 6 | 107 | 6 | 43 | 54 | 4 | 1011 | 239 |
| 68 | 20 | 51 | 44 | 40 | 19 | 11 | 28 | 921 | 97 |
| 18 | 24 | 53 | 18 | 30 | 37 | 9 | 7 | 813 | 158 |
| 14 | 24 | 27 | 31 | 15 | 41 | 25 | 7 | 702 | 162 |
| 42 | 35 | 19 | 14 | 22 | 10 | 11 | 21 | 667 | 153 |
| 45 | 31 | 12 | 10 | 14 | 6 | 2 | 18 | 542 | 110 |
| 46 | 18 | 17 | 6 | 18 | 3 | 3 | 22 | 584 | 55 |
| 8 | 17 | 26 | 23 | 24 | 45 | 15 | 5 | 412 | 208 |
| 24 | 22 | 16 | 14 | 20 | 20 | 12 | 12 | 505 | 114 |
| 33 | 20 | 9 | 8 | 9 | 4 | 21 | 7 | 522 | 82 |
| 4 | 13 | 11 | 23 | 13 | 26 | 18 | 3 | 347 | 242 |
| 40 | 46 | 7 | 3 | 23 | 5 | 12 | 33 | 448 | 87 |
| 23 | 9 | 18 | 19 | 6 | 25 | 4 | 9 | 359 | 80 |
| 28 | 6 | 9 | 7 | 5 | 1 | 1 | 1 | 391 | 41 |
| 21 | 18 | 4 | 7 | 11 | 11 | 5 | 9 | 316 | 72 |
| 12 | 7 | 11 | 11 | 12 | 14 | 5 | 3 | 324 | 42 |
| 18 | 16 | 7 | 1 | 16 | 3 | 1 | 7 | 301 | 60 |
| 14 | 12 | 12 | 5 | 7 | 6 | 3 | 2 | 241 | 119 |
| 21 | 16 | 7 |  | 21 |  | 2 | 6 | 307 | 53 |
| 20 | 7 | 6 | 11 | 5 | 2 | 19 | 24 | 324 | 34 |
| 6 | 10 | 2 | 7 | 3 | 9 | 11 | 3 | 271 | 61 |
| 18 | 31 | 9 | 5 | 8 | 2 | 3 | 8 | 298 | 18 |
| 1 | 6 | 4 | 24 | 3 | 2 | 22 | 5 | 225 | 88 |
| 9 | 2 | 10 | 22 | 4 | 9 | 1 | 2 | 218 | 52 |
| 2 | 5 | 4 | 9 | 4 | 2 | 2 | 8 | 137 | 108 |
| 1 | 5 | 1 | 11 |  |  | 50 | 8 | 137 | 105 |
| 12 | 9 | 7 | 11 | 13 | 3 | 8 | 3 | 207 | 11 |
| 3 | 6 | 10 | 5 | 2 | 1 | 3 |  | 196 | 14 |
| 8 | 8 | 6 | 10 | 9 | 6 | 25 | 2 | 171 | 31 |
| 3 | 2 | 5 | 1 | 1 | 3 | 2 | 1 | 176 | 16 |
| 2 | 6 | 4 | 13 | 4 | 3 | 6 | 1 | 133 | 58 |

| | 合　計 | 中国 | アメリカ | タ　イ | シンガポール | 香　港 | インドネシア | 台　湾 |
|---|---|---|---|---|---|---|---|---|
| 医薬品卸売 | 180 | 16 | 19 | 7 | 6 | 7 | 2 | 9 |
| 電力・ガス | 177 | 4 | 24 | 21 | 6 | 1 | 10 | 10 |
| 損害保険 | 170 | 9 | 33 | 14 | 11 | 7 | 7 | 3 |
| コンサルティング | 166 | 55 | 13 | 13 | 13 | 4 | 11 | 1 |
| リース | 158 | 28 | 19 | 18 | 12 | 9 | 13 | 6 |
| 旅行 | 157 | 12 | 20 | 5 | 13 | 10 | 6 | 3 |
| 専門店 | 137 | 26 | 14 | 10 | 10 | 7 | 2 | 21 |
| 他小売 | 125 | 44 | 14 | 8 | 4 | 10 | 2 | 7 |
| 農林水産 | 117 | 12 | 11 | 6 | 2 | | 5 | 2 |
| 貸金・信販・カード | 116 | 13 | 15 | 9 | 7 | 7 | 8 | 3 |
| 通信・放送 | 103 | 7 | 29 | 4 | 6 | 5 | 4 | 2 |
| 紙・パルプ | 100 | 32 | 7 | 15 | 3 | 2 | 7 | 2 |
| 建物管理・警備 | 100 | 30 | | 2 | 4 | 2 | 4 | 7 |
| 映像・音楽 | 73 | 8 | 43 | 1 | 2 | 3 | 1 | 1 |
| 証券 | 68 | | 8 | 3 | 6 | 16 | 3 | 1 |
| 機械等修理 | 65 | 11 | 4 | 8 | 4 | 1 | 2 | 7 |
| 投信・投資顧問 | 64 | 4 | 15 | | 11 | 7 | | 3 |
| ホテル | 58 | 3 | 11 | 1 | | | 2 | |
| 銀行 | 55 | 3 | 4 | 2 | | 1 | 2 | 6 |
| 自動車販売 | 48 | 5 | 4 | 3 | | | | |
| 石油・燃料卸売 | 47 | 1 | 10 | | 14 | | 1 | 1 |
| レジャー・娯楽 | 42 | 4 | 8 | 2 | 2 | 2 | 2 | 3 |
| 生命保険 | 39 | 2 | 9 | 6 | 3 | 2 | 3 | |
| スーパー | 35 | 19 | 4 | 3 | | | | 1 |
| 建設設計 | 32 | 10 | | 1 | 2 | 1 | 1 | 2 |
| 石油石炭 | 19 | 2 | 3 | 4 | 3 | | 1 | |
| 新聞・出版 | 17 | 2 | 2 | 1 | 2 | 3 | | 3 |
| 百貨店 | 17 | 7 | - | | 3 | 2 | | 1 |
| 航空 | 10 | | 4 | 2 | | | | |
| 商品先物 | 10 | | | | 1 | 3 | 1 | |
| 信託銀行 | 3 | | 1 | | | | | |
| 鉄道・バス | 3 | | 1 | | | 1 | | |
| 分類1補足（メーカーと卸売りを合算した場合） | | | | | | | | |
| 電気機器／卸売 | 4512 | 1066 | 404 | 316 | 223 | 303 | 124 | 227 |
| 機械／卸売 | 3522 | 793 | 402 | 310 | 127 | 78 | 133 | 129 |
| 化学／卸売 | 2870 | 791 | 310 | 264 | 116 | 114 | 142 | 150 |
| 輸送機器／卸売 | 2632 | 582 | 354 | 292 | 20 | 14 | 166 | 53 |
| 精密機械／卸売 | 1059 | 186 | 146 | 49 | 38 | 35 | 14 | 27 |
| 食料品／卸売 | 936 | 223 | 164 | 87 | 46 | 28 | 48 | 35 |
| 医薬品／卸売 | 450 | 76 | 85 | 11 | 13 | 11 | 12 | 17 |
| 石油石炭／卸売 | 66 | 3 | 13 | 4 | 17 | 0 | 2 | 1 |

出所：東洋経済新報社［2018］をもとに筆者作成。

| ベトナム | マレーシア | 韓　国 | イギリス | インド | ドイツ | オーストラリア | フィリピン | 15か国計 | その他 |
|---|---|---|---|---|---|---|---|---|---|
| 1 | 2 | 6 | 13 | 2 | 12 | 4 | 2 | 108 | 72 |
| 2 | 4 | 1 | 10 | 2 | 5 | 16 | 2 | 118 | 59 |
| 5 | 4 | 1 | 22 | 5 | 2 | 2 | 4 | 129 | 41 |
| 11 | 3 | 6 | 8 | 2 | 3 |  | 2 | 145 | 21 |
| 4 | 8 | 4 | 3 | 3 | 2 | 5 | 6 | 140 | 18 |
| 5 | 4 | 3 | 5 | 2 | 2 | 5 | 3 | 98 | 59 |
| 2 | 8 | 6 | 6 | 1 | 2 | 5 | 3 | 123 | 14 |
| 8 | 9 | 8 | 1 | 3 |  |  | 1 | 119 | 6 |
| 8 | 3 |  | 1 | 2 |  | 15 | 1 | 68 | 49 |
| 3 | 2 | 1 | 9 | 1 | 1 | 4 | 5 | 88 | 28 |
| 5 | 3 | 5 | 6 | 4 | 2 | 2 | 1 | 85 | 18 |
| 13 | 6 |  |  | 2 | 2 | 2 | 1 | 94 | 6 |
| 8 | 3 | 3 | 2 | 1 |  | 2 | 2 | 70 | 30 |
| 1 | 1 | 2 | 1 | 1 |  |  | 1 | 66 | 7 |
| 2 | 1 | 1 | 12 | 1 |  | 3 | 3 | 60 | 8 |
| 3 | 2 | 7 | 4 | 1 |  | 1 | 1 | 56 | 9 |
|  | 2 | 1 | 8 | 1 | 1 | 2 |  | 55 | 9 |
| 2 | 1 | 1 | 1 |  |  | 7 |  | 29 | 29 |
| 2 | 3 | 3 | 2 |  |  | 1 | 1 | 30 | 25 |
| 3 | 1 |  | 4 |  |  | 2 | 1 | 23 | 25 |
| 3 | 1 |  | 6 |  |  | 4 |  | 41 | 6 |
| 3 | 1 | 1 | 2 | 1 |  | 3 | 3 | 37 | 5 |
| 1 | 2 | 1 |  | 3 | 1 | 2 |  | 35 | 4 |
| 2 |  | 2 |  |  |  |  | 1 | 32 | 3 |
| 7 |  |  | 3 |  | 1 |  | 2 | 30 | 2 |
|  |  |  | 2 |  |  | 3 |  | 18 | 1 |
|  | 1 |  | 3 |  |  |  |  | 17 | 0 |
| 1 | 1 |  |  |  |  |  |  | 16 | 1 |
|  |  |  |  |  |  |  |  | 6 | 4 |
|  |  | 2 | 3 |  |  |  |  | 10 | 0 |
|  |  |  |  |  |  |  |  | 1 | 2 |
|  |  |  |  |  |  |  |  | 2 | 1 |
| 135 | 181 | 177 | 124 | 104 | 181 | 55 | 115 | 3735 | 777 |
| 86 | 97 | 140 | 86 | 129 | 148 | 47 | 48 | 2753 | 769 |
| 82 | 105 | 146 | 48 | 85 | 73 | 24 | 48 | 2498 | 372 |
| 68 | 55 | 55 | 53 | 130 | 52 | 23 | 58 | 1975 | 657 |
| 31 | 26 | 44 | 42 | 30 | 70 | 19 | 14 | 771 | 288 |
| 39 | 30 | 11 | 15 | 12 | 13 | 32 | 10 | 793 | 143 |
| 10 | 4 | 16 | 35 | 6 | 21 | 5 | 4 | 326 | 124 |
| 3 | 1 | 0 | 8 | 0 | 0 | 7 | 0 | 59 | 7 |

**▌ 図表1-2　現地法人数別の所在国分布**

| 全世界　（30753社／100%） | | | | | | その他（5603社／18・2%） |
|---|---|---|---|---|---|---|
| 主要15ヵ国　（25150社／81.8%） | | | | | | |
| 主要アジア11ヵ国（18821社／61.2%） | | | | 先進4ヵ国 6329社／20.6% | | |
| アセアン6ヵ国 7828社／25.5% | | その他アジア5ヵ国 10993社／35.8% | | | | |
| タ　イ | 2489／8.1% | 中　国 | 6774／22.0% | アメリカ | 3949／12.8% | |
| シンガポール | 1416／4.6% | 香　港 | 1311／4.3% | イギリス | 934／3.0% | |
| インドネシア | 1273／4.1% | 台　湾 | 1101／3.6% | ドイツ | 838／2.7% | |
| ベトナム | 1064／3.5% | 韓　国 | 962／3.1% | オーストラリア | 608／2.0% | |
| マレーシア | 978／3.2% | インド | 845／2.8% | | | |
| フィリピン | 608／2.0% | | | | | |

出所：東洋経済新報社［2018］をもとに筆者作成。

　『企業総覧』の国別の上位15は，現地法人数の多い順に，中国，アメリカ，タイ，シンガポール，香港，インドネシア，台湾，ベトナム，マレーシア，韓国，イギリス，インド，ドイツ，オーストラリア，フィリピンである。これを分類・集計したものが**図表1-2**である。
　次に，『企業総覧』の業種別の順位は，電気機器卸売（2,454社，7.98%），電気機器（2,058社，6.69%），輸送機器（2,043社，6.64%），機械卸売（1,981社，6.44%），化学（1,899社，6.18%），機械（1,541社，5.01%），他サービス（1,290社，4.19%），統括会社（1,250社，4.06%），情報・システム・ソフト（1,018社，3.31%），化学卸売（971社，3.16%）等と続くが，メーカーと卸を合計し，業種別を再集計してみると，**図表1-3**のようになる。
　以上から，日本企業の海外進出先は，①中国，アメリカ，タイ3ヵ国に集中していること，②範囲を広げても，アジアを中心とする15ヵ国に集中していること，③業種では，電気機器，機械，化学，輸送機器（いずれもその卸も含む）に集中していること，④進出先御三家を除くと，電気機器では香港とシンガポール，機械ではドイツと韓国，化学では台湾とインドネシア，

異文化会計という接近法　第1章

■ 図表1-3　業種別の現地法人数と進出先上位5ヵ国

| 業種 | 現地法人 | 進出先上位5ヵ国 |
|---|---|---|
| 電気機器／卸売 | 4512社／14.7% | 中国，アメリカ，タイ，香港，シンガポール |
| 機械／卸売 | 3522社／11.5% | 中国，アメリカ，タイ，ドイツ，韓国 |
| 化学／卸売 | 2870社／ 9.3% | 中国，アメリカ，タイ，台湾，インドネシア |
| 輸送機器／卸売 | 2632社／ 8.6% | 中国，アメリカ，タイ，インドネシア，インド |
| 他サービス | 1290社／ 4.2% | 中国，アメリカ，シンガポール，タイ，香港 |
| 統括会社 | 1250社／ 4.1% | アメリカ，中国，シンガポール，イギリス，香港 |
| 精密機械／卸売 | 1059社／ 3.4% | 中国，アメリカ，ドイツ，タイ，韓国 |
| 情報，システム，ソフト | 1018社／ 3.3% | 中国，アメリカ，ベトナム，タイ，シンガポール |
| 食料品／卸売 | 936社／ 3.0% | 中国，アメリカ，タイ，インドネシア，シンガポール |
| 他卸 | 864社／ 2.8% | 中国，アメリカ，香港，タイ，シンガポール |
| 上記以外の他業種 | 10800社／35.1% | |

出所：東洋経済新報社［2018］をもとに筆者作成。

そして輸送機器ではインドネシアとインドに特徴が表れていること，⑤非ア
ジア諸国では2位がイギリスではあるものの，全体では10位にとどまるこ
と，などが確認できる。

　今回，送り出し側の日本企業5,000社の分析を省略している。日本企業が
出くわす異文化環境の接点という観点には直接関連がないからである。しか
しそれはいずれ，送り出し側の企業がどの文化圏でビジネスを行うかという
戦略を議論する際には必要となるものである。

# Ⅲ　異文化という環境

　文化が異なることを意識して異文化という言葉で表現している。その文化
圏をどのサイズで考えるかは企業にとって重要なことである。卑近な例でい
うと，われわれは国内において関東圏と関西圏では文化が異なるという意識
を持っている。また，先進国と新興国では経済水準が異なり，それが文化の

11

相違をもたらしているかもしれない。宗教でいうとキリスト教か，イスラム教か，仏教かで文化が異なる。しかし，いずれを根拠として異文化を識別するという基準を，われわれは示していない。むしろ，前節で確認したような日本企業による海外進出先の状況をそのまま受け入れて，どうして特定15ヵ国で進出先が82％にも達するのであろうか，中でもアジアに集中しているのはなぜであろうか，現実からの推定で好む文化と好まざる文化があるのだろうか，といった推論を重ねるうちに，文化の差異が意識されているからこそ進出先に偏りがあるのではないかと考えた。

　図表1-1を熟視すると，上述以外にもいくつか自分なりの意見を形成できる。たとえば，現地法人数の少ない業種で，中国，アメリカ，タイに進出先が少ない場合，却って，各国の特徴が鮮明になる。具体的には，海運では香港が突出している。証券では香港とイギリスが突出している。鉱業と農林水産ではオーストラリアが突出している。すなわち，相対的に現地法人が少ない上に，主要御三家への進出が少ないのに，鮮明な特徴が出ているのである。

　このように分析しても必ずしも文化の差異に到達できない。それにもかかわらず，アジアへの進出が多いのはなぜか，日本の生活様式は英米・欧州に近いのに現地法人数が相対的に少ないのはなぜか，文化が違うというだけでは文化問題を解決できないのではないか，などの疑問が生まれる。しかしこれらの疑問に答えられるような研究の蓄積が少ない。

　こうした疑問にもヒントを出し続ける調査研究「世界価値観調査」（World Values Survey：WVS）がある。WVSの最新版は2010年版であり，少し古いが，今も考えるヒントを与えてくれる。WVSのユニークな表示手法としてカルチュラルマップがある。そこでは，複数の国家が同じ価値を有するグループに括られている。原典のマップはWEB上に調査時点ごとに変化する様子が動画のように表示される。それをここに再現することは難しい。ざっと把握できれば良いと，筆者が改作して，**図表1-4**にまとめてみた（池田［2016］，13頁）。

　先に触れたように，このカルチュラルマップは2軸に異なる価値観を置くと上記グループ内の国々が近いところにプロットされるというものであり，調査ごとの位置の変化も示しうる。これによると，日本企業は，英語圏の

異文化会計という接近法　第1章

■ 図表1-4　「世界価値観調査」のカルチュラルマップに登場するグループ

| Orthodox | ロシア，ウクライナ，ブルガリア，ボスニア，アルバニアなど |
|---|---|
| Catholic Europe | フランス，スペイン，ベルギー，ギリシャ，ポルトガルなど |
| Protestant Europe | ドイツ，スウェーデン，オランダ，スイス，デンマークなど |
| Baltic | リトアニア，ラトビア，エストニア |
| African-Islamic | イラク，ナイジェリア，南アフリカ，エチオピア，ザンビアなど |
| English Speaking | アメリカ，イギリス，オーストラリア，カナダ，アイルランドなど |
| Latin America | アルゼンチン，ブラジル，チリ，メキシコ，コロンビアなど |
| Confucian | 日本，中国，台湾，香港，韓国 |
| South Asia | インド，タイ，ベトナム |

凡例：国名 は日本企業の進出先Top15に入る国々。
　　　国名 は後述の富の分配で取り上げられる6ヵ国。
出所：池田［2016］，p.13 を参考に柴が改作。

■ 図表1-5　富の分配に関する考え方（6ヵ国比較）

| | | | | 平均点の順位（小さい順） | | | | | |
|---|---|---|---|---|---|---|---|---|---|
| 1 ◀━━━━━▶ 10<br>質問項目の左の意見の通りだと「1」点，右の意見の通りだと「10点」。その中間だと「2」点から「9」点の間の点。 | | | | 日本 | アルゼンチン | 中国 | ロシア | スウェーデン | アメリカ |
| (A) | 収入はもっと平等に | ⇔ | 努力を刺激するよう収入差を大きく | 23 | 15 | 11 | 2 | 17 | 29 |
| (B) | 企業や産業の私的所有を増やすべき | ⇔ | 国家所有を増やすべき | 3 | 43 | 28 | 51 | 14 | 1 |
| (C) | 国民の暮らしに国が責任を持つべき | ⇔ | 個人が責任を持つべき | 15 | 36 | 33 | 5 | 46 | 57 |
| (D) | 競争は働く気を起こさせ好ましい | ⇔ | 有害だ | 39 | 50 | 24 | 45 | 27 | 16 |
| (E) | 勤勉に働けば生活が良くなり成功するものだ | ⇔ | 成功するとは限らない | 43 | 30 | 18 | 51 | 31 | 21 |
| (F) | 他人を犠牲にしなければ豊かにはなれない | ⇔ | 富は増えてゆくからみんなが豊かになれる | 15 | 14 | 43 | 4 | 25 | 36 |

見方：平均点の57ヵ国中の順位で相対的な位置を知ることができる。57ヵ国を3分割すると1位から19位が左の意見を持つ国，39位から57位が右の意見を持つ国。中間は影つき。日本を例にとれば，質問（B）（C）（F）は左側の意見を支持し，（D）と（E）は右側の意見を支持していると読み取れる。ただし，（A）はいずれともいえない。
出所：池田［2016］，p.104。

13

国々と儒教の国々に集中して展開していたところ近年東南アジアへの進出が増えてきたという事実を文化グループと対応させてみれば「得意な」進出先の特徴が見えてくる。

　ところが日本は，たとえば「社会観」に関する調査項目のうちの「富の分配」に関する価値観で見ると，対照された6ヵ国（網かけした国々）で，日本とそれ以外の国々とで大きく異なる価値観を有することが明らかになる（**図表1-5**）。しかも，同グループの中国とでさえ，異なる価値観を有するのである。比較対照された日本を除く5ヵ国は，日本人にとってイメージしやすい中国，アメリカ，ロシアと，馴染みの薄いアルゼンチンとスウェーデンが選ばれている。これら5ヵ国はカルチュラルマップの異なるグループに属しているという意味でも興味深い比較となっている（池田［2016］，103-114頁）。

　回答の平均値による順位を3分割したときに同じ分位であれば似た考え方をする国だと仮定して分析してみると，日本と中国は同じ「儒教の国」に属する。しかし，6つの質問すべての平均分位が異なるので，考え方はまったく異なる国だと読める。日本とアルゼンチンは質問(D)と(F)に類似性を見出せる。日本とロシアは質問(C)〜(F)が類似しており全体としても類似性が高い。日本とスウェーデンは質問(B)に類似性を見出せるだけなので，異質性が高い。最後に日本とアメリカは質問(B)のみに類似性が認められるのみなので，全体的には異質性が高い。日本はロシアの考え方に最も近い国だといえる。それにもかかわらずロシアへの企業進出は相対的に低い。

　また，特徴ある意見をつないでみると国別に新たな特徴を見出せる。アメリカは「企業や産業の私的所有を増やすべき」であり，「個人が責任を持つべき」と考える典型的な国だということになる。日本はアメリカと同じく，「企業や産業の私的所有を増やすべき」と私的所有を認める一方で，「勤勉に働けば生活が良くなり成功するとは限らない」と否定的であり，「競争は有害だ」とも考える国である。その日本と「勤勉に働けば生活が良くなり成功するとは限らない」と否定的な考えを持つロシアは，「収入はもっと平等に」を是としている。そのロシアと，「収入はもっと平等に」を是とするアルゼンチンは「競争は働く気を起こさせ好ましい」を否定し，むしろ「有害だ」と考

異文化会計という接近法　**第1章**

える国である。そしてスウェーデンは「個人が責任を持つべきだ」という点でアメリカと同じであるが，ややトーンが低いものの「収入はもっと平等に」を是としている。このように，世界価値観調査のたった1つの設問だけを捉えても，比較対象となった6ヵ国は，ある点では似ているものの他の点では似ていないという状況が見てとれる。特に，日本は勤勉を是とする国民であると思われやすいが，これが否定され，さらに競争も否定されている点が印象的である。

# Ⅳ　アンケート調査と個別の聞き取りから

　日本と価値観が異なる国へ進出するということは，異文化環境の中でビジネスを展開するということである。これに関して，関西大学はりそな総合研究所に「海外拠点の経営を担う人材育成に関するアンケート調査」を委託し，2015年3月20日に受領した[4]。有効回答は324社であった。当該調査から2つの示唆を得た。

　調査では多数の質問をしたが，「海外拠点のコントロール」に関しては，「日本本社の経営理念や企業文化など価値の共有は進んでおり，製品開発や生産，販売などは日本本社の管理や統制が強い」会社が45.6%であるのに対して，「日本本社の経営理念や企業文化など価値の共有は進んでいるが，製品開発や生産，販売などは現地の裁量に任されており，日本本社の管理や統制は弱い」会社が34.1%と，大きく分かれている。この結果は，異文化への対応が画一的ではないことを物語っている。

　また，「現地のマネジメントの課題」としては，回答の多い順に，「現地での戦略の立案」（重複回答で51.0%），「労働争議，政情不安，自然災害などに対するリスクマネジメントへの対応」（36.6%），「日本本社で培った経営理念や企業文化など，核となる普遍的な価値観の共有」（32.1%），「日本本社で

---

4)　関西大学［2016］。この調査報告書は文部科学省「高度人材養成のための社会人学び直し大学院プログラム」採択事業による委託調査である。

15

の海外戦略の立案」（28.4%），「現地での迅速な意思決定」（26.3%）となっている。これらの回答から見る限り，日本的価値観の浸透は必ずしも最重要課題とはなっておらず，現地での戦略の立案が最も重視されている。単純に戦略の立案の問題なのか，現地の文化を背負った人々との価値共有がなかなかうまくいかないという問題なのかは断定できないものの，異文化対応への課題の1つとして考えられる。

　本研究に関連して，機会があるごとに経営者（特に中小企業の経営者）に異文化対応にかかる問題を聞いてみた。組織的なアンケートなどではないので，こういう意見もあるといった程度であるが，その中でいくつか示唆が得られた。

　第一は，日本企業は販路拡大という視点から，お客様（メーカーなど）の要請に応える形で海外進出している場合が多いことである。その上，現地の取引相手がお客様である日系企業に限定されている場合もある。その限りにおいては，文化問題はほとんど生じない。そういう場合であっても起きる文化摩擦といえば，生産現場の労働者（従業員）が比較的簡単にやめて他社へ移籍してしまうことである。「同じ企業に長く務めること」が必ずしも守られるべき価値観になっていない。

　第二は，現地の従業員との問題に頭を悩ます経営者は「現地で生かされていることに感謝する」ことが大事だと感じている。これは現地の文化を理解することにつながる。自社に限定されない問題で，他社の従業員とともにストライキを起こされた経験があるという。その行動には，会社の問題への対応と日系企業への問題の対応が混在している場合もある。そこで，根気強く現地従業員と話し合い，現地文化を理解することから対応策が導き出せるという。

　第三は，日本企業は現地の当局から理不尽な対応を迫られることがあるという。現地の申告所得に対して税務当局から損金の一部（たとえばロイヤルティ）を否認され，その理由が日本では考えにくいという意味で理不尽だと感じる。つまり，同じことが前年度は否認されなかったのに今年度は否認されるということで理不尽に感じるようである。こうした場合への対応に当たるべき現地法人のトップが，日本人かアメリカ人かで問題の解決が大きく変

16

わるといった例である。もし個人がその国の文化を代表する行動をとるとすれば，前節で取り上げた世界価値観調査が効いてくる可能性がある。

第四は，現地法人の日本人（従業員）も現地人（従業員や顧客）も異なる文化を背負っているということだろう。お互いに「文化が違う」ということを知っている。このとき，会話における話し方にも影響されるかもしれないが「文化が違う」ことを相手に対して通告するようなことは絶対に避けるべきだという。社内問題の解決や商談に当たって，文化が違うことを決裂の表現として使うか否かは，異なる結果を生むので注意しなければならないというのである。

第五は，日本企業と現地企業との間に起こる代金回収の問題である。よく出てくる例が，代金支払いを求められた日本企業は速やかに支払うという。この逆に，現地企業はなかなか代金を支払ってくれないという。この状況を，文化問題として一般化するか，財務問題として一般化するかは解決の道が違ってくる。文化問題としての代金決済は，相手の行動を否認した上での解決策を求めることになる。しかし財務的には，請求は一刻も早く，支払いは少しでも遅くというのが理にかなっている。ここでは相手の行動を是認した上での解決策を求めることになる。

第六は，いずれも為替の問題である。為替相場が自由に変動するとき，現地と日本との間の資金移動額に影響する。また，資金移動を伴わないまでも，現地法人の業績把握を困難にするという問題がある。為替相場の変動の問題ではなく，資金の移動に対して規制が存在する場合にも，資金問題が生じる。これらが一度に起こると，取引相手の要請により決済に使える通貨がたとえば米ドルであるのに，現地の課税当局からは現地通貨での申告が求められ，さらに課税所得の計算の一部が資金移動の不正な手段とみなされることもあり，日本側の送り出し企業からは日本円に換算した書類が求められるという状況に追い込まれる。ここでは資金と計算を峻別し，課税所得計算と利益計算を峻別するという問題に対応しなければならない。

第七は，現地法人は，現地の法規に従って現地の会計基準に準拠した財務諸表を提出しなければならないが，現地の会計基準が日本の会計基準と異なることに起因する問題である。現地法人の会計基準は現地 GAAP か IFRS，

日本法人の会計基準は日本 GAAP か IFRS のいずれかである（他の会計基準が存在しても同じこと）。これは，現地法人と日本法人がともに IFRS を採用している場合を除いては，財務諸表がグループ間で同じ基準に基づいていないことになる。法規に従って財務諸表を作成することに加えて，グループ内の意思疎通のために財務諸表を理解可能（比較可能）にするといった問題に対応しなければならない。

　以上，アンケート調査から明らかになったマネジメントの問題とインタビュー調査による文化問題を例示した。もとより，科学的調査に基づく問題発見には至ってないが，本研究が取り組むべき課題の一部が明らかになった。いずれも文化問題（特に労働・人事問題）でもあり，財務問題でもある。しかしながら従業員がかかわる文化問題は，結局のところ企業の財務に置き換えられるので，すべての問題は財務的なマネジメントから解決するという企業もあろう。反対に，究極的には財務の問題に置き換えられるかもしれないが，それも含めて，経営諸資源の 1 つひとつを財務の問題に置き換えないで解決する企業もあろう。のちの議論のために，前者をフィナンシャル・マネジメント・アプローチ，後者をノン・フィナンシャル・アプローチと呼んで区別しておこう。後者はノン・フィナンシャルといいながら，個別マネジメントとして財務問題も含む。これらに対して，両アプローチを統合した形のインテグレーティッド・マネジメントもありうる。

　これら諸問題を整理し，それら課題の問題に対応する会計を概念的に識別しておきたい。ここで識別した会計を対象とする会計領域が存在するものと仮定しよう。実際にはここでの純粋な意味での会計領域は確立されておらず，それぞれの著者がこれらの用語によってカバーしている会計領域が相互に重なっているかもしれないが，われわれは**図表 1-6** に示すように関心領域が異なるものと仮定しておきたい。

　図表 1-6 では，企業の海外展開に伴って生じる会計問題はその淵源が異なることに注目し，理念的な 3 つの会計領域を識別した。ここで，われわれは，「国際」と「グローバル」と「異文化」を区別することにした。もとより，これらの用語の普遍的定義はない。この 3 つの異なる類型を導出するために，われわれは「国境」と「文化」を識別基準にした。

異文化会計という接近法　**第1章**

■ **図表1-6　企業の海外進出を把握するための3つの会計領域**[5]

| 理念型としての会計領域 | 概念的特徴 | 主たる関心領域 | 主たる研究課題 |
|---|---|---|---|
| 国際会計 | 国境を意識した国家に対応する会計領域 | 政治（国家）とマネジメント | 政治の観点から見た，会計規制の差異と会計規制の統一問題。各国の主権に属する各種規制に対応するマネジメントを含む。 |
| グローバル会計 | 国境を意識しない市場に対応する会計領域 | 経済（市場）とマネジメント | 経済の観点から見た，グローバル市場で採用される国際的会計基準の開発。グローバル規制に対応するマネジメントを含む。 |
| 異文化会計 | 異文化に対応する企業の会計領域 | 異文化（価値観）への対応とマネジメント | 企業のマネジメントの観点から見た，異文化による会計問題への対応。関連研究である異文化の研究を含む。 |

出所：筆者作成。


　国境を意識するとき国際問題が生じる。全世界的な現象もあるが，日韓問題，日米問題という現象が基本である。これに対応する会計が「国際会計」である。国境を意識することなく企業の活動領域を見るとき「市場」が見えてくる。この市場問題，あるいは経済問題に対応する会計が「グローバル会計」である。しかし，国境を意識する国家と国境を意識しない市場という識別だけでは，整理できない問題がある。国境を越えて数ヵ国が同じ価値観を有する地域が存在していたり，反対に，国家内に価値観が異なる地域が存在していたりする。そこで，われわれは「文化」に基準を求めた。以上の文化問題に対応する会計を「異文化会計」と呼び，前二者と区別したい。ここで研究領域に企業がかかわってくる度合いは，国際会計，グローバル会計，異文化会計の順に多くなる。

　たとえばIFRS（国際財務報告基準）が各国の規制に取り入れられるかどうかは，個別企業に決定権があるわけではない。もちろん意見は発信できるであろうが，決定に参加できる企業はあまりない。したがって，国際会計の

---

[5]　図表1-6から図表1-10は研究のプロセスにおいて柴が原案として示したものである。

19

研究では，個別企業の存在が薄くなる一方で，国際的な政治舞台における IFRS の決定プロセスが脚光を浴びる。一方，グローバルな証券市場が確立されてくると，投資家も均質化してくる。投資家が均質化すればするほど比較可能な会計情報を求めるという仮説を設定するとして，この仮説が採択されるのか棄却されれるのか，国際的な会計基準の必要性に及ぶ会計研究が求められる。こうした研究領域がグローバル会計である。IFRS についてはグローバル会計の関心と重なるかもしれないが，日本企業が海外の数ヵ国あるいは EU といった領域に進出すると，親会社・子会社で準拠すべき会計基準が異なるというケースが出てくる。これは財務会計においても管理会計においても重要な問題になる。こうした問題は，異文化会計で扱うことになる。

# V 異文化会計のコンセプトづくり

## 1 経営環境対応とマネジメントの組み合わせ

進出先（ローカル⇒L）は全世界（グローバル⇒G）の一部であるけれど，いずれを意識したビジネスを展開するか，企業によって異なるであろう。ある企業の力の入れようが L30%，G70% と表現できるとする。別の企業は L50%，G50% である。さらに別の企業は L70%，G30% かもしれない。L が大きい企業ほど異文化を意識しており，G が大きい企業ほど異文化を意識する度合いが低い。われわれは前者の経営を現地対応ビジネス（LB），後者の経営を超文化ビジネス（GB）と呼ぶ。

次に，ビジネスを成功に導くためのマネジメントの相違に着目したい。マネジメントの手段を大きく 2 つに分けると，もっぱらフィナンシャル・マネジメント（FM）に頼る企業がある一方，財務的資源以外の経営資源のマネジメント（NM）の度合いを増す企業もある。これも数値化できるとして，FM100%・NM0%，FM50%・NM50%，FM20%・NM80% と表記できるとしよう。

以上を組み合わせたものが**図表 1-7** である。図表 1-7 の各象限に個別企業

■ 図表1-7　経営環境対応とマネジメントの組み合わせ

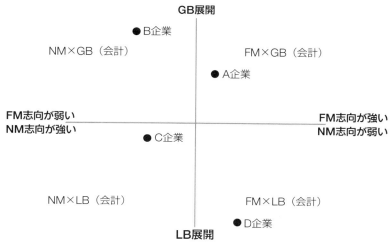

出所：筆者作成。

がプロットできる。なお，A企業からD企業の位置は図表1-7において各象限に適宜配置したのであって，先の文章の中の3タイプと対応させているわけではない。

## 2　異文化対応へのバランス

図表1-7では十分ではない。図表1-7の各企業の位置は企業の特徴を示す。仮にバランスのとれたビジネス，バランスのとれたマネジメントを図表1-7で示すとしても，その組み合わせが良い対応か悪い対応かはわからない。場合によっては，図表1-7の中央から離れていても良い対応であるかもしれない。こういう関係を示すには3次元の図が必要になる。それが**図表1-8**である。

## 3　2つの図表の合成

図表1-7と図表1-8を合成したものが**図表1-9**である。ただし，図表1-8の良い対応のみを抽出している。また，図表1-7の中央への接近がバランス

■ 図表1-8　異文化対応へのバランス

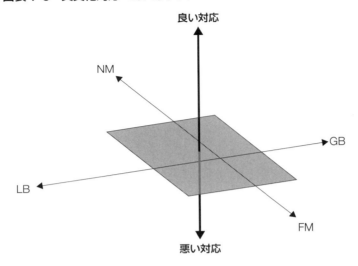

出所：筆者作成。

■ 図表1-9　異文化会計のイメージ

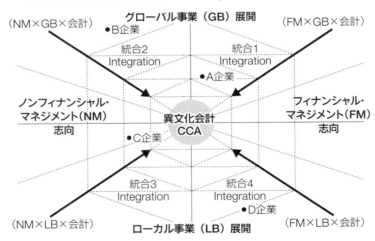

出所：筆者作成。

異文化会計という接近法　**第1章**

の良いマネジメントと一応仮定している。しかし，中央に接近しないままでも良い対応となる場合も想定している。

## 4　異文化の見える化

　本章で引用した世界価値観調査（図表1-4と図表1-5）だけでなく，文化の差を示すためのさまざまな試みがある[6]。

　Mayor［2014］が *The culture map* で説くビジネス・カルチャー・マップをイメージ図で描くと**図表1-10**になる。ここでは商慣習や顧客の嗜好のいくつかを並べてみて，2つの文化圏で左右の相対立する価値のどのあたりが重視されるかを線で結んでみれば良い。図表1-10は実際の文化圏を想定しているわけではない。だから読者の常識に反するかもしれない。一方の文化圏

**■ 図表1-10　ビジネス・カルチャー・マップの例示**

A国とB国が好ましいと思う組み合わせの図解。
たとえばこのように図解できれば文化の差を見える化できる。

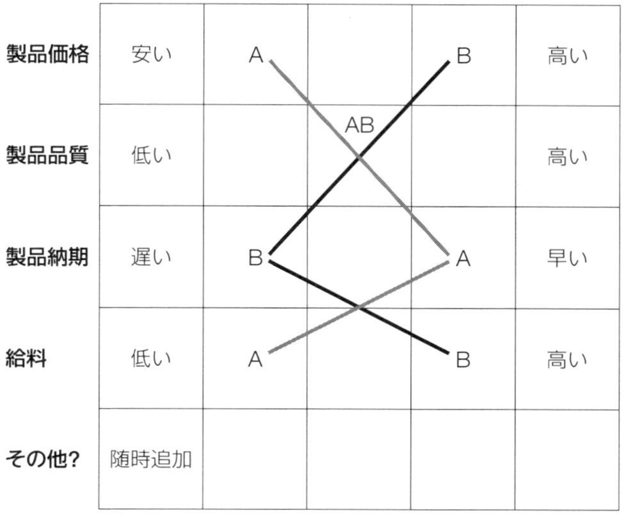

| | | | | |
|---|---|---|---|---|
| **製品価格** | 安い | A | B | 高い |
| **製品品質** | 低い | AB | | 高い |
| **製品納期** | 遅い | B | A | 早い |
| **給料** | 低い | A | B | 高い |
| **その他?** | 随時追加 | | | |

出所：筆者作成。

───────────

6)　北山［2010］や西田編著［2016］も参照されたい。

23

では，価格は安い方，品質が高い方，納期は早い方，給料はそこそこ（日本だとはいわないが）が好まれるかもしれない。他方の文化圏では，製品価格は高い方，品質は低い方，納期は遅い方，給料は安い方が好まれるかもしれない。加えて，商慣習以外にもこのようなマップを描くことができれば異文化を理解する一助になる。こうしたカルチャー・マップを個別の企業は描いているのではないか。

## 5　われわれの研究の特徴

以上から，われわれの研究は以下のような特徴を有する接近法を採用することとなる。

①異文化コミュニケーションの促進要因としての会計という見方

グローバルビジネスを展開する（そこまでいかなくとも海外進出する）日本企業が異文化理解さらには異文化コミュニケーションをどのように図るか，そこで会計がどのように利用されるかが関心の対象となる。この領域ではもっぱら管理会計の積極的利用という具体例が注目されうる。

②異文化コミュニケーションの阻害要因としての会計という見方

グローバルビジネスを展開する日本企業が，その規模や進出形態に応じて，異なる会計課題を抱えることになろう。この領域では，本学会の主力の研究が該当しよう。海外進出先の組織が，現地で政府からどのような会計上の規制を受けるのか，会計関連事項として税制上の規制を受けるのかが深刻な問題になる可能性がある。

③検討対象は日本企業である

会計基準等の相違の分析ではない。日本企業が，会計規制や内部会計にどのように対応しているかがもっぱらの関心である。ただし，その研究のために関連する文化圏における会計制度等に関心を寄せることもある。具体的には，IFRS の問題を一般に論じるのではなくて，個々の企業が IFRS にどのように対応するのかがわれわれの関心である。日本企業の現地におけるマネジメントの特徴がどこにあるか，一見会計の問題ではないように見えても，会計情報の活用を前提としてマネジメントを考えている。こういう事例を整理できれば良いのではないかと考える。

**参考文献**

Lane A.D. and G.M. Gerhart ［1988］Accounting In The Arena of World Politics: Crosscurrents of International Standard-Setting Activities, In J.C. Baker, J.K. Ryans and D.G. Howard (eds), *International Business Classics*, Lexington Books.（柴　健次「国際政治舞台における会計：国際基準設定活動における反目」中島　潤・首藤信彦・安室憲一・鈴木典比古・江夏健一監訳, AIB JAPAN 訳『国際ビジネス・クラシックス』文眞堂, 1990 年）

Mayor, E.［2014］*The Culture Map：Breaking Through The Invisible Boundaries of Global Business*, Public Affairs.（田岡恵監訳, 樋口武志訳『異文化理解力』英治出版, 2015 年）

World Values Survey〈http://www.worldvaluessurvey.org/wvs.jsp〉

池田謙一編著［2016］『日本人の考え方　世界の人の考え方：世界価値観調査から見えるもの』勁草書房。

海野素央［2002］『異文化ビジネスハンドブック：事例と対処法』学文社。

関西大学［2016］「関西大学『海外子会社の経営を担う人材を養成するための社会的ニーズ調査』報告書」11 月。

北山弘樹［2010］「国際化の中での会計の展開」大倉雄次郎・陶山計介・伊藤健市編著『グローバル経済における経営と会計の研究』関西大学出版部。

東洋経済新報社［2018］『海外進出企業総覧［国別編］2018 年版』。

西田ひろ子編著［2016］『中国, ベトナム進出日系企業における異文化間コミュニケーション考察』風間書房。

# 第 2 章

## 言語・文化・会計の相互関係に関する基礎理論

# I　はじめに

　しばしば，会計はビジネスの言語であるとたとえられる。つまり，ビジネスを行う上での重要なコミュニケーションのツールとなるという意味である。グローバル化した経済環境においては，会計言語による円滑なコミュニケーションの実現のために，財務報告書を作成する際のルールの統一化が進められてきた。他方で，会計はそれが実践される環境が有する文化から影響を受けるとも指摘される。経済はグローバル化しても，会計が実践される国や地域には固有の文化が存在している。さらに，言語は文化が醸成されるに当たって不可欠な要素でもあるという。したがって，言語としての会計は文化を構成する要素といえる。

　このように，国際化あるいはグローバル化する会計とそれによるコミュニケーションを考察するに当たって，①言語と会計，②文化と会計，さらには，③言語と文化という視点から，会計の異文化コミュニケーションに関する問題設定は意義のあることと思われる。

　本章では，言語と会計に関する先行研究，および会計と文化に関する先行研究の成果を取り込みながら，異文化会計研究のフレームワークを機能させるに当たって検討すべき諸課題を明確にすることを目的とする。


# II　言語としての会計

## 1　言語と会計

　会計を言語として捉えることは，多くの会計学の教科書[1]において見ることができる比較的一般的な解釈である（Belkaoui［1995］, p.2）。言語の構造

---

[1]　たとえばアメリカ合衆国でポピュラーな会計学の教科書を多く執筆しているアンソニー（Robert Anthony）やホーングレン（Charles Horngren）などは，財務会計と管理会計の両方の領域の会計学の教科書で，言語としての会計について言及している。

言語・文化・会計の相互関係に関する基礎理論　**第2章**

や機能に言及しながら，会計を論じた研究も少なくない[2]。たとえば，イジリ（井尻雄士）は次のように記述している。

> ビジネスの言語として，会計は他の言語と共通する多くの素因を有している。企業の多様な活動は会計言語を用いて財務諸表のなかに報告される。ちょうど新聞に多くの出来事が報じられるのと同様である。会計の言葉で出来事を表現するために，われわれはいくつかのルールに従わなければならない。このようなルールにきちんと従わなければ，誤解の危険性に陥るだけでなく，誤謬や虚偽や偽証で処罰されるリスクさえある。財務諸表の比較可能性は英語であろうが会計であろうが言語が有効に機能するにあたって必須のものである。同時に，言語は環境の変化に対して適合可能なように十分に柔軟なものでなければならない。（Ijiri [1975], p.14）

　また，会計を言語的に捉えた研究成果を多く著している[3] ベルカウイ[4]は「言語が現実世界の出来事を表現するのに対して，会計はビジネス世界での出来事を表現する。会計実践とは会計理論と会計政策を形づくるための研究に関する基礎的な対象である。それはわれわれの日常で行っている言語での会話と類似している」（Belkaoui [1995], p.4）と説明している。つまり，「会計は，第一義的に，コミュニケーションのためのツールである。その場合，コミュニケーションは特殊な言語を使用することで成し遂げられる」（p.41）のである。

　さらに，組織人類学と国際経営論の専門家で多文化マネジメントを主唱す

---

[2]　わが国においては，「会計言語説」を主張する論者として青柳文司がよく知られている。青柳の著作は数多いが，たとえば，青柳 [1991]（特に第1章）を参照のこと。また，青柳の影響を受けた研究として，永野 [1996] などもある。しかしわれわれのここでの関心は，会計を言語学的に深く解析することではない。

[3]　会計と文化を主題としたベルカウイの他の著作としては，Belkaoui [1980] や Belkaoui and Picur [1991] などがある。

[4]　ベルカウイの名前の表記であるが，昔の著作では，Ahmed Riahi Belkaoui となっていたが，ミドルネームとして表記されていた Riahi をファミリーネームの冒頭に置いて，1995年の著作以降では，Riahi-Belkaoui とあらためている。しかし，ここで参照する彼の著作については，いずれも便宜的に Belkaoui [出版年] としている。

るホフステードも，言語としての会計について，「会計はビジネスの言語だといわれている。つまり，会計はビジネスの世界のなかだけで理解されるシンボルを操作する行動である」（Hofstede［1991］, p.155）と言及している。

　言語としての会計の基本的な機能として，イジリは「比較可能性」を，ベルカウイは「コミュニケーション」を挙げている。これらを有効にするためには，複数の当事者同士が相互に表現可能で理解可能な言語体系を有していることが前提となる。また，イジリは「ルールに従うこと」，ベルカウイは「特殊な言語」，そしてホフステードは「ビジネスの世界のなかだけで理解される」と表現しているが，会計言語には，他の言語と同様に，固有の仕組みがあることについて言及している。言語の仕組みとは，概念であり，語彙であり，そして文法などの要素から構成され，会計も同様に理解することができる。

## 2　表記としての会計言語とその共通性および多様性

　一般に，会計は書かれた言語によって表現される。つまり，書記言語である。通常それは文字（writing）によって表記されるが，会計に関する記録の様式は文字の誕生に先行していることが明らかにされている[5]。文字それ自体もさまざまな形態を有しているが，文字以外による表記法はさらに多様である。

　同じ種類に属する表記手段による会計記録手法の例として結縄を示そう。よく知られているのは，インカ帝国で使用されたキープ（khipu）である。これは，木綿あるいは動物（ラマやアルパカなど）の毛を撚って紐を作り，それに結び目をつけて，価値あるものに関する多様な情報を記録したものである（アートン［2012］）。

　結縄の方法による会計記録実践の痕跡は，じつは世界各地で確認されている。ネイティブ・アメリカンやハワイ諸島，あるいは，インドや台湾においても，紐状の媒体に結び目をつけて，計数に変換された情報を記録していく

---

[5]　たとえば，メソポタミア文明において使用されたとされる焼成された小さな粘土粒のクレイ・トークン（clay token）が知られている（Shcmandt-Besserat［1992］）。

言語・文化・会計の相互関係に関する基礎理論　**第2章**

営みの痕跡が，人類学や民俗学の多くの研究によって明らかにされている。

　琉球諸島において，ワラを素材とした同様の結縄記録（ワラザン（藁算），バラザンなどとも呼ばれる）が実践されていたことが明らかとなっている[6]。「琉球王国時代は，・・・読み書きができない一般庶民はワラザンや記標文字を用いて税の徴収，賦役や共同労働の記標，材木その他の寸法備簿録，日常の取引に対応していた」（萩尾［2005］，6頁）という。ワラザンによる具体的な会計記録の例として，宮古・八重山における人頭税を紹介しよう。この地域での人頭税は，一定の年齢になると課せられたものである。基礎となる情報は人口であり，集落ごとに人口調査が行われ，それがワラザンによって情報化され記録された。納税義務者である農民は，ワラザンを使って納めるべき税額の通知書を記録した。一方，徴税者である役人が作成した文字による原簿がワラザン記録と照合されることで不正の予防のためにも機能したという（栗田［2005］，17-18頁）。

　このように，文字を使用しない会計の方法の痕跡が世界各地に残っていることが確認され，しかも会計記録に用いられた手法が多様であることがわかる[7]。しかし，無秩序に多様ではないことに注意しなければならない。

　非常に広い範囲で確認することのできるキープやワラザンなどの結縄による会計記録は，同一の基本原理を用いた技術という意味では共通した性格を有している。つまり，会計記録の基礎技術は共通しているのである。このように，洋の東西あるいは地球の南北を問わず，類似した技術による会計記録がなされている歴史的証拠は，いくつかの興味深いことがらを想像させる。ひとつは，紐状の媒体に結び目をつけていくというやり方で記録すること自体が，会計に関連する情報に，ある種の共通する特性が内在しているかもし

---

6)　栗田の研究によれば「当時（薩摩藩による琉球支配（1609年）以降：引用者注）沖縄には筆算稽古所があり，公僕階級の子弟に読み書き・算術を教えていた。しかし，農民には教育施設はない。また，農民にはたとえ文字を知っていても使うことは禁止されていた。農民は農産物の生産に励み，税を納めさせる道具のように考えられていたのだろう」（栗田［2005］，17頁）と，文字の使用の背後にある支配―被支配の権力関係のもとで，非文字つまりワラザンによる会計記録技術の使用がなされたことが説明されている。

7)　トークンやキープの他にも，たとえば，動物の骨や木片などに刻み目をつけて記録を行ったタリー（tally）もよく知られている。これら文字を用いない会計記録については工藤［2015］などを参照のこと。

31

れないということ，そしていまひとつは，会計記録の技術あるいは知識が，何らかの経路を伝って広範囲な地域に伝播したかもしれないということ，などである。

　しかし他方で，多様性も認められる。ひとつは結縄会計記録のために用いられた素材である。上述したとおり，インカ帝国で使用されたキープは，木綿や動物の毛が使用された。琉球諸島では，ワラ（つまりイネの茎）の他，イグサや麻糸やその他の草の茎などが使用されている。これは，その土地で入手が容易な素材だったからという理由に他ならないだろう。つまり地域の風土や慣習などを色濃く反映したものであったということである。いまひとつは，結縄記録の重要な要素である「長さ」，「本数」と「結び目」の意味する内容である。たとえば，琉球諸島のワラザンにおいて，宮古・八重山の先島諸島と沖縄本島とでは，標準的な表記方法とは様式が異なるという（栗田[2005]，23-31頁）。つまり，基本となる表記のやり方は標準化されていても，具体的な記録の仕方に及ぶと相違が見られるということである。

## 3　共通語あるいは標準語としての会計言語の形成

　以上のように，文字以外の表記による会計記録において，その表記方法の共通する部分とそれとは相反する多様性について触れたが，このことは，文字を使って記録する現代の会計実践においても当てはまる。

　こんにち，ある主体が行う経済活動やその経済状態を情報化する基礎的な記録計算技術として複式簿記が多く利用されていることは異論のないところであろう。あらためていうまでもないが，複式簿記とは，経済的な活動を会計上の「取引」として認識し，関連する「勘定」の左側（借方）と右側（貸方）に等価の貨幣数値でもって分類して情報整理することが最初の手続きとなり，その後は，このように処理された基本データを目的に応じて加工していくことからなる一組の手続きをいう。端的にいうなら，複式簿記による情報処理のメカニズムは，最初期の段階では特定の目的を有しておらず，中立的である。それ以降の段階で，たとえば，保有している価値あるものについてその総額を知りたいとか，経済活動からの成果を明らかにしたいとか，当初の経済価値の大きさを維持した上での処分可能な余剰を測定したいなどと

言語・文化・会計の相互関係に関する基礎理論 **第2章**

いう，特定の目的に従って適合的な情報加工のためのメカニズムを構築している。のである[8]。

このように幸運にも，ビジネスの世界では，複式簿記が「標準語」として存在している。そしてそれは現在のところ，グローバルに機能している会計言語の基礎である。つまり複式簿記という共通の言語で，ビジネスの世界ではコミュニケーションが可能であるということになる。だが現実はそのように単純ではない。複式簿記はあくまでも基礎となる技術であって，それを機能させるには，さまざまな他の要素が必要となる。

その代表が，一組の会計基準[9]である。会計基準は国家など権威ある主体によって作成される社会的ルールである。つまり，何らかの規制と保護を目的とした社会制度である。たいていは複数の会計基準がセットとなって会計制度が構成されることとなる。複式簿記という会計言語表現手段の基礎を共有しているとしても，国家などある会計制度単位における会計基準が規定している処理方法は，別の会計制度単位（別の国家など）のものと同じであるとは限らない。ある会計制度のもとで実践されている会計処理が，別の会計制度のもとでは承認されないという事例は少なくなかった。会計基準が規定するある会計処理方法は，複式簿記システムによって認識されたデータを再加工するものであっても，何らかの固有の事情を背景に作り出されたものである。それは会計処理の対象の特性を考慮して開発されたものかもしれないし，当該会計制度主体の経済的状況を鑑みて作り出されたものかもしれない。あるいはまた，別の事情によるものかもしれない。そして，このような差異の存在は，ビジネス上のコミュニケーションを円滑に行うことにとって阻害要因となるかもしれない。

---

8) ここで記述している複式簿記は，あくまで観念的水準におけるものであることに注意されたい。つまり，思考としての複式簿記であり，実際の会計実践においては，機械化ならびに電子化がされており，プログラミングとしての会計情報処理プロセスは「複式」という次元を超えていると思われる。現在においては，貨幣情報だけでなく，物量情報や人的情報や地理的情報など多様な情報が入力可能であり，はるかに複雑な情報の加工と出力が可能となっている。

9) ここでいう会計基準とは，わが国の企業会計基準や国際財務報告基準（IFRS）だけでなく，ある国家においては会計法や商法（会社法）など，法令として存在するものまでを含んだ社会的会計規制のことを指している。

33

また，視点をミクロレベルに定めてみよう。つまり企業など個別の経済主体における会計実践である。基礎的な会計処理のプラットフォームとして複式簿記を利用し，そして，同一の会計基準による規制の下にあると仮定して，2つの異なる企業の会計を想定してみたい。たとえば，商品販売の取引において，ひとつの企業が，統括勘定として商品勘定を用い総記法で処理するのに対して，別の企業は商品の種別ごとに設定された個別の売上勘定を開設しており，さらに戻りや値引きなど機能別に分割された下位勘定を設定しているとしよう。つまり，複式簿記という基礎的な会計処理のプラットフォームにおいても，違いが生じてくることが十分に予想される。また，些細な相違と思われるかもしれないが，ほとんど同一の会計処理を行っていると見える場合でも，勘定科目名が異なっていたりすることもあるかもしれない。このような差異が生まれるにはそれなりに合理的な理由があるはずである。それは，それぞれの企業の組織特性や歴史的に形成されてきた商慣習の違いなど，さまざまな要素が反映されていると考えられる。

## 4　比較可能性を超えて

　マクロレベルでの会計の標準化あるいは共通化は，現在，グローバルな財務報告基準の統一化を志向する IFRS によって推し進められている。このムーブメントは，いうまでもなく，財務報告書で開示される会計情報の比較可能性を高めることが目的である。企業や投資家が国境を越えて資金調達活動または投資活動を行う場合に，国によって異なる基準で作成された会計情報は円滑な意思決定を阻害し経済社会の効率的な発展を阻害するという問題意識によるものである。国際的に統一された財務報告基準である IFRS はその適用を拡大しつつあり，日本においてこれを採用する企業も増加している。

　考察すべきは，このような状況が会計によるコミュニケーションを向上させているのかどうかである。その成果を冷静に分析し評価する研究の蓄積が求められるが，IFRS 採用をめぐっては，任意適用や適用時期の繰り延べ，あるいは，カーブインやカーブアウト，それに，IFRS 適用から国内基準適用への強制変更など，統一化された基準から乖離していく現象も見られる。つまり，一旦は統一された会計言語が適用されたが，現実には多様化の方向へ

と進行していっていることがわかる。このような状況は，ビジネス世界における円滑なコミュニケーションの阻害要因となる恐れはないのだろうか。そしてなによりも考えるべきは，標準からの乖離現象，つまり統一化とは反対の方向で会計言語が展開される要因とは何であるのだろうかということである。

　会計言語によるコミュニケーションは，社会的規模だけでなく，個別の企業単位の内部においても，すなわち，ミクロレベルにおいても問題となる。たとえば，吸収合併などの企業再編によって，複数の異なる企業がひとつの組織となる場合，従来それぞれで使用されてきた会計言語が完全に同一のものであるという保証はない。その場合，再編された新しい組織において，コミュニケーションを円滑にしたいなら，言語の相違を最小にしていくことが効率的であることは明らかである。

　また，自国内での組織再編ではなく，企業が他の国や地域へ進出した場合はどうだろう。ここではさらに2つのケースを想定してみよう。ひとつは，進出先で新たに事業をはじめる場合である。財務報告のレベルでは，進出先の会計基準等への準拠に伴う対応が必要となるのに加えて，経営管理のための組織内部での会計では，自国で実践してきた経営管理のための会計慣行を進出先へ移転することとなる。いまひとつは，現地の企業等を買収して合併した場合である。このケースでは，買収先の企業等が実践してきた会計と進出企業が実践している会計との擦り合わせが必要となる。つまり異なる2つの会計実践の統合化の問題である。

　いずれにしても，組織内部において，言語としての会計が相違することは，円滑なコミュニケーションを阻害する要因となる恐れがある。マクロレベルにおいて会計言語が相違する場合と同様に，単一の組織内で異なる会計言語を統一する場合に現れることが予想される問題や困難の要因は，何であるのだろうか。

# Ⅲ 会計の制度性構築に対する文化的影響

## 1 会計と文化

　主に国際会計研究の分野において，会計制度の確立とその後の変化に対して影響を与える環境要因として，経済的要因，政治的要因，それに法制度的要因などが多く取り上げられるが，会計に対する文化的影響について考察した研究も少なくない。特に，1980年代の終わりから90年代前半にかけて，複数の興味深い論文が発表されている。

　人類学の考え方を国際会計研究に導入して[10]ユニークな論考を著したバイオレットは，「特定の国における会計概念とそこでの会計実践は，その国の文化システムと文化的環境を考慮したうえでなされなければならない」（Violet [1983], p.11）と記述している。

　日本の会計の制度変化を研究してきたマッキノンは彼女の夫であるハリソンとの共著論文において，財務報告規制が形成されていく過程をある種の社会システムとみなし，当該システムを支える規範と価値観，すなわち文化に注目して，19世紀の終わりから1982年に至るまでの日本の会計に関連する規制についての分析を行っている。彼らが導き出した日本の財務報告規制の特質は，第1に政府（すなわち国家指導者）が有する道徳的な基礎，第2に強固な集団意識，そして第3に調和を壊さないことなどから構成される日本の文化である（Harrison and McKinnon [1986], p.248）。

　特定の国家や地域における会計の特性と文化の相関関係について理論的に考察したのが，グレイの論考である。文化を構成する要素を定量的な指標として表現しているホフステードの理論（Hofstede [1980]）を基礎に，世界各国の財務報告に関する諸要素を，それぞれの国の文化的側面と関連させて

---

10）　バイオレットは，「すべての学問は哲学と人類学と無関係でいられないので，人類学的な思考が，国際会計基準の設定と実効にどのように関わっているかに関心を有したのであり，そして，社会的な機能として，すなわち，文化の産物としての会計を検証したい」（Violet [1983], p.2）と述べている。

論じようとしているところに彼の関心はある。特定の国家における会計の価値観はそれぞれの社会における価値観と関連し，会計制度や実践の形成に影響を与えているという（Gray［1988］, pp.5-7）。

　国ごとの会計基準の設定について，それぞれの社会の文化的影響について比較研究をしたのがブルームとナチリの論文である。彼らは，公刊されている著書や論文からだけでなく，各国の基準設定者および会計研究者への詳細なアンケート調査を行って，9ヵ国（アメリカ合衆国，カナダ，イギリス，(旧) 西ドイツ，オーストラリア，ニュージーランド，スウェーデン，日本，そしてスイス）における会計基準設定についての比較研究を行っている（Bloom and Naciri［1989］）。

　上述したような会計と文化の分かちがたい関係を理論的に明らかにした研究蓄積に基づいて，特定の文化的影響を受けて形成されたはずの会計制度および実践が別の国家や地域に移転することを主題とする研究が次第に現れるようになった。ペレラは，ホフステード＝グレイの理論的枠組みを基礎としながら，アングロアメリカ諸国と大陸ヨーロッパ諸国，それに発展途上国におけるそれぞれの会計実践の相違を識別した上で，アングロアメリカ諸国の文化的特性を強く反映して設定された国際会計基準（IAS）を発展途上国に移転しようとすることは，文化的な軋轢があるため不適切であろうと述べている（Perera［1989］）。ベイドンとウィレットも，ペレラと同じような問題意識と手法（ホフステード＝グレイの理論的枠組み）を用いて，レバノンがかつての宗主国であるフランスの会計制度を導入したことについて，文化的観点からの検証を行っている（Baydoun and Willett［1995］）。彼らの得た知見の中で，会計測定と財務報告は，それぞれが受ける文化的影響の水準が異なるので，会計技術の移転については両者を切り分けるべきである（Baydoun and Willett［1995］, pp.82-88）と指摘している点が興味深い。また，類似する問題意識と方法論を用いたもうひとつの研究として，フェクナーとキルゴーのものがある。彼らは，ともに大陸法国家で一般に近似した経済環境とみなされることの多いフランスとドイツの会計実践の相違に注目した研究を行っている。彼らは，両国の会計測定は類似しているが，財務報告はそれぞれの文化的要因によって相違している，と結論づけている

（Fechner and Kilgore［1994］）。

テクノロジーの国際移転を論じたジェレミーの理論を会計領域に適用したカーネギーとパーカーの論文がある。彼らは，イギリス人の会計士が出版した会計学の教科書が，オーストラリア，ニュージーランド，それに南アフリカといった，旧植民地において，会計実践と会計知識の移転にどのように作用したかという問題を設定して検証している（Carnegie and Parker［1996］）。

また，わが国においては，進が会計と文化の関係について論述している。その著作では，他国の会計システム（「外生的な会計システム」）を導入する際に起こりうる問題に対して，文化をキーワードとしながら，特に，日本において連結財務諸表制度が導入されていく過程が考察されている。そこでは「新しい会計システムが受容されるためには，そのシステムは各国の価値か信念と適合する必要がある」（進［2000］,60頁）と結論づけられている。

このように，会計の背後に文化が存在しているという問題意識に基づいた分析は重要である。しかしながら，他方で，会計に影響を与える諸要因から文化的要因だけを抽出して説得力ある記述に成功している研究は，ほとんどないという指摘がある。その理由は，文化は，法制度や企業金融のあり方など他のすべての会計環境要因の背後にあって影響を与えているからである（徳賀［2000］,113頁）というものである。したがって，会計と文化の関連性を考察する場合には，採用した分析手法の限界を明確に認識することが必要であり，そこから得られた結論も限られたものであることを説明しなければならないだろう。

また，これまでの会計に対する文化的影響に関する研究は，その多くが，国家（あるいはそれに類する地域）間での比較研究もしくは類型化研究であるが，われわれの異文化会計研究の対象が，日本企業に向けられていることから，個別企業レベルにおける会計と文化の関連について考察することが必要となる。

## 2　文化の多様性と会計の多様性

このように，会計が文化によって強く影響を受けたものであるということは明らかである。繰り返すまでもなく，ここでいう会計とは，会計基準など

社会的制度として確立したルールだけでなく，個別企業の内部で経営管理のために行われる会計実践までもを含んでいる。つまり，ここで会計という場合の意味内容は幅広く，それに応じて，文化の意味合いは多義的であるので，この言葉が指す範囲は広くなってくるだろう。

そもそも，文化とは定義することが困難な用語であることがしばしば指摘される。たとえば，ある文化人類学者は次のように説明している。すなわち「文化人類学では，文化という概念を，人々を導く理念や信仰，人々の行動を規制する慣習や法規範，人々をまとめていく社会組織，芸術や生業や衣食住その他にかかわる設計や製作，そのための技術など，後天的に獲得（学習）され，社会的に共有され，継承される生活様式の体系といった広い意味で用いている」（染谷［1991］, 31-32頁）と。

文化人類学的な思考を会計研究に導入したバイオレットによると，「文化とは，社会現象と同じように自然環境に対してもうまく調和するように人類が発明した産物である」（Violet［1983］, p.3）と定義している。また，会計とは「経済活動において生じたある種の社会的現象を報告し説明するために組み立てられたものである」（p.3）とし，会計を社会的制度（social institution）と規定している。なお，ここでいう社会的制度としての会計とは，必ずしも会計基準等の社会的ルールとして確立された性格だけを指しているわけではない。彼の意味する社会的制度とは，文化の前提に基づいて選択された慣習が発展したものである。したがって，「社会的制度としての会計は，その前提となる文化を色濃く反映したもの」（p.5）となり，したがって「会計は文化と無関係でいられないし，文化を構成する要素としてみなされるべきである」（p.9）と記述している。

ここで留意しなければならないのは，染谷［1991］とViolet［1983］の双方で使用されている社会（social）という術語である。社会とは，国家のような大きな単位だけでなく，複数の人間で構成される集合体，たとえば企業などの組織に対しても適用可能なものとする。つまり，1人以上の人間によって構成され彼らが何らかの秩序に従って行動することで慣習が形成されて形成された規範を有する単位を，ここでは社会と理解しておくこととする。

したがって，すべての社会は固有の文化を有することになる。会計が文化

的要素を強く反映して実践されるものであるなら，すべての社会（組織単位を含む）が固有の会計を有してもおかしくないし，むしろ自然なことである。前述した結縄による会計記録の多様性はその証左のひとつである。

## 3　会計コミュニケーションのための異文化理解　あるいは異文化受容

われわれが志向している異文化会計フレームワークの確立とそれがうまく機能するために検討すべき課題は何だろうか。

先にみたように，マクロレベルにおいて，IFRS の適用に象徴されるグローバルな規模での財務報告の統一化は，一進一退の状況にある。それは，効率的な資本市場へ参入しようとする企業（あるいはそういった傾向を推し進めようとする国家）が増加していると同時に，IFRS を適用する（適用した）企業（あるいは国家）にとって，自社（あるいは自国）において長い時間をかけて醸成されてきた会計実践あるいはそれに基づいて形成された会計規制との間に，文化を原因とする軋轢が存在していることが予想される。

またミクロレベルにおいて，個別企業が他社を買収して組織再編した場合，新たに組織された単位でどのような会計実践の規範を形成するのか，あるいは，海外進出した場合に，進出先の組織にどのような会計を適用するのかについて，文化的に考慮すべきことがらを認識しそれらに対応していくことが必要となるだろう。

言語が一般社会におけるコミュニケーションにとっての基礎であるように，ビジネス・コミュニケーションの基礎に会計言語があることはすでに言及した。円滑なコミュニケーションの実現のためには共通の言語を使用することが効率的で望ましいはずであるが，言語の共通化あるいは標準語の使用には，文化的軋轢が生じる可能性があることも指摘されている。

異文化環境のもとで円滑な会計コミュニケーションを実現するには，標準の確立や異なる実践やルールを統一化することではなく，異なるものを異なったままで理解あるいは受容することの可能性を視野に入れるべきかもしれない。バイオレットに代表される会計と文化についての研究は，論者が意識しているかどうかにかかわらず，文化相対主義（cultural relativism）[11] の

立場をとっている。文化はそれぞれの集団の理念や信仰などから形成される規範や価値観であるから，優劣を比較することのできにくい（あるいはしてはならない）ものであり，異なる文化とそのもとでの価値観をそのまま理解しようとする考え方が文化相対主義である。統一化や標準化による比較可能性ではなく，理解可能性や受容可能性を考慮した異文化会計のフレームワークの構想があっても良いのではないだろうか。

# IV 言語と文化の相互関係
## —サピア゠ウォーフ仮説の教訓—

ここまで，言語としての会計，それと会計と文化の関係について論じてきた。もうひとつの議論すべき論点である言語と文化の関係について確認しておこう。ここで議論すべき対象は，会計がそうであるように，書かれた文字，すなわち書記言語である。

前のセクションで文化相対主義について言及したが，文化を言語に置き換えた，言語相対主義ともいえる考え方がある。この考え方を表明した2人の論者の名前をとって，一般にはサピア゠ウォーフ仮説[12]（Sapir-Whorf Hypothesis）として知られている。そのエッセンスは，「言語と人間の経験の様式の間には密接な関係がある」（サピア゠ウォーフ［1970］, 249頁）というものである。頻繁に引用あるいは参照される（サピアによる）記述は次の部分である。

言語は「社会的現実」に対する指針である。・・・しかし，それは社会の問題や出来事についてのわれわれのすべての思考と強固に条件づけているのである。人間は客観的な世界にだけ住んでいるのでもないし，また，ふつうの意味での社会的活動の世界にだけ住んでいるわけでもない。人

---

11) 文化相対主義とは文化人類学者ボアズによって提唱された言説である（Steward［1948］）。
12) 「サピア゠ウォーフ仮説」とは，エドワード・サピアとベンジャミン・ウォーフという別々の研究者によってそれぞれが著した論文などの中で共通しているひとつ主張を指してのちに命名されたものであって，2人が共同して研究し表明したものではない。

間は自分たちの社会にとって表現の手段となっているある特定の言語に
多く支配されているのである。・・・事実は「現実の世界」というもの
は，多くの程度にまで，その言語集団の習慣の上に無意識的に形づくら
れているのである。2つの言語が，同一の社会的現実を表すと考えて良
いくらい似ているということはありえない。住みついている社会集団が
違えば，世界も異なった世界となるものであり，単に同じ世界に違った
標識が付けられたものというのではないのである。（サピア゠ウォーフ
［1970］, 2頁）

・・・この観点からすると，言語とは「象徴による文化への手引き」と
考えることができる。言語学はまた別の意味でも文化的な現象の研究に
多いに役立つ。文化を代表する多くのものや考えはその術語と共に広ま
るものである・・・。（サピア゠ウォーフ［1970］, 3頁）

　会計が言語であるとした場合，それは「行動と人格と思考過程を決定づけ
る」（Violet［1983］, p.6）ものといえる。つまり言語としての会計は，それ
が使用される環境において規範となるのである。
　一般に伝統的な言語学において，言語の対象は音声，すなわち，話し言葉
とされている。だが，言語学者コセリウによれば，言語の本質は体系
（Sistema）・規範（Norma）・実現体（Habla）の3分法によって把握すべき
であるという（コセリウ［1981］）。表記するという問題は，「規範」に関連
する。「型」や「パターン」としての「規範」が「書く」という活動を支配し
ているのである。たとえば，文字文化についてのすぐれた歴史研究を著して
いるオングによると「読み書きが身にしみついた人間とは，単に生まれなが
らの力ではなく，書くという技術によって直接ないし間接的に構造化された
力からその思考過程が生じているような人間のこと」であり，「書くことは人
間の意識をつくりかえてしまった」（オング［1991］, 166頁）と，書記言語
が有する大きな力または作用について記述している。無意識に話すことは
あっても無意識に書くことはない，というのである。つまり，「書く」という
行為は，書き手の意識をコントロールするのである。さらに，「『書かれたも
の』は規範をつくりだし強化していく力をもつ」（イ［1996］, 28頁）という

言説まで生み出す。

　言語と会計，文化と会計，そして，言語と文化の相互関連の考察を通すと，コミュニケーション手段としての会計が有する特性が描き出せるかもしれない。

　「どのような文字で書くか，また，その文字でどのように書くかという文字の問題は，たんなる表記上の技術の問題をはるかに超えて，言語がどのような姿で表象されるべきかという言語の規範的表象の成立の問題に深く関わっているのである」（イ［1996］, 28-29頁）という，社会言語学者イの言説をアナロジカルに会計に援用してみよう。

　　　どのような会計を採用するか，また，その会計方法でどのように記録計
　　　算するかという会計の問題は，たんなる表記上の技術の問題をはるかに
　　　超えて，経済活動ないしは状態がどのような姿で表象されるべきかとい
　　　う経済活動ないしは状態の規範的表象の成立の問題に深く関わっている
　　　のである。

　この記述に異文化会計のフレームワークを考える上での示唆が含まれているかもしれない。

# V ｜ まとめ

　会計は，経済活動やそれを行う経済主体の状況を表現する行為である。つまり会計言語は当事者間でのコミュニケーションを円滑化する重要なツールである。

　言語が特定の文化的環境の中で生成され運用されるように，会計も，本来，特定の文化的要素を反映して形成された慣行であり実践である。しかし，異なる文化的環境のもとで事業を展開しようとする場合，会計言語によるコミュニケーションは，当事者間でのビジネス・コミュニケーション手段として最も重要でそしてほとんど唯一のものとなる。

　会計が円滑なコミュニケーションの阻害要因となることなく，異文化会計

のフレームワークをうまく機能させようとする場合に，次のようないくつか
の具体的な課題が演繹されるだろう。それを示すことで本章のまとめに代え
よう。

①会計によるコミュニケーションの重要性認識の共有

　会計言語以上のコミュニケーション手段は存在しないという信念を有する
ことが重要である。経営者にその認識がなければ組織内への浸透は難しい。
会計を中心に置いた経営哲学や経営理念を有していることがグローバルに活
動を展開する企業にとっては前提となるだろう。

②言語の選択

　会計はもちろんのこと，ビジネス現場で使用されるすべての言語は同期さ
れるべきである。たとえば，現地語かあるいは英語かあるいはまた日本語な
のか，などの選択である。さらには，シンプルで理解しやすい会計言語体系
の設計が理想とされる。会計言語を含めて，特定の集団内で使用される言語
には多分に固有の意味内容を持つ専門用語（組織内方言）が存在する。組織
文化を損なわない程度に，それら組織内方言をあらためていくことが必要か
もしれない。

③翻訳問題

　一方（あるいは双方とも）においては，母語でない言語を用いなければな
らない場合，翻訳作業が必要となる。一般に問題になるように，翻訳の過程
で意味内容の変質などがないように注意する必要がある。

④教育

　異文化環境のもとで，特に組織内部での会計コミュニケーションを促進さ
せようとする場合，構成員間での理解可能性あるいは受容可能性を高める必
要がある。そのためには，会計に関する継続的な教育が集団内で行われるこ
とが求められるだろう。


**参考文献**

Baydoun, N. and R. Willett［1995］Cultural Relevance of Western Accounting Systems to
　　　Developing Countries, *ABACUS*, Vol.31, No.1, pp.67-92.
Belkaoui, A.［1980］The Interprofessional Linguistic Communication of Accounting

言語・文化・会計の相互関係に関する基礎理論　**第2章**

Concepts：An Experiment in Sociolinguistics, *Journal of Accounting Research*, Vol.18, No.2, pp.362-374.

（Riahi-）Belkaoui, A.［1995］*The Linguistic Shaping of Accounting*, Quorum Books.

Belkaoui, A. and R.D. Picur［1991］Cultural Determinism and the Perception of Accounting Concepts, *International Journal of Accounting*, Vol.26, No.2, pp.118-130.

Bloom, R. and M.A. Naciri［1989］Accounting Standard Setting and Culture：A Comparative Analysis of United States, Canada, England, West Germany, Australia New Zealand, Sweden, Japan and Switzerland, *International Journal of Accounting Education and Research*, Vol.24, No.1, pp.70-97.

Carnegie, G.D. and R.H. Parker［1996］The Transfer of Accounting Technology to the Southern Hemisphere：the Case of William Butler Yaldwyn, *Accounting Business and Financial History*, Vol.6, No.1, pp.23-49.

Fechner, H.H.E. and A. Kilgore［1994］The Influence of Cultural Factors on Accounting Practice, *International Journal of Accounting*, Vol.29, No.3, pp.265-277.

Gray, Sidney［1988］Towards a Theory of Cultural Influence on the Development of Accounting Systems Internationally, *ABACUS*, Vol.24, No.1, pp.1-15.

Harrison, G. and J.L. Mckinnon［1986］Culture and Accounting Change, *Accounting, Organizations and Society*, Vol.11, No.3, pp.233-252.

Hofstede, G.［1980］*Culture's Consequences：International Differences in Work-related Values*, SAGE Publications.（万成博・安藤文四郎ほか訳［1984］『経営文化の国際比較：多国籍企業の中の国民性』産業能率大学出版部）

Hofstede, G.［1991］*Cultures and Organizations：Software of the Mind*, McGraw-Hill International.（岩井紀子・岩井八郎訳［1995］『多文化世界：違いを学び共存への道を探る』有斐閣）

Ijiri, Yuji［1975］*Theory of Accounting Measurement*, American Accounting Association.（井尻雄士『会計測定の理論』東洋経済新報社, 1975 年）

Perera, M.H.B.［1989］Towards a Framework to Analyze the Impact of Culture on Accounting, *International Journal of Accounting Education and Research*, Vol.24, No.1, pp.42-56.

Schmant-Besserat, Denise［1992］*Before Writing, Vol.I, From Counting to Cuneiform*, The University of Texas Press.

Steward, Julian［1948］Comments on the Statement of Human Rights, *American Anthropology*, Vol.50, No.2, pp.351-352.

Violet, William J.［1983］The Development of International Accounting Standards：An Anthropological Perspective, *International Journal of Accounting*, Vol.18, No.1, pp.1-12.

青柳文司［1991］『会計学の基礎』中央経済社。

アートン, G.［2012］「紐の国家：キープによるインカ帝国の行政」島田泉・篠原謙一編著『インカ帝国：研究のフロンティア』東海大学出版会, 189-207 頁。

45

イ・ヨンスク［1996］『「国語」という思想：近代日本の言語認識』岩波書店。

オング, W.J.［1991］『声の文化と文字の文化』藤原書店。

工藤栄一郎［2015］『会計記録の研究』中央経済社。

栗田文子［2005］『藁算：琉球王朝時代の数の記録法』慶友社。

コセリウ, E.［1981］「言語体系・言語慣用・言」原　誠・上田博人訳『コセリウ言語学選
　　集2：人間の学としての言語体系』三修社。

サピア, E. = B.L. ウォーフ［1970］『文化人類学と言語学』弘文堂。

進　美貴子［2000］「外生的な会計システムの導入・受容についての考察：文化の動態に
　　着目して」『公会計研究』第2巻第1号, 51-62頁。

染谷臣道［1991］「文化と人間」村上精一・佐々木宏幹編『文化人類学』有斐閣, 31-43頁。

徳賀芳弘［2000］『国際会計論：相違と調和』中央経済社。

永野則雄［1996］「会計学への社会言語学の適用：社会会計学の確立に向けて」『経営志林』
　　第33巻第2号, 17-25頁。

萩尾俊章［2005］「結びとワラザン（藁算）」栗田［2005］所収, 5-13頁。

# 第 3 章

## 会計研究における
## 多国籍企業立地選択論

# I ｜ はじめに

　2014年から2016年にかけて「日本再興戦略」改訂という名の下で，IFRS（国際財務報告基準）を日本経済復興の原動力の1つとして位置づける政策が公表された。新たな戦略名称を付した「未来投資戦略2017」，「未来投資戦略2018」においても，日本企業の適用する会計基準の品質向上を目的に，IFRS任意適用のさらなる拡大促進が言及された。こうした国を挙げたIFRS移行への後押しを受けて，IFRS任意適用済の日本企業は，日本証券取引所の発信情報〈https://www.jpx.co.jp/listing/others/ifrs/index.html〉によれば，2019年1月現在において，183社に達している。

　「IFRS適用レポート」（2015年4月15日）の28頁によると，回答企業は，IFRS任意適用の開始に際し，経営管理，比較可能性の向上，海外投資家への説明の容易さ，資金調達の円滑化等のメリットを期待したと記される。財務諸表作成者・利用者が当初の期待どおりに，IFRS適用のメリットを享受したかは定かではないものの，IFRS適用・アドプションが企業の利益・純資産，株式市場への影響を与えたことを裏づける検証結果（Christensen et al.［2013］）も発表されている。

　わが国の会計基準の設定に際し，経済成長，生産要素市場への影響など，マクロ的な影響を考慮に入れる必要性が認識されているが，ミクロ的影響の分析が主眼とされる（潮﨑［2017］，24-25頁）。本章では，マクロ経済的視点も取り入れ，国を挙げて行われるIFRS任意適用拡大がグローバルビジネスを支援するかについて検討する。

　①IFRSの（任意）適用がトリガーとなり，②経営管理の中枢を担うERP（Enterprise Resources Planning），③グループ内の資金管理の効率化を図るGCM（Global Cash Management）概念が導入され，④財務会計システムと管理会計システムが融合・連携する財管一致の会計システムが構築される。⑤財管一致の会計システムは，製造業を中心とした日本企業の海外進出を促進すると期待される（柴［2013］，78頁）。日本と進出国の文化的価値観が相違することから，ときには異文化衝突・摩擦が生じる。そこで，異文化会計

論（cross cultural accounting）の構想に至るわけである。

①IFRSの適用が④財管一致の経営会計システムの成立をもたらすプロセスの吟味は，他の章に委ね，本章では主に，①IFRSの適用が⑤日本企業の海外進出を促進し，海外立地選択の決定要因となりえるかについて検討する。異文化マネジメントに関する先行研究の成果も援用し，国の文化的価値観がグローバルビジネスにおよぼす影響についても考慮する。

# II 外国進出戦略

国内市場における競争が激化すると，自社の商品・製品・サービスの国内需要増が見込めなくなり，売上高の成長が鈍化する。成熟産業に属する企業は，自社の商品・製品・サービスの販路開拓を意図し，海外事業展開の可能性を模索し，海外進出を決定する。国境を越えた事業展開を標榜する企業は，外国市場において商品・製品・サービスを提供する際に，輸出，ライセンシング，および外国直接投資（Foreign Direct Investment：FDI）のうちから最適な1つまたは複数の戦略を選ぶ（松浦［2015］，1頁）[1]。

輸出は為替相場の変動に大きく左右され，ライセンシングはライセンス許諾による収益拡大，研究開発費の回収への期待如何にかかっている。IFRSの適用と輸出またはライセンシングの因果関係を検証することは困難であろう。IFRSの適用は外国直接投資に対し，何らかの影響を与えそうであり，両者の相互関連性を検証する意義はあると考えられる。よって本章では，IFRSと外国直接投資の関係について検討する。

外国進出戦略のうち，本章が焦点を当てる外国直接投資戦略は，ライセンシング戦略，アウトソーシング戦略とは異なる。**図表3-1-1**は，生産拠点をX軸，販売先をY軸にとる。原材料を国内で調達する「国内企業」と逆輸入を行う「外国直接投資企業」は，「輸出企業」および「ライセンシング企業」

---

[1] FDIは対外直接投資，または対外と対内双方を含む海外直接投資と訳されることも多いが（関下［2002］，557-558頁），島国ではない国の企業が隣国に直接投資することも想定し，以下では「外国直接投資」という。

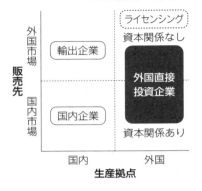

出所：松浦［2015］，2頁を筆者一部加筆。

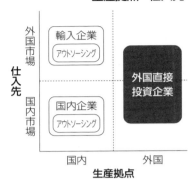

出所：松浦［2015］，2頁を筆者一部加筆。

とは販売先が異なる企業戦略を採用する。すなわち，前半の二者は，国内または外国に生産拠点を置き，国内市場向けの製品を生産し，販売する（販売先は国内市場）。後半の二者，「輸出企業」および「ライセンシング企業」は，外国市場で製品を販売する。

　ライセンシング戦略を採用する企業は，資本関係のない外国企業に製品の生産・販売を委託する。「外国直接投資企業」は，外国に子会社を設立し，資本関係のある外国子会社を拠点に製品を生産・販売する。ライセンシングおよび逆輸入を行わない外国直接投資を選ぶ企業は，自社の製品を「外国」の工場で生産し，外国市場で販売する。ライセンシングと逆輸入を行わない外国直接投資は，販売先が同様に外国市場であっても，資本関係の有無の点から見ると，企業の異なる外国進出戦略であるといえる（図表3-1-1）[2]。

　**図表3-1-2**ではY軸の販売先は，仕入先に変更される。「輸入企業」と「国

---

[2]　図表3-1-1と図表3-1-2では，外国から原材料・商品・製品を調達する企業を「輸入企業」，契約時に原材料・部品の詳細な仕様を決め，外部者に生産を委託することを「アウトソーシング」と定義する（松浦［2015］，1-2頁）。外国子会社が現地生産した製品を逆輸入する場合もあるので，外国直接投資企業の販売先は，外国市場と国内市場の両方にまたがっている（図表3-1-1）。後述する外国直接投資戦略を採用する韓国進出日本企業のうち，日本への逆輸入を投資目的の1つに掲げる企業はまれである。

内企業」はともに国内に生産拠点を置き，「輸入企業」は，外国から原材料・商品・製品・サービスを調達する。「国内企業」はそれらを国内市場から調達する。「外国直接投資企業」はそれらを国内外から調達する。

原材料・部品を外国市場から調達する点では，外国での「アウトソーシング」は，外国直接投資と同様であるが，資本関係のない他の企業を生産・販売拠点とする点では，外国直接投資と異なる（図表3-1-2)[3]。

国際通貨基金（IMF）の定義に従って，「外国直接投資」は統計上，企業が行う外国向けの経営権の取得を伴う投資と定義され，単に外国企業の株式を取得する証券投資と区別するために，10%以上の株式を取得する場合に限られる（松浦［2015］，3頁)[4]。

以下では，まず日本企業のアジア地域進出状況を概観する。次にアジア地域うち，韓国に進出した日本企業の財務報告の事例を分析する。IFRSのアドプション，あるいは国内基準とIFRSのコンバージェンスの進展が外国直接投資にプラスの影響をおよぼすかについて検討する。

# Ⅲ アジア地域進出日本企業

2008年以前の各国集計と2009年から2017年までの各国の進出年次別現地法人数の推移が**図表3-2**に示される。アジアが全世界に占める割合は，合計で およそ62.3%に達する。国別現地法人数合計が1,000を超えるのは中国，タイ，シンガポール，香港（中国），インドネシア，台湾，ベトナムである。

2019年1月現在の経済協力開発機構（OECD）加盟35ヵ国（オーストラリア，オーストリア，ベルギー，カナダ，チリ，チェコ共和国，デンマーク，エストニア，フィンランド，フランス，ドイツ，ギリシャ，ハンガリー，ア

---

[3] 鉱業，石油化学工業などでは，資源獲得型外国直接投資が広く普及している（松浦［2015］，3頁）。

[4] 統計データ資料としてしばしば用いられる『海外進出企業総覧［国別編］2018年版』（東洋経済新報社）においても，10%が閾値となっており，日本企業の出資比率が合計で10%以上（現地法人を通じた間接出資を含む）の企業を日系現地法人と定義している。

## ■ 図表 3-2　国別現地法人数（進出年次別）

| | 国名 | 合計 | 2008年以前 | 2009年 | 2010年 | 2011年 | 2012年 | 2013年 | 2014年 | 2015年 | 2016年 | 2017年 |
|---|---|---|---|---|---|---|---|---|---|---|---|---|
| | 全世界 | 30,644 | 19,984 | 658 | 820 | 1,266 | 1,461 | 1,287 | 1,017 | 777 | 598 | 394 |
| No. | アジア | 19,107 | 12,270 | 455 | 585 | 982 | 1,078 | 940 | 668 | 501 | 365 | 255 |
| 1 | 韓国 | 957 | 627 | 19 | 23 | 52 | 40 | 51 | 29 | 18 | 20 | 8 |
| 2 | 中国 | 6,744 | 4,558 | 209 | 271 | 424 | 398 | 223 | 152 | 101 | 67 | 61 |
| 3 | 香港（中国） | 1,307 | 983 | 25 | 26 | 39 | 54 | 36 | 23 | 22 | 14 | 9 |
| 4 | マカオ（中国） | 10 | 6 | — | — | — | — | — | 1 | 1 | 1 | — |
| 5 | 台湾 | 1,094 | 836 | 11 | 18 | 31 | 29 | 34 | 33 | 25 | 19 | 15 |
| 6 | モンゴル | 12 | 6 | 1 | 2 | 2 | — | — | — | — | — | — |
| 7 | ベトナム | 1,062 | 472 | 40 | 32 | 70 | 78 | 90 | 65 | 57 | 55 | 45 |
| 8 | タイ | 2,482 | 1,657 | 54 | 58 | 84 | 120 | 139 | 99 | 85 | 52 | 29 |
| 9 | シンガポール | 1,416 | 887 | 21 | 31 | 68 | 75 | 84 | 56 | 42 | 25 | 23 |
| 10 | マレーシア | 973 | 701 | 13 | 21 | 27 | 40 | 32 | 35 | 22 | 17 | 12 |
| 11 | ブルネイ | 3 | 3 | — | — | — | — | — | — | — | — | — |
| 12 | フィリピン | 606 | 405 | 7 | 7 | 18 | 16 | 27 | 16 | 24 | 16 | 10 |
| 13 | インドネシア | 1,269 | 681 | 15 | 21 | 73 | 118 | 118 | 79 | 49 | 31 | 14 |
| 14 | カンボジア | 79 | 9 | 2 | 4 | 11 | 12 | 12 | 12 | 3 | 6 | 1 |
| 15 | ラオス | 20 | 4 | 2 | 2 | 1 | 1 | 3 | 4 | 1 | — | — |
| 16 | ミャンマー | 120 | 11 | — | — | — | 10 | 31 | 25 | 19 | 11 | 5 |
| 17 | インド | 845 | 375 | 33 | 61 | 78 | 76 | 56 | 35 | 26 | 25 | 21 |
| 18 | パキスタン | 23 | 15 | 1 | — | — | 1 | 2 | 2 | 1 | — | 1 |
| 19 | スリランカ | 33 | 17 | 1 | 1 | 1 | 1 | 1 | 1 | 3 | 4 | — |
| 20 | バングラディッシュ | 34 | 9 | 1 | 4 | 4 | 8 | — | — | 1 | 1 | 1 |
| 21 | ネパール | 2 | 2 | — | — | — | — | — | — | — | — | — |
| 22 | アゼルバイジャン | 1 | 1 | — | — | — | — | — | — | — | — | — |
| 23 | カザフスタン | 12 | 2 | — | 3 | — | 1 | 1 | 1 | 1 | 1 | — |
| 24 | キルギス | 1 | 1 | — | — | — | — | — | — | — | — | — |
| 25 | ジョージア | 2 | 2 | — | — | — | — | — | — | — | — | — |

注　1）現地法人編掲載日本企業の出資比率合計が10％以上（間接出資を含む）の現地法人および
　　　　海外支店・事務所が集計対象
　　2）海外データベースを使用し，清算・被合併などにより消滅した企業を含め，撤退・被合併
　　　　の集計・一覧を作成
　　3）調査時点は2017年10月で，2017年の数値は次号以降で大幅な修正の見込
　　4）年次不明の現地法人が含まれ，合計と内訳が一致しない場合あり
　　5）毎年再集計を行うため，2017年以前の各国集計は変動
出所：東洋経済新報社［2018］，1,778頁よりアジアのみ抽出。No.は筆者追加。

イスランド，アイルランド，イスラエル，イタリア，日本，韓国，ラトビア，ルクセンブルグ，メキシコ，オランダ，ニュージーランド，ノルウェー，ポーランド，ポルトガル，スロバキア共和国，スロベニア，スペイン，スウェーデン，スイス，トルコ，イギリス，アメリカ）[5] のうち，日本企業の外国直接投資の対象国となるアジア地域の国は韓国のみである。よって，以下では韓国を検討対象とする。

　韓国に新規進出した企業数は，2009 年から 2010 年にかけては，20 社前後で推移していたが，2011 年に 52 社に増加し，2014 年以降は減少傾向を示している[6]。

　東洋経済新報社の『海外進出企業総覧［国別編］2018 年版』を用い，現地法人の年度指定を 2011 年に，地域・国をアジア・韓国に，海外進出年を 2010 年に設定し，2010 年に韓国に進出した日本側企業，現地法人名などを抽出した。同様の方法で，2011 年から 2017 年までの各年に韓国に進出した日本側企業，現地法人名などを抽出した結果をまとめたのが**図表 3-3** である[7]。

　第 1 列から第 8 列は以下を示す。1. 進出年，2. 日本側出資企業名，3. 現地法人名（Co.,Ltd，Corp を省略），4. 日本側出資企業の上場日本市場，5. 現地法人の業種，6. 資本金（単位：億ウォン），7. 従業員数，8. 日本側出資合計（%）。

　投資目的（複数表記可）欄の各数値は，それぞれ9. 現地市場の開拓，10. 現地政府の優遇制度の利用，11. 国際的な生産ネットワークの構築，12. 国際的な流通ネットワークの構築，13. 資源・素材の確保・利用，14. 商品の企画・開発・研究，15. 情報の収集，16. 新規事業への進出，17. 第三国への輸出，18. 日本への逆輸入，19. 労働力の確保・利用を意味する。

　抽出結果の年度別内訳は（括弧内は会社数），2010 年（15），2011 年（27），

---

5) OECD の公式サイト〈http://www.oecd.org/about/membersandpartners/〉を参照。アジアとヨーロッパの双方にまたがるトルコは，ヨーロッパに分類され，アジアのみを抽出した図表3-2 に含まれない。本章で OECD 加盟国を対象としたのは，先行研究が分析対象国としたからであり，中でもアジア地域に絞ったのは，アジアが日本の対外直接投資が最大の地域だからである。

6) 進出企業数が急増した 2011 年は，総資産 2 兆ウォン超の企業に IFRS 適用が義務化された年と符合する。

7) 2010 年からを対象としたのは日本の任意適用開始が 2010 年度だからでもある。

53

## ■ 図表3-3　韓国進出日本企業

| No. | 1 | 2 | 3 | 4 | 5 | 6 | 7 | 8 | 投資目的 |
|---|---|---|---|---|---|---|---|---|---|
| 1 | 2010 | クボテック | Kubotatek Korea | 東証1部 | 機械 | 4 | 不明 | 100 | |
| 2 | 2010 | 日特エンジニアリング | Nittoku | 東証JQS | 電気機器卸売 | 4 | 8 | 100 | |
| 3 | 2010 | 新日本無線 | NJR Korea | 東証1部 | 電気機器卸売 | 0.9 | 2 | 100 | 9,15 |
| 4 | 2010 | 菱三商事 | Hissan Trading Korea | 非上場 | 総合卸売 | 0.5 | 3 | 100 | |
| 5 | 2010 | オリックス | Orix Private Equity Korea | 東証1部 | 投資業等 | 不明 | 不明 | 100 | |
| 6 | 2010 | コシダカホールディングス | Koshidaka Korea | 東証1部 | コンサルティング | 2 | 3 | 100 | 9,12,16 |
| 7 | 2010 | ツガミ | Tsugami Korea | 東証1部 | 機械卸売 | 1 | 不明 | 100 | |
| 8 | 2010 | サイバーステップ | CyberStep Entertainment | 東証2部 | 情報・システム・ソフト | 0.5 | 不明 | 間接 | |
| 9 | 2010 | AIHO | Aiho Food Machine Korea | 非上場 | 機械卸売 | 1 | 1 | 100 | |
| 10 | 2010 | 東洋エンジニアリング | LG-Toyo Engineering | 東証1部 | 建築設計 | 70 | 56 | 間接 | 9,16 |
| 11 | 2010 | 黒田精工 | Kuroda Precision Industries Korea | 東証2部 | 機械卸売 | 6.25 | 3 | 100 | 12 |
| 12 | 2010 | 電気化学工業 | Denka Chemicals Korea | 東証1部 | 化学卸売 | 1 | 不明 | 100 | |
| 13 | 2010 | NISグループ | NIS Group Korea | 非上場 | 総合卸売 | 0.5 | 不明 | 100 | 9,12,15 |
| 14 | 2010 | オリンパス | Olympus Korea Service | 東証1部 | 精密機器卸売 | 10 | 不明 | 間接 | |
| 15 | 2010 | タキヒヨー | Takihyo Korea | 東証1部 | 繊維・衣服卸売 | 7 | 3 | 100 | |
| 16 | 2011 | 上村工業 | Uyemura Korea | 東証2部 | 化学 | 76 | 18 | 100 | 9,11,12,17 |
| 17 | 2011 | エス・エム・エス | SMS Korea | 東証1部 | 広告 | 6 | 不明 | 80 | |
| 18 | 2011 | 保土谷化学工業 | Hodogaya Chemical Korea | 東証1部 | 化学卸売 | 5 | 不明 | 85 | |
| 19 | 2011 | エノテカ | Enoteca Korea | 非上場 | 他小売 | 20 | 不明 | 100 | |
| 20 | 2011 | 芦森工業 | Ashimori Korea | 東証1部 | 輸送機器 | 1 | 2 | 100 | 11,12 |
| 21 | 2011 | 西川物産 | Nishikawa Bussan Korea | 非上場 | ゴム製品 | 7 | 不明 | 100 | |
| 22 | 2011 | 日清紡メカトロニクス | Korea Nisshinbo Photovoltaic | 非上場 | 電気機器卸売 | 2 | 5 | 100 | 9,16 |
| 23 | 2011 | パトライト | PATLITE Korea | 非上場 | 電気機器卸売 | 不明 | 不明 | 100 | |
| 24 | 2011 | 光洋機械工業 | Koyo Machinery Korea | 非上場 | 機械卸売 | 5.2 | 4 | 100 | |
| 25 | 2011 | 安永 | Yasunaga Korea | 東証1部 | 輸送機器 | 103 | 3 | 100 | 19 |

| No. | 1 | 2 | 3 | 4 | 5 | 6 | 7 | 8 | 投資目的 |
|---|---|---|---|---|---|---|---|---|---|
| 26 | 2011 | ノバレーゼ | Novarese Korea | 非上場 | 飲食・外食 | 7 | 1 | 100 | 9,16 |
| 27 | 2011 | EMCOMホールディングス | EMCOM Korea | 非上場 | 商品先物 | 5 | 不明 | 100 | |
| 28 | 2011 | ダンロップスポーツ | Srixon Sports Korea | 東証1部 | 他卸売 | 20 | 48 | 50 | |
| 29 | 2011 | イーピーエス | EPS International (Korea) | 東証1部 | 他サービス | 4 | 1 | 100 | |
| 30 | 2011 | 日本曹達（65%）三菱商事（10%） | Nisso Namhae Agro | 東証1部 | 化学 | 不明 | 不明 | 75 | |
| 31 | 2011 | 萩原電気 | Hagiwara Electric Korea | 東証1部 | 電気機器卸売 | 6.5 | 2 | 100 | |
| 32 | 2011 | アルプス物流 | Alps Logistics Korea | 東証1部 | 倉庫・物流関連 | 15 | 13 | 100 | 9 |
| 33 | 2011 | 野村マイクロ・サイエンス | NAD | 東証JQS | 機械 | 5 | 不明 | 100 | |
| 34 | 2011 | ノーリツ鋼機 | Noritsu Korea | 東証1部 | 精密機器卸売 | 不明 | 15 | | |
| 35 | 2011 | カルビー | Haitai-Calbee | 東証1部 | 食料品 | 232 | 49 | 50 | |
| 36 | 2011 | 太陽日酸 | TNSK | 非上場 | 精密機器 | 40 | 14 | 51 | 9 |
| 37 | 2011 | 黒田電気 | HiVAT Global | 非上場 | 持株会社 | 0.5 | 不明 | 51 | |
| 38 | 2011 | OCS | OCS（Korea） | 非上場 | 貨物運送 | 不明 | 不明 | 70 | |
| 39 | 2011 | デジタルハーツ | Digital Hearts Korea | 非上場 | 情報・システム・ソフト | 10 | 不明 | 100 | 9 |
| 40 | 2011 | ディー・エヌ・エー | DeNA Seoul | 非上場 | 情報・システム・ソフト | 7 | 不明 | 間接 | |
| 41 | 2011 | 住友化学 | SSLM | 東証1部 | 化学 | 800 | 101 | 50 | |
| 42 | 2011 | 日立物流 | Hitachi Transport System（Korea） | 東証1部 | 倉庫・物流関連 | 不明 | 不明 | 間接 | |
| 43 | 2012 | アグロ カネショウ | Agro kanesho | 東証1部 | 機械 | 2 | 3 | 100 | 9,12 |
| 44 | 2012 | KCカード（現 ワイジェイカード株式会社） | Chinae Savings Bank | 非上場 | 貸金・信販・カード | 120 | 不明 | 100 | |
| 45 | 2012 | 蝶理 | Chori Korea | 東証1部 | 繊維・衣服卸売 | 5 | 1 | 100 | 12,15,19 |
| 46 | 2012 | サイバネットシステム | Cybernet Systems Korea | 東証1部 | 情報・システム・ソフト | 12 | 6 | 100 | |
| 47 | 2012 | 大和証券キャピタル・マーケッツ | Daiwa Securities Capital Markets korea | 東証1部 | 証券 | 130 | 不明 | 100 | |
| 48 | 2012 | DIC | DIC Korea Liquid Crystal | 東証1部 | 化学 | 30 | 2 | 55 | |
| 49 | 2012 | ファーマフーズ | Dongbu Farm PFI. | 非上場 | 食料品 | 1.5 | 不明 | 49 | 9,11,19 |

| No. | 1 | 2 | 3 | 4 | 5 | 6 | 7 | 8 | 投資目的 |
|---|---|---|---|---|---|---|---|---|---|
| 50 | 2012 | ピジョン | DoubleHeart | 東証1部 | 他卸売 | 7 | 不明 | 100 | |
| 51 | 2012 | エン・ジャパン | en-world Korea | 東証JQS | 人材派遣・業務請負 | 1 | 不明 | 間接 | |
| 52 | 2012 | 藤倉ゴム工業 | Fujikura Composite Korea | 東証1部 | 他卸売 | 不明 | 3 | 100 | |
| 53 | 2012 | HIOKI | HIOKI Korea | 東証1部 | 電気機器 | 45 | 10 | 100 | 9,11,12 |
| 54 | 2012 | 倉敷化工 | Kurashiki Kako Korea | 非上場 | 他卸売 | 2 | 1 | 100 | 9 |
| 55 | 2012 | 日立プラントテクノロジー（現日立プラントサービス） | LG-Hitachi Water Solutions | 非上場 | 機械卸売 | 180 | 不明 | 49 | 9,12 |
| 56 | 2012 | 三菱電機 | Mitsubishi Electric Korea | 東証1部 | 電気機器卸売 | 9 | 不明 | 100 | |
| 57 | 2012 | メタルワン | Modex | 非上場 | 他サービス | 15 | 8 | 80 | 9,12 |
| 58 | 2012 | 内外テック | Naigai Tec Korea | 東証JQS | 電気機器卸売 | 4 | 3 | 100 | 9,12,16 |
| 59 | 2012 | NEC | NEC Corp. of Korea | 東証1部 | 電気機器卸売 | 不明 | 不明 | 100 | |
| 60 | 2012 | ダスキン | Pulmuone Duskin | 東証1部 | 他サービス | 60 | 不明 | 間接 | 12 |
| 61 | 2012 | ユニテックフーズ | Unitec IS | 非上場 | 食料品 | 4 | 2 | 49 | 9,11,17 |
| 62 | 2012 | ブイテックス | V TEX Korea | 非上場 | 機械 | 28 | 2 | 100 | |
| 63 | 2012 | ゼビオ | Xebio Korea | 東証1部 | 他卸売 | 50 | 不明 | 50 | |
| 64 | 2012 | プレナス | YK Food Service | 東証1部 | 他小売 | 30 | 不明 | 40 | |
| 65 | 2012 | 夢の街創造委員会 | YUMENOMACHI | 東証JQS | 他サービス | 7 | 不明 | 100 | |
| 66 | 2013 | GMB | AG Tech | 東証1部 | 輸送機器 | 50 | 10 | 40 | 11,14,17,19 |
| 67 | 2013 | アルファ | Alpha Korea | 東証1部 | 輸送用機器卸売 | 3.6 | 不明 | 100 | |
| 68 | 2013 | シチズンマシナリーミヤノ | Cincom Miyano Korea | 非上場 | 機械卸売 | 不明 | 不明 | 66.6 | |
| 69 | 2013 | 国際紙パルプ商事 | DaiEi Papers Korea | 非上場 | 他卸売 | 不明 | 不明 | 不明 | |
| 70 | 2013 | 黒田電気 | Eco Techwell Investment | 東証1部 | 不動産 | 400 | 不明 | 100 | |
| 71 | 2013 | エフ・シー・シー | FCC Seojin | 東証1部 | 輸送機器 | 2 | 不明 | 50 | |
| 72 | 2013 | 古野電気 | Furuno Korea | 東証1部 | 電気機器卸売 | 12 | 不明 | 100 | 9 |
| 73 | 2013 | ハマイ | Hamai Korea | 東証JQS | 機械 | 25 | 11 | 100 | 9,11,13,17,18 |
| 74 | 2013 | 日阪製作所 | Hisaka korea | 東証1部 | 機械卸売 | 3 | 不明 | 100 | 9,11,12,16,17 |
| 75 | 2013 | 花王 | Kanebo Cosmetics Korea | 東証1部 | 化学卸売 | 67 | 20 | 100 | |
| 76 | 2013 | クミアイ化学工業 | Kumika Korea | 東証1部 | 他サービス | 1 | 1 | 100 | |
| 77 | 2013 | ライフネット生命保険 | Kyobo Lifeplanet Life Insurance | マザーズ | 生命保険 | 320 | 40 | 25.5 | 9 |

会計研究における多国籍企業立地選択論　**第3章**

| No. | 1 | 2 | 3 | 4 | 5 | 6 | 7 | 8 | 投資目的 |
|---|---|---|---|---|---|---|---|---|---|
| 78 | 2013 | リニカル | Linical Korea | 東証1部 | 他サービス | 5 | 3 | 100 | 14 |
| 79 | 2013 | 伊藤忠丸紅鉄鋼 | Marubeni-Itochu Steel Korea | 非上場 | 鉄鋼・金属卸 | 80 | 11 | 100 | |
| 80 | 2013 | ミズノ | Mizuno Korea | 東証1部 | 他製造業 | 10 | 不明 | 100 | 9 |
| 81 | 2013 | モルフォ | Morpho Korea | マザーズ | 情報・システム・ソフト | 1 | 不明 | 100 | |
| 82 | 2013 | MonotaRO | NAVIMRO | 東証1部 | 他小売 | 40 | 不明 | 100 | 16 |
| 83 | 2013 | 日鍛バルブ | Nittan Korea | 東証2部 | 輸送用機器卸売 | 5 | 8 | 100 | 9,19 |
| 84 | 2013 | ナイテック・プレシジョン・アンド・テクノロジーズ | NS Tech | 非上場 | 他製造業 | 10 | 不明 | 34.3 | |
| 85 | 2013 | オムロンヘルスケア | OMRON Health Care Korea | 非上場 | 精密機器卸売 | 10 | 18 | − | |
| 86 | 2013 | リコー | Ricoh Korea | 東証1部 | 機械卸売 | 9.52 | 不明 | 100 | |
| 87 | 2013 | リケンテクノス | Riken Technos International Korea | 東証1部 | 化学卸売 | 6 | 1 | 100 | 12 |
| 88 | 2013 | サンコーシヤ | Sankosha Korea | 非上場 | 電気機器卸売 | 50 | 6 | 100 | 9,11,12,15,16 |
| 89 | 2013 | セガサミーホールディングス | Sega Sammy Busan | 東証1部 | レジャー・娯楽 | 1,240 | 不明 | 75 | |
| 90 | 2013 | シスメックス | Sysmex Korea | 東証1部 | 精密機器卸売 | 不明 | 不明 | 間接 | |
| 91 | 2013 | 東京応化工業 | TOK Advance Material | 東証1部 | 化学 | 900 | 不明 | 90 | 9,11,14 |
| 92 | 2013 | TOWA | TOWA Korea | 東証1部 | 機械卸売 | 1 | 3 | 100 | |
| 93 | 2013 | 東京鉄鋼 | TTK Korea | 東証1部 | 鉄鋼 | 10 | 4 | 100 | |
| 94 | 2013 | 安永 | Yasunaga Korea | 東証1部 | 輸送機器 | 103 | 23 | 100 | |
| 95 | 2014 | ガーラ | Gala Connect | 東証JQS | 情報・システム・ソフト | 3 | 不明 | 60 | |
| 96 | 2014 | 住友精化 | Sumitomo Seika Polymers Korea | 東証1部 | 化学 | 550 | 4 | 90 | |
| 97 | 2014 | アダストリアホールディングス | Adastria Korea | 東証1部 | 専門店 | 32 | 不明 | 間接 | 9 |
| 98 | 2014 | Aiming | Aiming High | マザーズ | 情報・システム・ソフト | 0.5 | 7 | 100 | |
| 99 | 2014 | GMOインターネット | GMO Data Center Korea | 東証1部 | 情報・システム・ソフト | 15 | 不明 | 間接 | |
| 100 | 2014 | 兵神装備 | HEISHIN Korea | 非上場 | 他製造業 | 5 | 6 | 100 | 9 |
| 101 | 2014 | JSR | JSR Electronic Materials Korea | 東証1部 | 化学卸売 | 1 | 不明 | 40 | |
| 102 | 2014 | クラレ | Kuraray Korea | 東証1部 | 化学 | 226 | 51 | 100 | |

57

| No. | 1 | 2 | 3 | 4 | 5 | 6 | 7 | 8 | 投資目的 |
|---|---|---|---|---|---|---|---|---|---|
| 103 | 2014 | 日本香堂ホールディングス | Manbok Hyangdang | 非上場 | 他卸売 | 7 | 不明 | 100 | 12 |
| 104 | 2014 | ニレコ | Nireco Process Korea | 東証JQS | 電気機器卸売 | 3 | 不明 | 66.7 | |
| 105 | 2014 | 西日本鉄道 | NNR Hotels International Korea | 東証1部 | ホテル | 35 | 不明 | 間接 | 9,16 |
| 106 | 2014 | 日本駐車場開発 | NPD Korea | 東証1部 | コンサルティング | 5 | 不明 | 100 | |
| 107 | 2014 | 日陸 | CALT Logis Bud | 非上場 | 倉庫・物流関連 | 55 | 11 | 10 | |
| 108 | 2014 | 日陸 | NRS Hanex | 非上場 | 倉庫・物流関連 | 60 | 7 | 45 | |
| 109 | 2014 | 日陸合同会社 | NRS Logistics Korea | 非上場 | 倉庫・物流関連 | 3 | 4 | 100 | |
| 110 | 2015 | 三井金属アクト | ACT Korea | 非上場 | 輸送機器 | 5 | 不明 | 100 | |
| 111 | 2015 | デサント | Descente Global Retail | 東証1部 | 繊維・衣服卸売 | 100 | 不明 | 間接 | 9 |
| 112 | 2015 | イグニス | Ignis Korea | マザーズ | 情報・システム・ソフト | 0.01 | 1 | 100 | 9,14 |
| 113 | 2015 | 日本トムソン | IKO Thompson Korea | 東証1部 | 機械卸売 | 2 | 4 | 100 | |
| 114 | 2015 | JSR | JSR Electronic Materials Korea | 東証1部 | 化学卸売 | 1 | 不明 | 100 | |
| 115 | 2015 | メタップス | Metaps Korea | マザーズ | 他サービス | 1 | 不明 | 100 | |
| 116 | 2015 | 三井化学 | Mitsui Chemicals and SKC Polyurethanes | 東証1部 | 化学 | 700 | 不明 | 50 | |
| 117 | 2015 | ガーラ | Gala Mix | 東証JQS | 情報・システム・ソフト | 3 | 不明 | 60 | |
| 118 | 2015 | 内外トランスライン | Naigai-Eunsan Logistics | 東証1部 | 倉庫・物流関連 | 80 | 不明 | 70 | |
| 119 | 2015 | 日本触媒 | Nippon Shokubai Korea | 東証1部 | 化学卸売 | 2 | 4 | 100 | |
| 120 | 2015 | ニプロ | Nipro Dongduk Medical | 東証1部 | 精密機器卸売 | 0.75 | 13 | 33.3 | 9,12 |
| 121 | 2015 | オプトエレクトロニクス | Opticon Korea | 東証JQS | 電気機器卸売 | 100 | 不明 | 間接 | |
| 122 | 2015 | 帝国電機製作所 | Teikoku Korea Technical Services | 東証1部 | 機械等修理 | 5 | 不明 | 間接 | |
| 123 | 2015 | ツバキ・ナカシマ | Tsubaki Nakashima Korea | 東証·部 | 倉庫・物流関連 | 1 | 1 | 100 | |

会計研究における多国籍企業立地選択論　**第3章**

| No. | 1 | 2 | 3 | 4 | 5 | 6 | 7 | 8 | 投資目的 |
|---|---|---|---|---|---|---|---|---|---|
| 124 | 2016 | クリーク・アンド・リバー社 | Creek and River Entertainment | 東証1部 | 人材派遣・業務請負 | 不明 | 不明 | 間接 | |
| 125 | 2016 | 富士通コンポーネント | Fujitsu Components Korea | 東証2部 | 電気機器卸売 | 8 | 不明 | 100 | |
| 126 | 2016 | 日本トリム | Hankook Trim | 東証1部 | 電気機器卸売 | 1 | 不明 | 100 | |
| 127 | 2016 | キッツ | KITZ Corp. of Korea | 東証1部 | 機械卸売 | 0.15 | 0 | 100 | 9,15 |
| 128 | 2016 | コニカミノルタ | Konica Minolta Pro Print Solutions Korea | 東証1部 | 電気機器卸売 | 1 | 36 | 100 | |
| 129 | 2016 | 京写 | Kyosha Korea | 東証JQS | 電気機器卸売 | 1 | 3 | 100 | |
| 130 | 2016 | 丸全昭和運輸 | Maruzen Showa Korea | 東証1部 | 倉庫・物流関連 | 3 | 2 | 100 | |
| 131 | 2016 | 三井化学 | Mitsui Chemicals Korea | 東証1部 | 化学卸売 | 10 | 不明 | 100 | |
| 132 | 2016 | gumi | Seoul VR Startups | 東証1部 | 情報・システム・ソフト | 9 | 不明 | 34 | |
| 133 | 2016 | エスアイアイ・セミコンダクタ | SII Semiconductor Korea | 非上場 | 電気機器卸売 | 6 | 11 | 100 | 9,12,15 |
| 134 | 2016 | 東浜商事 | Tohin Korea | 非上場 | 機械 | 3 | 3 | 100 | 11,14,18 |
| 135 | 2017 | スター精機 | Star Seiki korea | 非上場 | 機械卸売 | 不明 | 不明 | 間接 | |
| 136 | 2017 | ヤマキ | Yamakii korea | 非上場 | 食料品 | 不明 | 不明 | 間接 | |
| 137 | 2017 | サイバネットシステム | Cyfem | 東証1部 | 情報・システム・ソフト | 1.54 | 不明 | 65 | |
| 138 | 2017 | GMB | GMB Elpis | 東証1部 | 輸送機器 | 50 | 不明 | 40 | 10,11,16,19 |
| 139 | 2017 | オークマ | Okuma korea | 東証1部 | 機械卸売 | 94 | 不明 | 100 | |
| 140 | 2017 | 日本無線 | Alpatron Marine korea | 非上場 | 電気機器卸売 | 3 | 6 | 100 | 9,12,15 |
| 141 | 2017 | 神戸製鋼所 | Ulsan Aluminum | 東証1部 | 非鉄金属 | 不明 | 不明 | 50 | |
| 142 | 2017 | デサント | Arena Korea | 東証1部 | 繊維・衣服卸売 | 50 | 不明 | 25 | |

注　Alpatron Marine Korea の資本金 3,000 百万円を 1W ＝ 0.1 円で換算
出所：『海外進出企業総覧［国別編］』東洋経済新報社 2010 年 -2018 年を参照し，筆者が作成。上場市場を追加。

2012年(23)，2013年(29)，2014年(15)，2015年(14)，2016年(11)，2017年(8)で，合計142社である。日本側出資企業142社のうち，東証1部上場が82社，東証2部上場が5社，東証JQS上場が11社，マザーズ上場が5社で，上場企業が7割以上を占め，非上場会社は39社（27％）にとどまる[8]。

投資目的を1つ以上示した会社は47社のみで，投資目的の上位5つは，9.現地市場の開拓(35)，12.国際的な流通ネットワークの構築(19)，11.国際的な生産ネットワークの構築(12)，16.新規事業への進出(10)，16.新規事業への進出(9)であった。18.日本への逆輸入を投資目的として挙げる企業は2社のみであった。業種別に見ると，電気機器卸売(18)が最も多く，情報・システム・ソフト(12)，化学(8)，化学卸売(8)，輸送機器卸売(7)の順であった。

有価証券報告書を参照し，韓国進出について記述している企業の事例を調査した。エフ・シー・シー（図表3-3のNo.71）は，2013年2月に韓国京畿道始興市に，四輪車用クラッチおよび同部品の製造販売を目的とするエフ・シー・シー ソジン カンパニー リミテッドを設立し，外国直接投資を行った。同社は，第85期有価証券報告書（自2014年4月1日 至2015年3月31日）からIFRSの適用を開始し，同報告書の14頁において，日本基準に代えて，IFRSを適用し連結財務諸表を作成することに伴う主要な差異を示した[9]。

### 前連結会計年度（自2013年4月1日 至2014年3月31日）

日本基準では，費用処理している一部の開発費についてIFRSにおいては資産計上を行っております。この結果，連結財政状態計算書の「のれん及び無形資産」が1,105百万円増加しております。また，連結損益計算書の「売上原価」が618百万円増加し，販売費及び一般管理費に含ま

---

8) たとえば，三井金属アクト（図表3-3のNo.110）は，東証1部に上場する三井金属鉱業の100％子会社であり，日本側出資企業が非上場であっても，親会社は上場会社であるケースもある。

9) 同社は東証1部上場の輸送機器メーカーで，アメリカ，メキシコ，ブラジル，タイ，インドネシア，ベトナム，フィリピン，インド，中国，台湾に海外拠点を置く。

60

れる「研究開発費」は482百万円減少しております。

**当連結会計年度（自2014年4月1日 至2015年3月31日）**

日本基準では，費用処理している一部の開発費について IFRS においては資産計上を行っております。この結果，連結財政状態計算書の「のれん及び無形資産」が1,527百万円増加しております。

　また，連結損益計算書の「売上原価」が589百万円増加し，販売費 及び一般管理費に含まれる「研究開発費」は1,011百万円減少しております。

　日本の会計基準に準拠する日本トムソン（図表3-3のNo.113）は，次の趣旨で IKO THOMSON KOREA CO., LTD を2015年7月1日に子会社を設立し，外国直接投資を行ったことを記述している（日本トムソン『有価証券報告書』第67期，2015.4.1-2016.3.31，5頁，8頁）。

　「特に海外市場での事業展開を加速すべく，営業支援を強化するとともに，需要拡大が見込まれる地域として，大韓民国およびブラジル連邦共和国に新たな販売子会社を，米国の販売子会社ではミネソタ州に営業所を開設するなど，営業基盤の強化を図りました。」（下線は筆者）

　ツバキ・ナカシマ（図表3-3のNo.123）は2014年12月期からIFRSを初度適用し，2015年12月16日に東証1部に上場した。同社は2015年8月に，TSUBAKI NAKASHIMA KOREA Co.,LTD を設立し，外国直接投資を行い，議決権付株式所有割合100%の連結子会社としたと記している（ツバキ・ナカシマ『有価証券報告書』第10期，自2015.1.1 至2015.12.31，7頁，9頁，132頁）。

　2016年に韓国に現地法人を設立した日本側出資企業のうち[10]，三井化学（現地法人名：Mitsui Chemicals Korea, Inc. 図表3-3のNo.131）は前年出資比率50%を100%に引き上げている。

　資本金の最高は Sega Sammy Busan（図表3-3のNo.89）の1,240億ウォン，従業員数最多は SSLM（図表3-3のNo.41）の101人で，日本側出資合

---

10)　東洋経済新報社［2018］，1,800頁。

計が 100％ の企業は約 60％（85/142）を占めた。

　韓国では，総資産 2 兆ウォン以上の上場企業については，2011 年四半期・半期報告書から IFRS 適用が強制された[11]。韓国は 2011 年からすでに IFRS アドプション国となっている。IFRS の任意適用を開始した日本企業は，連結財務諸表規則を適用する企業よりも，韓国証券市場（有価証券市場 KOSPI，新興市場 KOSDAQ）への上場を躊躇せず，KOSPI または KOSDAQ に上場する企業は増加すると推測した。

　予想に反し，日本企業の韓国証券市場上場は活発化していない。2019 年 1 月現在において，韓国証券市場に上場している日本企業は，2013 年 3 月期第 1 四半期から IFRS 任意適用を開始した SBI ホールディングス（東証 1 部上場，総合金融業者）の子会社と JTC のみである。

# IV ｜ 韓国KOSDAQ上場日本企業の事例

　SBI ホールディングスの子会社 SBI FinTech Solutions 株式会社[12] は，韓国での IR 活動支援，事業拡大，優秀な人材確保を目的に，2012 年 12 月に SBI AXES Korea Co., Ltd. をソウル特別市内に設立した[13]。AXES Korea Co., Ltd.[14] は，2012 年 12 月に韓国の新興企業向けの証券取引所 KOSDAQ に上場した。

　2014 年 3 月期から 2018 年 3 月期にかけて SBI FinTech Solutions の収益（売上）は，継続して前年比増，当期利益は 2018 年が 5 年間の最高値で，2014 年比で 482％ 増である（**図表 3-4**）。SBI FinTech Solutions は決済サービス事業，EC 事業者支援事業に分けて，事業の種類別にセグメント報告を行っている。しかし，資産，収益に関する地域別セグメント報告を行ってい

---

11)　総資産 2 兆ウォン未満の上場企業については，2012 年から IFRS が強制適用された。

12)　2011 年 4 月 4 日設立時の会社名は，SBI AXES Holdings で，2017 年 7 月に社名を変更している。

13)　「SBI FinTech Solutions IR ニュース」〈https://www.sbi-finsol.co.jp/irpr/news 20121217. html〉（最終閲覧日：2018 年 12 月 29 日）。

14)　現在の会社名は SBI FinTech Solutions Korea Co., Ltd. である。

会計研究における多国籍企業立地選択論　**第3章**

ない。親会社の SBI ホールディングスは金融サービス事業，アセットマネジメント事業，およびバイオ関連事業の 3 つに区分して事業の種類別セグメント情報を開示しているが，地域別セグメント情報を開示していない。よって，SBI FinTech Solutions の韓国 KOSDAQ 上場の財務効果は明らかではない。

2010 年 3 月 31 日以降に終了する連結事業年度から IFRS の任意適用が認められても，日本企業の韓国証券市場上場の機運は高まってはいない。では，IFRS の任意適用開始は，日本の証券市場への外国企業の誘致を促進したのか。2009 年以降，韓国企業 POSCO を含む外国企業の東証からの撤退が相次いでいる（**図表 3-5**）。撤退理由は次のように説明される。

**■ 図表 3-4　SBI FinTech Solutions の連結包括利益計算書（要約）**

（単位：百万円）

| 科目 | 2014年3月期 | 2015年3月期 | 2016年3月期 | 2017年3月期 | 2018年3月期 | 2014年比 |
|---|---|---|---|---|---|---|
| 収益 | 4,868 | 6,026 | 7,161 | 8,077 | 13,017 | 167％増 |
| 売上原価 | 3,328 | 4,313 | 5,173 | 5,934 | 7,944 | |
| 売上総利益 | 1,540 | 1,713 | 1,988 | 2,142 | 5,073 | 229％増 |
| 販売費及び一般管理費 | 1,301 | 1,406 | 1,500 | 1,601 | 3,837 | |
| その他の収益・費用 | (23) | 7 | (6) | 5 | (92) | |
| 営業利益 | 216 | 314 | 482 | 546 | 1,143 | 429％増 |
| 金融収益 | 2 | 2 | 4 | 5 | 14 | |
| 財務費用 | 2 | 2 | 5 | 11 | 102 | |
| 為替差損益 | 43 | 79 | (53) | (1) | (17) | |
| 持分法による投資損益 | ─ | ─ | 56 | 4 | 39 | |
| 税引前利益 | 259 | 393 | 484 | 543 | 1,077 | 316％増 |
| 法人所得税 | 121 | 140 | 39 | 177 | 278 | |
| 当期純利益 | 137 | 252 | 445 | 366 | 798 | 482％増 |
| 　親会社の所有者 | ─ | ─ | 39 | 177 | 807 | |
| 　非支配持分 | ─ | ─ | ─ | ─ | (8) | |

注　SBI FinTech Solutions は日本では非上場，IFRS を適用
出所：https：//www.sbi-finsol.co.jp/irpr/financia info.html をもとに筆者作成。

## 図表 3-5　上場廃止外国株

| 上場廃止日 | 会社名 | 本社 | 市場区分 | 廃止理由 |
|---|---|---|---|---|
| 2009/04/28 | BNP Paribas | フランス | 第一部（外国株） | 申請による上場廃止 |
| 2010/07/15 | Deutsche Telekom AG | ドイツ | 第一部（外国株） | 申請による上場廃止 |
| 2010/04/16 | UBS AG | スイス | 第一部（外国株） | 申請による上場廃止 |
| 2010/03/27 | AEGON N.V. | オランダ | 第一部（外国株） | 申請による上場廃止 |
| 2011/12/25 | Telefonica,S.A. | スペイン | 第一部（外国株） | 申請による上場廃止 |
| 2012/11/12 | China Boqi Environmental Solutions Technology（holding）co.ltd. | 中国 | 第一部（外国株） | 事業活動の停止 |
| 2015/12/14 | POSCO | 韓国 | 第一部（外国株） | 申請による上場廃止 |
| 2015/04/26 | JPMorgan Chase & Co. | アメリカ | 第一部（外国株） | 申請による上場廃止 |
| 2016/12/08 | The Dow Chemical Company | アメリカ | 第一部（外国株） | 申請による上場廃止 |
| 2016/08/29 | Citigroup Inc. | アメリカ | 第一部（外国株） | 申請による上場廃止 |
| 2017/05/01 | Bank of America Corporation | アメリカ | 第一部（外国株） | 申請による上場廃止 |

出所：http://www.jpx.co.jp/listing/stocks/delisted/ をもとに筆者作成。

「1973 年に東証に初上場した外国企業 6 社のうち，上場を継続していた最後の 1 社 The Dow Chemical Company が，デュポンとの経営統合を機に，2016 年 12 月に東証上場を廃止した。1998 年 9 月に上場した Bank of America Corporation も 2017 年 2 月 24 日，2017 年 3 月下旬に東証上場廃止を申請すると発表した。上場廃止の申請理由は，取引が少なく，日本語による開示資料作成業務，年間上場料の負担が重荷と考えられたからである。知名度のアップ，資金調達など上場のメリットが薄れたとの認識が広まっている。東証に上場する外国企業は，1991 年の 127 社をピークに減り続け，現在わずか 6 社にとどまる」（『日本経済新聞』2016 年 7 月 4 日朝刊および 2017 年 2 月 24 日朝刊）。

取引量が一定水準を超えず，コスト・ベネフィットの観点から上場廃止が決定され，外国企業の新規上場が妨げられている。

杉本［2013］，99-101頁は，2011年に韓国でIFRS強制適用が開始された直後における韓国証券市場の現状を調査し，3点を析出した[15]。第1に，2012年の外国人投資家の株式投資は，EU圏の大量の資金流入により，前年の売り越しから買い越しに転じた。第2に，月次別動向を見る限り，年次・中間・四半期会計情報の開示がイベントとなって外国人投資家の資金流入が増加したとは解せない。第3に，さまざまな情報を参照し，瞬時に判断してコンピュータにより取引を行うプログラム売買の主導が2010年以降に，機関投資家から外国人投資家へ移行した。主役交代の最大の理由は，IFRSアドプションではなく，公募ファンドと年金基金への租税制限特例法の優遇措置，証券取引税非課税措置の終了にある。

IT技術の進歩・普及とIFRS適用が複合的に作用し，外国人投資家の株式売買にかかるホーム・バイアス・パズル（馴染みのない外国企業への投資を避け，自国企業への投資を偏重する）はある程度，緩和されている。また，外国証券市場における自社株の売買は低調で，上場維持コストは，上場によるベネフィットを超えるとの判断が，外国証券市場からの外国企業の相次ぐ撤退をもたらしているといえよう。

# V IFRSのFDI促進機能

外国直接投資は国際金融論，国際貿易論の研究対象とされ，外国直接投資が投資国と被投資国の経済，貿易フローに与える影響の分析が試みられてきた。国際経済学，国際経営論などの研究者によって，多国籍企業が生産拠点となる外国子会社を特定の国・地域に設立するメカニズムとその影響に関する理論的・実証的研究（いわゆる立地選択論）が行われてきた。

---

15) EU圏からの資金流入は増加し，米国からの資金流入は減少した。NYSE，NASDAQ，LSEに上場する韓国企業の外国人保有率・株式取引量の月次推移，IFRS適用企業の会関連性分析結果も示されている（杉本［2013］，101-105頁）。

■ 図表 3-6　先行研究の比較

| | Márquez-Ramos [2011] | Gordon et al. [2012] | Chen et al. [2014] | Lungu et al. [2017] |
|---|---|---|---|---|
| 対象国 | EU加盟国，日米中，スイス，ノルウェー，クロアチア，トルコ | 先進国・発展途上国計124ヵ国（日本を含む） | OECD加盟国30ヵ国（日本を含む） | 欧州・中央アジアの新興国23ヵ国（日本を含まない） |
| 対象年度 | 2002-2007年 | 1996-2009年 | 2000-2005年 | 1996-2014年 |
| 仮説 | IFRSのアドプションはFDIに影響する | IFRS準拠にFDI in-flowを増加させる | IFRS準拠，会計慣行とFDIの間に有意な関係あり | IFRSアドプションはFDI inflowを増加させる |
| 検証結果 | 仮説支持 | 発展途上国については仮説支持 | 仮説支持 | 仮説支持 |

出所：筆者作成。

　Ogasavara and Hoshino [2009] は，企業の経験的知識と連続的なFDI（既設子会社への投資を拡大すること）が日本企業のブラジル子会社の業績に与える影響を分析した。

　Chen and Yu [2011] は，台湾企業566社を対象に，FDIと輸出依存度の相互作用が多国籍企業の資本構造に与える影響について検証した。新興経済国の多国籍企業の負債比率は，非多国籍企業の負債比率よりも高く，輸出依存度はより低い負債比率をもたらした[16]。

　会計研究者は，当該メカニズムおよびその影響の解明は，自らの守備範囲を超えると解し，多国籍企業の立地選択の決定要因に数え上げられるのは，被投資国の熟練労働者の比率，市場規模などもっぱら会計以外の事象，要因に限られた。しかし，国際財務報告基準（IFRS）の世界的普及に伴い，多国籍企業の立地選択モデルの説明変数に会計数値，会計事象（IFRS適用）を含めた研究成果が発表されるようになってきた。

---

[16]　Jensen and Meckling [1976], Doukas and Pantzalis [2003] のエージェンシー理論を援用する。

Márquez-Ramos［2011］は，1999 年から 2007 年までの EU への二国間輸出，FDI について調査し，以下の仮説を下記の(1)式から(3)式により検証し，仮説を支持する結果を得た[17]。

仮説 1 「IFRS アドプションにより，アドプション国間の比較可能性が高まるにつれて，IFRS のアドプションはヨーロッパ諸国の貿易と FDI に便益をもたらす」(Márquez-Ramos［2011］，p.45)

仮説 2 「IFRS アドプションはアドプション国の財務報告の透明性を向上させ，情報処理コストを低減し，輸出と FDI を促進する」(Márquez-Ramos［2011］，p.45)

$$
LnX_{i,j,t} = \delta_{i,j} + \alpha_1 * lnY_{i,t} + \alpha_2 * lnY_{j,t} + \alpha_3 * lnP_{i,t} + \alpha_4 * lnP_{j,t}
$$
$$
+ \alpha_5 * IFRS_{i,j,t} + \alpha_6 * LnDIST_{i,j} + \alpha_7 * FIX_{i,j,t} + \delta_t + \epsilon_{i,t} \quad (1)
$$

$$
LnX_{i,j,t} = \lambda_{i,j} + \beta_1 * lnY_{i,t} + \beta_2 * lnY_{j,t} + \beta_3 * lnP_{i,t} + \beta_4 * lnP_{j,t}
$$
$$
+ \beta_5 * LnDIST_{i,j} + \beta_6 * FIX_{i,j,t} + \beta_7 * EUi,j,t + \beta_8 * ADJ_{i,j}
$$
$$
+ \beta_9 * Lang_{i,j} + \beta_{10} * comcol_{i,j} + \beta_{11} * col45_{i,j} + \beta_{12} * smctry_{i,j}
$$
$$
+ \lambda_t + \mu_{i,j,t} \quad (2)
$$

$$
LnX_{i,j,t} = \delta_{i,j} + \sigma_1 * lnY_{i,t} + \rho_2 * lnY_{j,t} + \rho_3 * lnP_{i,t} + \rho_4 * lnP_{j,t}
$$
$$
+ \rho_5 * IFRS_{i,j,t} + \rho_6 * LnDIST_{i,j} + \rho_7 * ln\hat{X}_{i,j,t-1} + \zeta_{i,t} \quad (3)
$$

変数の定義は次のとおりである（Márquez-Ramos［2011］，pp.47-48)[18]。

$X_{i,j}$：$i$ から $j$ への輸出（ユーロ表示），$i$ から $j$ への外国直接投資（百万ユーロ表示），$Y_i$：国 $i$ の GDP（米ドル表示），$Y_j$：国 $j$ の GDP（米ドル表示），$P_i$：国 $i$ の人口，$P_j$：国 $j$ の人口，$DIST_{i,j}$：$i$ と $j$ 最大都市間の距離，$IFRS_{i,j,t}$：貿易相手国の上場会社が $t$ 期に IFRS を適用していれば 1，そうでなければ 0，

---

17) Márquez-Ramos［2011］，pp.45, 49, 52.
　　コントロールグループには米国，中国，日本，スイス，ノルウェーなどが含まれた。
18) データソースの多くは World Bank, WDI online［2010］，World Bank, Business Surveys［2010］，Eurostat［2008］であり，Deloitte も用いている。

$FIX_{i,j,t}$：為替相場の安定性に関するダミー変数，$EU_{i,j,t}$：EU 加盟国であれば1，そうでなければ 0，$ADJ_{i,j}$：隣接（adjacency）ダミー，貿易相手国と国境を共有していれば 1，そうでなければ 0，$Lang_{i,j}$：貿易相手国の全人口の少なくとも 9% が話す言語が同じならば 1，そうでなければ 0，$comcol_{i,j}$：貿易相手国が 1945 年以降，共通の植民地への入植者を有していれば 1，そうでなければ 0，$col45_{i,j}$：貿易相手国が 1945 年以降，植民地関係を有していれば1，そうでなければ 0，$smctry_{i,j}$：貿易相手国がかつて同じ国であったか，同じ国である。

　Gordon et al.［2012］は，対象期間 1996 年から 2009 年，World Bank's World Development Indicators（WDI）Database に含まれる 124 ヵ国をサンプルとし，下記の(4)式から(8)式のモデルにより，以下の 3 つの帰無仮説を検証した。検証の結果，仮説 01 は 5% 水準で棄却され，支持された（Gordon et al.［2012］, p.390）。IFRS のアドプション後，発展途上国の対内直接投資（FDI inflows）は増加したと推計され，仮説 02a も棄却され，支持された（Gordon et al.［2012］, p.391）[19]。この推計結果は，世界銀行による IFRS 適用の奨励が有益なことを示唆した。

　　仮説 01　「IFRS アドプションは，平均的に見ると，IFRS アドプション国の FDI infow にプラスの影響を与えない」（Gordon et al.［2012］, p.378）

　　仮説 02a　「IFRS アドプションは，平均的に見ると，発展途上国の FDI infow にプラスの影響を与えない」（Gordon et al.［2012］, p.379）

　　仮説 02b　「IFRS アドプションは，平均的に見ると，先進国の FDI infow にプラスの影響を与えない」（Gordon et al.［2012］, p.379）

---

19)　しかし，仮説 02b は棄却されず，先進国については，IFRS のアドプションによって，対内直接投資が増加したと推計されなかった。

$$
\begin{aligned}
LnFDI_{i,t} = {} & \beta_0 + \beta_1 * SIZE_{i,t-1} + \beta_2 * GDPCAP_{i,t-1} + \beta_3 * GDPG_{i,t-1} \\
& + \beta_4 * OPEN_{i,t-1} + \beta_5 * PHONE_{i,t-1} + \beta_6 * EXCANGE_{i,t-1} \\
& + \beta_7 * INTEREST_{i,t-1} + \beta_8 * VOICE_{i,t-1} + \beta_9 * STABILITY_{i,t-1} \\
& + \beta_{10} * GOVT_{i,t-1} + \beta_{11} * REGQUA_{i,t-1} + \beta_{12} * LAW_{i,t-1} \\
& + \beta_{13} * CORRUPT_{i,t-1} + \sum_t \alpha_t * YEAR_t + \sum_t \phi * COUNTRY_t \\
& + \epsilon_{i,t} \tag{4}
\end{aligned}
$$

$$
\begin{aligned}
LnFDI_{i,t} = {} & \beta_0 + \beta_1 * ADOPT_{i,t-1} + \beta_2 * SIZE_{i,t-1} + \beta_3 * GDPCAP_{i,t-1} \\
& + \beta_4 * GDPG_{i,t-1} + \beta_5 * OPEN_{i,t-1} + \beta_6 * PHONE_{i,t-1} \\
& + \beta_7 * EXCANGE_{i,t-1} + \beta_8 * INTEREST_{i,t-1} + \beta_9 * VOICE_{i,t-1} \\
& + \beta_{10} * STABILITY_{i,t-1} + \beta_{11} * GOVT_{i,t-1} + \beta_{12} * REGQUA_{i,t-1} \\
& + \beta_{13} * LAW_{i,t-1} + \beta_{14} * CORRUPT_{i,t-1} + \sum_t \alpha_t * YEAR_t \\
& + \sum_t \phi * COUNTRY_t + \epsilon_{i,t} \tag{5}
\end{aligned}
$$

$$
\begin{aligned}
ADOPT_{i,t} = {} & \alpha_0 + \alpha_1 * FINANCE_{i,t-1} + \alpha_2 * SIZE_{i,t-1} + \alpha_3 * GDPCAP_{i,t-1} \\
& + \alpha_4 * GDPG_{i,t-1} + \alpha_5 * OPEN_{i,t-1} + \alpha_6 * PHONE_{i,t-1} \\
& + \alpha_7 * EXCHANGE_{i,t-1} + \alpha_8 * INTEREST_{i,t-1} \\
& + \alpha_9 * VOICE_{i,t-1} + \alpha_{10} * STABILITY_{i,t-1} + \alpha_{11} * GOVT_{i,t-1} \\
& + \alpha_{12} * REGQUA_{i,t-1} + \alpha_{13} * LAW_{i,t-1} \\
& + \alpha_{14} * CORRUPT_{i,t-1} + \mu_{i,t} \tag{6}
\end{aligned}
$$

$$ADOPT_{i,t} = \alpha_0 + \alpha_1 * LnMKTCAP_{i,t-1} + \alpha_2 * SIZE_{i,t-1}$$
$$+ \alpha_3 * GDPCAP_{i,t-1} + \alpha_4 * GDPG_{i,t-1} + \alpha_5 * OPEN_{i,t-1}$$
$$+ \alpha_6 * PHONE_{i,t-1} + \alpha_7 * EXCHANGE_{i,t-1}$$
$$+ \alpha_8 * INTEREST_{i,t-1} + \alpha_9 * VOICE_{i,t-1}$$
$$+ \alpha_{10} * STABILITY_{i,t-1} + \alpha_{11} * GOVT_{i,t-1}$$
$$+ \alpha_{12} * REGQUA_{i,t-1} + \alpha_{13} * LAW_{i,t-1}$$
$$+ \alpha_{14} * CORRUPT_{i,t-1} + \mu_{i,t} \tag{7}$$

$$LnFDIi, t = \beta_0 + \beta_1 * \widehat{ADOPT}_{i,t-1} + \beta_2 * SIZE_{i,t-1} + \beta_3 * GDPCAP_{i,t-1}$$
$$+ \beta_4 * GDPG_{i,t-1} + \beta_5 * OPEN_{i,t-1} + \beta_6 * PHONE_{i,t-1}$$
$$+ \beta_7 * EXCHANGE_{i,t-1} + \beta_8 * INTEREST_{i,t-1}$$
$$+ \beta_9 * VOICE_{i,t-1} + \beta_{10} * STABILITY_{i,t-1} + \beta_{11} * GOVT_{i,t-1}$$
$$+ \beta_{12} * REGQUA_{i,t-1} + \beta_{13} * LAW_{i,t-1}$$
$$+ \beta_{14} * CORRUPT_{i,t-1} + \epsilon_{i,t} \tag{8}$$

各変数の定義は次のとおりである（Gordon et al.［2012］,pp.380-381)[20]。*LnFDI*：外国直接投資 inflow データ（米ドル表示）の自然対数，*ADOPT*：IFRS アドプション国は 1，非アドプション国は 0，*SIZE*：GDP（米ドル表示）の対数，*GDPCAP*：1 人当たりの GDP（米ドル表示）/1,000，*GDPG*：GDP の成長率（GDP/ 人口），*OPEN*：輸出と輸入の合計の絶対値，*PHONE*：100 人当たりの携帯電話の契約数，*EXCANGE*：平均一期末為替レート（国際通貨基金の通貨単位 SDR 当たりの各国通貨 /100），*INTEREST*：国の年間平均貸付利率，*VOICE*：政府への参加，表現の自由が大きいほど，高くなる指標（-2.5 から 2.5 まで），*GOVT*：公共サービスの質，市民サービスの質，政治的圧力からの独立性，政策決定・実施の質，政策への政府関与の信頼性

---

20) データーソースの多くは世界銀行が公表する World Bank's World Development Indicators (WDI) Database，および世界銀行の研究チームが公表した kaufmann et al.［2009］である。Adopt は Deloitte [2009]〈http://www.iasplus.com/country/useias.htm〉および IFAC [2009]〈http://www.ifac.org/ComplianceAssessment/published.php〉から確認している。*STABILITY* の定義は記されていない。ここでは添え字 *j, t* を省略した。

により測定される指標（-2.5 から 2.5 まで），*REGQUA*：正しい政策を策定・実施し，プライベートセクターの発展を促進する規制の程度の認識により測定される指標（-2.5 から 2.5 まで），*LAW*：代理人が社会のルール順守，契約履行，財産権，警察，裁判の質に信頼を置く程度の認識により測定される指標（-2.5 から 2.5 まで），*CORRUPT*：個人の利益のため公権力が行使される程度を認識する指標（-2.5 から 2.5 まで），*GII*：6 つのコーポレートガバナンス指標のうちの主要な構成要素，*Finance*：発展途上国については，世界銀行からの国への支援（米ドル表示）の対数，*LNMKTCAP*：先進国については，国内株式市場の時価総額（米ドル表示）の対数。

Chen et al.［2014］は 3 つの仮説を下記のモデルにより検証する[21]。

仮説 1a 「OECD 加盟 2 ヵ国の会計基準の IFRS 準拠レベルが高ければ，IFRS とのフルコンバージェンスの前に，二国間の FDI flows の規模は大きくなる」（Chen et al.［2014］, p.60）

仮説 1b 「IFRS とのコンバージェンスの過程において，OECD 加盟 2 ヵ国の IFRS へのコンバージェンスの度合が高くなるにつれて，OECD 加盟 2 ヵ国間の FDI flows の成長率は，高くなる」（Chen et al.［2014］, p.60）

仮説 2 「IFRS 準拠度合が低い時には，IFRS 準拠度合と FDI の正の関係は，会計慣行（accounting traditons）が異なる（類似する）国同士では強くなる（弱くなる）」（Chen et al.［2014］, p.61）

$$FDI_{i,j} = |FDIIN_{i,j}| + |FDIOUT_{i,j}| \tag{9}$$

$$logFDI_{i,j} = \alpha_{i,j} + \beta_1 logGDP_i + \beta_2 logGDP_j + \beta_3 logDIST_{i,j} + \gamma'Z + \epsilon_{i,j} \tag{10}$$

$$log(FDI_{i,j,t}) = \alpha_{i,j} + \alpha_t + \beta'GRAVITY_{i,j,t} + \delta'LAW_{i,j,t} + \gamma'ACCOUNTING_{i,j,t} + \epsilon_{i,j,t} \tag{11}$$

---

[21] Dong［2014］も参照。

$$ACONFORM_{i,j} = (CONFORM_i + CONFORM_j)/2 \tag{12}$$

$$GFDI_{i,j} = \delta_0 + \delta'\,X_{i,j} + \xi'\,VC_{i,j} + \mu_{i,j} \tag{13}$$

各変数は次のように定義される（Chen et al.［2014］, p.67）。

$FDI_{i,j}$：OECD 加盟 2 ヵ国間の FDI inflows と FDI outflows の合計（単位：100 万ドル）, $GDP_i$：報告国の GDP（単位：10 億ドル）, $GDP_j$：OECD 加盟国の GDP（単位：10 億ドル）, $GDPPC_i$：報告国の 1 人当たり GDP（単位：ドル）, $GDPPC_j$：OECD 加盟国の 1 人当たり GDP（単位：ドル）, $DIST_{i,j}$：地理的距離（キロメートル）, $COMLAN_{i,j}$：共通言語に対するダミー変数, $COMBOR_{i,j}$：共通の国境に対するダミー変数, $LAW_i$：報告国の法律ルールの指標, $LAW_j$：OECD 加盟国の法律ルールの指標, $BRITISH_i$：報告国の英国会計モデルに対するダミー変数, $BRITISH_j$：報告国の英国会計モデルに対するダミー変数, $CTEURO_i$：報告国のヨーロッパ大陸モデルに対するダミー変数, $CTEURO_j$：報告国のヨーロッパ大陸モデルに対するダミー変数, $DA_{i,j}$：OECD 加盟国間の異なる会計制度に対するダミー変数, $CONFORM_i$：報告国の IFRS 準拠度合, $CONFORM_j$：OECD 加盟国の IFRS 準拠度合, $ACONFORM_i$：相互の IFRS 準拠度合, $GCONFORM_j$：相互の IFRS 準拠度合（代替的測定）。

Lungu et al.［2017］は，以下の仮説を，(14)式のベンチマークモデル，IFRS を追加変数とする(15)式の拡張モデルによって検証している。

仮説 1 「IFRS のアドプションは，新興国の対内直接投資（FDI inflow）にプラスの影響を与える」（Lungu et al.［2017］, p.334）

仮説 2 「IFRS のアドプションの対内直接投資への影響は，上場企業か，未上場企業かに依存する」（Lungu et al.［2017］, p.334）

仮説 3 「IFRS のアドプションの対内直接投資への影響は，EU 加盟国か，EU 非加盟国かに依存する」（Lungu et al.［2017］, p.335）

$$LnFDI_{i,t} = \alpha_0 + \alpha_1 logGDP_{i,t-1} + \alpha_2 GDP\_GR_{i,t-1} + \alpha_3 GDP\_CAP_{i-1,t}$$
$$+ \alpha_4 EC\_FR_{i,t-1} + \alpha_5 INV\_FR_{i,t-1} + \alpha_6 INTEREST_{i,t-1}$$
$$+ \alpha_7 EXCHANGE_{i,t-1} + \alpha_8 FIN\_FR_{i,t-1}$$
$$+ \alpha_9 GOVT\_INDEX_{i,t-1} + \alpha_{10} EDU_{i,t-1} + \epsilon_{i,t} \qquad (14)$$

$$LnFDI_{i,t} = \beta_0 + \beta_1 IFRS_{i,t} + \beta_2 logGDP_{i,t-1} + \beta_3 GDP\_GR_{i,t-1}$$
$$+ \beta_4 GDP\_CAP_{i,t-1} + \beta_5 EC\_FR_{i,t-1} + \beta_6 INV\_FR_{i,t-1}$$
$$+ \beta_7 INTEREST_{i,t-1} + \beta_8 EXCHANGE_{i,t-1} + \beta_9 FIN\_FR_{i,t-1}$$
$$+ \beta_{10} GOVT\_INDEX_{i,t-1} + \beta_{11} EDU_{i,t-1} + \epsilon_{i,t} \qquad (15)$$

　ここでの変数は次のとおりである（Lungu et al.［2017］，pp.335-337）。
$LnFDI$：対内直接投資の対数，$logGDP$：GDP の対数，$GDP\_GR$：GDP の
年間成長率，$GDP\_CAP$：1 人当たりの GDP，$EC\_FR$：経済的自由度指数，
$INV\_FR$：投資の自由度指数，$INTEREST$：銀行借入利率，$EXCHANGE$：為
替レート，$FIN\_FR$：金融の自由度，$GOVT\_INDEX$：政府の指標，$EDU$：国
の教育水準
　(15)式右辺第 2 項の IFRS は，$IFRS\_d$（IFRS のアドプション国か否かに
より 0 か 1 となる変数），$IFRS\_listed$（上場会社の IFRS アドプション・ス
コア），$IFRS\_unlisted$（未上場会社の IFRS アドプション・スコア）の 3 つ
の意味で用いられる。IFRS アドプション・スコアは，IFRSs 適用が要求・容
認されない 0 から，連結・個別財務諸表において，IFRSs 適用が強制される
10 までの値をとる。
　サンプルはヨーロッパと中央アジアの新興国（23 ヵ国），分析対象年度は
1996 年から 2014 年とされた。検証の結果，IFRS アドプションへの国の関
与と FDI はの間には，正の相関が見られ，仮説 1 は支持された（Lungu et
al.［2017］, p.345)[22]。最小二乗法（Ordinary Least Squares：OLS），操作変
数法（instrumental valable analysis），差分の差分析法（difference-in-

---

22) Gordon et al.［2012］よりも Lungu et al.［2017］の方が，新興国の FDI に対し，IFRS アド
　　プションが強く影響する検証結果が示された。

differences analysis）により仮説 2 と仮説 3 もそれぞれ支持された（Lungu et al.［2017］, pp.346, 351）。

# VI 文化の価値次元指標とグローバルビジネス

　文化と文化に根ざす価値観は a）国，b）地域・民族・宗教・言語，c）性別，d）世代，e）社会階級，および f）組織ないし企業ごとに異なる（佐藤［2016］, 17 頁）。Hofstede は価値観の相違を分析・集計するに際し，国別に集計した方が最も統計的に頑健な結果が得られるという認識に立ち，IBM の社員を対象に，質問調査を行い，国民文化の価値次元の相違を表す次の指標を析出した[23]。

　1）個人主義／集団主義（Individualism versus Collectivism）
　2）権力格差大／権力格差小（Large versus Small Power Distance）
　3）強い不確実性回避傾向／弱い不確実性回避傾向（Strong versus Weak Uncertainty Avoidance）
　4）男性らしさ／女性らしさ（Masculinity versus Femininity）

　Kogut and Singh［1988］, p.422 は，Hofstede の 4 つの文化の価値次元（**図表3-7**）を用い，本国 j と進出国 H の間の文化的隔たりを以下の(16)式により計算し，統合指数化した。この式によると，日本と韓国は 2.68，日本と台湾は 2.41，日本と米国は 2.59，日本とイタリアは 0.71，日本とドイツは 1.29 である。日韓の文化の隔たりは，日米の文化の隔たりと大差が見られない。日本の文化的価値次元は，これらの国の中ではイタリア，ドイツに近いとい

---

23）　当初は多国籍企業の特定の国の社員を対象としたが，後に学生，ランダム抽出された国，世界保健機構（World Health Organization：WHO）が収集した統計データを対象として調査した結果からも，4つの価値次元の有効性は確認された（Hofstede［1984］, pp.83-84）。Hofstede は後に 5）長期志向／短期志向（long-term versus short-term orientation），6）放縦／抑制（indulgence versus restraint）を追加した。

える。日本企業が韓国進出に積極的ではないのは，両国の文化的隔たりが地理的距離に反して大きいからであるとも解される。

$$CD_j = \frac{1}{4} \sum_{i=1}^{4} \left\{ \frac{(I_{i,j} - I_{i,H})^2}{V_i} \right\}$$
(16)

　ここでの記号は次のとおり。*CDj*：たとえば日本から見た j 国の文化の統合距離（aggregate cultural distance），$I_{i,j}$：j 国の i 番目の文化的価値次元（cultural dimension）の指標，$V_i$：i 番目の文化的価値次元の指標の分散，*H*：本国（日本と他国を比べる場合は，日本が本国 H，他国は進出国 j）

　Kogut and Singh［1988］は，米国市場に進出した228社を対象とし，文化的価値次元の測定指標を基礎に，文化的価値次元と外国進出の様式の関係，企業の不確実性回避に関する仮説を立てた。検証の結果，文化的価値次元が外国進出形態の決定に影響を与えると推計された。Kogut and Singh［1988］の文化的価値次元の測定指標は，グローバルビジネスに関する後の研究に援用されている[24]。

　Kim and Gray［2009］は2002年6月末現在において，韓国の MOCIE（Ministry of Commerce, Industry, and Energy）に登録している外国企業3,254社のうち，ランダム抽出した1,500社に質問票を送り，262社から回答を得た（回収率17%）。262社のうち，OECD の FDI の定義（出資比率10%）に合致しない34社を除き，製造業者228社を最終サンプルとした（Kim and Gray［2009］, p.62）。サンプルの国別内訳を見ると，日本が最多の89社で，次いで米国55社であった。

　Hofstede を含む文化的価値次元（CD）を測定指標として用い，二国間の文化の隔たりが大きくなるにつれて，ジョイント・ベンチャー（JV）より，100%出資（WOS）を選ぶと推計した（Kim and Gray［2009］, p.67）。

---

[24]　下記の他にも1989年から2003年にかけて，スペイン企業を対象に López-Duarte and Vidal-Suárez［2013］は，Hofstede の6つの文化の価値次元を含む複数の指標をもとに，文化的価値次元の測定指標とジョイント・ベンチャー（JV）および100%出資（WOS）の選択の関係を分析した。

■ 図表 3-7　Hofstede の 50 ヵ国および 3 地域における
　　　　　4 つの文化の距離の指標とランク

| No. | 国・地域 | 略号 | 個人主義の強さ | | 権力の格差 | | 不確実性回避傾向 | | 男性的思考 | |
|---|---|---|---|---|---|---|---|---|---|---|
| | | | 指標(IDV) | ランク | 指標(PDI) | ランク | 指標(UAI) | ランク | 指標(MAS) | ランク |
| 1 | Argentina | ARG | 46 | 28-29 | 49 | 18-19 | 86 | 36-41 | 56 | 30-31 |
| 2 | Australia | AUL | 90 | 49 | 36 | 13 | 51 | 17 | 61 | 35 |
| 3 | Austria | AUT | 55 | 33 | 11 | 1 | 70 | 26-27 | 79 | 49 |
| 4 | Belgium | BEU | 75 | 43 | 65 | 33 | 94 | 45-46 | 54 | 29 |
| 5 | Brazil | BRA | 38 | 25 | 69 | 39 | 76 | 29-30 | 49 | 25 |
| 6 | Canada | CAN | 80 | 46-47 | 39 | 15 | 48 | 12-13 | 52 | 28 |
| 7 | Chile | CHL | 23 | 15 | 63 | 29-30 | 86 | 36-41 | 28 | 8 |
| 8 | Colombia | COL | 13 | 5 | 67 | 36 | 80 | 31 | 64 | 39-40 |
| 9 | Costa Rica | COS | 15 | 8 | 35 | 10-12 | 86 | 36-41 | 21 | 5-6 |
| 10 | Denmark | DEN | 74 | 42 | 18 | 3 | 23 | 3 | 16 | 4 |
| 11 | Equador | EOA | 8 | 2 | 78 | 43-44 | 67 | 24 | 63 | 37-38 |
| 12 | Rnland | FIN | 63 | 34 | 33 | 8 | 59 | 20-21 | 26 | 7 |
| 13 | France | FRA | 71 | 40-41 | 68 | 37-38 | 86 | 36-41 | 43 | 17-18 |
| 14 | Germany | GER | 67 | 36 | 35 | 10-12 | 65 | 23 | 66 | 41-42 |
| 15 | Great Britain | GBR | 89 | 48 | 35 | 10-12 | 35 | 6-7 | 66 | 41-42 |
| 16 | Greece | GRE | 35 | 22 | 60 | 26-27 | 112 | 50 | 57 | 32-33 |
| 17 | Guatemala | GUA | 6 | 1 | 95 | 48-49 | 101 | 48 | 37 | 11 |
| 18 | Hong Kong | HOK | 25 | 16 | 68 | 37-38 | 29 | 4-5 | 57 | 32-33 |
| 19 | Indonesia | IDO | 14 | 6-7 | 78 | 43-44 | 48 | 12-13 | 46 | 22 |
| 20 | India | IND | 48 | 30 | 77 | 42 | 40 | 9 | 56 | 30-31 |
| 21 | Iran | IRA | 41 | 27 | 58 | 24-25 | 59 | 20-21 | 43 | 17-18 |
| 22 | Ireland | IRE | 70 | 39 | 28 | 5 | 35 | 6-7 | 68 | 43-44 |
| 23 | Israel | ISR | 54 | 32 | 13 | 2 | 81 | 32 | 47 | 23 |
| 24 | Italy | ITA | 76 | 44 | 50 | 20 | 75 | 28 | 70 | 46-47 |
| 25 | Jamaica | JAM | 39 | 26 | 45 | 17 | 13 | 2 | 68 | 43-44 |
| 26 | 日本 | JPN | 46 | 28-29 | 54 | 21 | 92 | 44 | 95 | 50 |
| 27 | 韓国 | KOR | 18 | 11 | 60 | 26-27 | 85 | 34-35 | 39 | 13 |
| 28 | Malaysia | MAL | 26 | 17 | 104 | 50 | 36 | 8 | 50 | 26-27 |
| 29 | Mexico | MEX | 30 | 20 | 81 | 45-46 | 82 | 33 | 69 | 45 |
| 30 | Netherlands | NET | 80 | 46-47 | 38 | 14 | 53 | 18 | 14 | 3 |

| No. | 国・地域 | 略号 | 個人主義の強さ | | 権力の格差 | | 不確実性回避傾向 | | 男性的思考 | |
|---|---|---|---|---|---|---|---|---|---|---|
| | | | 指標(IDV) | ランク | 指標(PDI) | ランク | 指標(UAI) | ランク | 指標(MAS) | ランク |
| 31 | Norway | NOR | 69 | 38 | 31 | 6-7 | 50 | 16 | 8 | 2 |
| 32 | New Zealand | NZL | 79 | 45 | 22 | 4 | 49 | 14-15 | 58 | 34 |
| 33 | Pakistan | PAK | 14 | 6-7 | 55 | 22 | 70 | 26-27 | 50 | 26-27 |
| 34 | Panama | PAN | 11 | 3 | 95 | 48-49 | 86 | 36-41 | 44 | 19 |
| 35 | Peru | PER | 16 | 9 | 64 | 31-32 | 87 | 42 | 42 | 15-16 |
| 36 | Philippines | PHI | 32 | 21 | 94 | 47 | 44 | 10 | 64 | 39-40 |
| 37 | Portugal | POR | 27 | 18-19 | 63 | 29-30 | 104 | 49 | 31 | 9 |
| 38 | South Africa | SAP | 65 | 35 | 49 | 18-19 | 49 | 14-15 | 63 | 37-38 |
| 39 | Salvador | SAL | 19 | 12 | 66 | 34-35 | 94 | 45-46 | 40 | 14 |
| 40 | Singapore | SIN | 20 | 13-14 | 74 | 40 | 8 | 1 | 48 | 24 |
| 41 | Spain | SPA | 51 | 31 | 57 | 23 | 86 | 36-41 | 42 | 15-16 |
| 42 | Sweden | SWE | 71 | 40-41 | 31 | 6-7 | 29 | 4-5 | 5 | 1 |
| 43 | Switzerland | SWI | 68 | 37 | 34 | 9 | 58 | 19 | 70 | 46-47 |
| 44 | Taiwan | TAI | 17 | 10 | 58 | 24-25 | 69 | 25 | 45 | 20-21 |
| 45 | Thailand | THA | 20 | 13-14 | 64 | 31-32 | 64 | 22 | 34 | 10 |
| 46 | Turkey | TUR | 37 | 24 | 66 | 34-35 | 85 | 34-35 | 45 | 20-21 |
| 47 | Uruguay | URU | 36 | 23 | 61 | 28 | 100 | 47 | 38 | 12 |
| 48 | USA. | USA | 91 | 50 | 40 | 16 | 46 | 11 | 62 | 36 |
| 49 | Venezuala | VEN | 12 | 4 | 81 | 45-46 | 76 | 29-30 | 73 | 48 |
| 50 | Yugoslavia | YUG | 27 | 18-19 | 76 | 41 | 88 | 43 | 21 | 5-6 |
| 51 | East Africa [1] | EAF | 27 | (18-19) | 64 | (31-32) | 52 | (17-18) | 41 | (14-15) |
| 52 | West Africa [2] | WAF | 20 | (13-14) | 77 | (42) | 54 | (18-19) | 46 | (22) |
| 53 | Arab Ctrs. [3] | ARA | 38 | (25) | 80 | (44-45) | 68 | (24-25) | 53 | (28-29) |

注　1）Ethiopia, Kenya, Tanzania, Zambia
　　2）Ghana, Nigeria, Sierra Leone
　　3）Egypt, Iraq, Kuwait, Lebanon, Lybia, Saudi-Arabia, U A E
出所：Hofstede［1984］p.85 に筆者が No. を追加した。なお No.51-53 は地域を表す。

Hofstede の文化の価値次元は，Gray によって，各国の利益測定，会計情報の開示制度の類型化に援用された。Gray は秘密主義と公開主義，保守主義と楽観主義を対極とする座標軸を描き，文化を基礎に，各国の会計制度を座標軸に位置づけた。保守主義と秘密主義の傾向が強い日本は，英米と比べて報告利益が低く，情報開示量が少ないことを明らかにした[25]。日本と韓国はともに座標軸のアジアの位置に置かれ，文化的差異は小さく，日本企業の韓国進出時の摩擦は小さいとも解される。

# Ⅶ 小括

本章のこれまでの検討結果を要約し，将来の課題を示す。IFRS の任意適用企業の一層の増加を目論む政策に同調し，IFRS 任意適用を開始する日本企業が増えている。IFRS 任意適用の拡大が財務会計システムと管理会計システムの融合，財管一致の経営会計システムの成立をもたらし，製造業者を中心とする日本企業の海外進出の機運が高まり，日本経済が再興するシナリオが描かれた。シナリオのとおり IFRS が原動力の 1 つとなり，海外進出が活発化し，景気回復の好循環が創出されているかを統計データで確認した。

検討に先立ち，日本企業の海外進出の形態・戦略を輸出，ライセンシング，および FDI に区分した。日本企業の海外進出先の 6 割以上はアジア地域である。OECD は FDI に関する豊富なデータを蓄積している。OECD に加盟している日本以外のアジア地域の国は韓国のみであり，日本企業の韓国進出動向の分析に的を絞った。東洋経済新報社 [2018] によると，韓国の IFRS 強制適用開始の 2011 年に，韓国進出日本企業が 50 社を超えたが，その後は減少傾向にある。韓国進出企業の大半は上場会社であり，非上場会社であっても親会社が上場会社であるケースも見られた。現地市場の開拓，国際的な流通・生産ネットワークの構築を投資目的として掲げる企業が多く，逆輸入を

---

[25] Gray [1995], pp.271-272 および Gray [1988], p.13。職業専門家中心主義と法律中心主義，多様性と統一性を両極とする座標軸上によっても会計制度は類型化される。

投資目的と明記したのは 2 社のみであった。

IFRS 任意適用容認後，日本企業の韓国証券市場への新規参入が活発化すると予想した。しかし，韓国証券市場に上場している日本企業は，SBI FinTech Solutions 株式会社（親会社は東証 1 部上場の SBI ホールディングス）が設立した AXES Korea Co., Ltd.（新興企業向けの KOSDAQ に上場）と JTC のみであった。翻って日本の証券市場に目を転じると，外国企業（韓国企業 POSCO を含む）の東証からの撤退が相次ぎ，東証の外国株は 6 銘柄のみである。IFRS の任意適用開始は，外国企業の東証誘致，日本企業の外国証券市場上場の呼び水とはなっていない。

多国籍企業の立地選択論，FDI の決定要因分析は国際金融論，国際貿易論，国際経済学，国際経営学の主要な研究テーマの 1 つとなってきた。会計研究者は FDI の決定メカニズムの解明は守備範囲外と捉えた。IFRS の世界的普及を契機に，会計研究者も IFRS の FDI 促進機能の有無について検討するようになった。Kim and Gray［2009］は重力（gravity）モデルを援用し，IFRS の FDI 支援機能に関する 検証結果を発表した。Márquez-Ramos［2011］を嚆矢とする研究は，Gordon et al.［2012］，Chen et al.［2014］，Lungu et al.［2017］に受け継がれ，対象年度，対象国を拡張し，仮説の検証が試みられた。一連の研究では，IFRS アドプション前後を比較し，FDI を予測するフレームワークが構築され，発展途上国に関しては，IFRS のアドプションは FDI にプラスに作用すると推計された。

わが国は国内基準と IFRS のコンバージェンスを進め，任意適用は拡大してはいるが，IFRS のアドプションには至っていない。わが国の IFRS アドプション前後の FDI 関連データを用いて検証することはできない。IFRS と国内基準のコンバージェンスの進展が FDI を誘発するかを検証するのが将来の課題である。Gordon et al.［2012］等の研究には，文化の価値次元は変数に含まれない。文化的隔たりが企業経営に与える影響を射程に入れたモデルを構築し，日本企業の韓国への FDI が芳しくない現状を裏づけるのがもう 1 つの課題である。

## 参考文献

Chen, C.J.P., Y. Ding and B. Xu [2014] Convergence of Accounting Standards and Foreign Direct Investment, *International Journal of Accounting*, Vol.49, No.1, pp.53-86.

Chen, C.J. and C.M.J. Yu [2011] FDI, Export, and Capital Structure An Agency Theory Perspective, *Management International Review*, Vol.51, No.3, pp.295-320.

Christensen, H.B., L. Hail and C. Leuz [2013] Mandatory IFRS Reporting and Changes in Enforcement, *Journal of Accounting and Economics*, Vol.56, No.2, pp.147-177.

Dong, M. [2014] Discussion of Convergence of Accounting Standards and Foreign Direct Investment, *International Journal of Accounting*, Vol.49, No.1, pp.87-96.

Doukas, J.A. and C. Pantzalis [2003] Geographic Diversification and Agency Costs of Debt of Multinational Firms, *Journal of Corporate Finance*, Vol.9, No.1, pp.59-92.

Gordon, L.A., M.P. Loeb and W. Zhu [2012] The Impact of IFRS Adoption on Foreign Direct Investment, *Journal of Accounting and Public Policy*, Vol.31, No.4, pp.374-398.

Gray, S. [1995] Cultural Perspectives on the Measurement of Corporate Success, *European Management Journal*, Vol.13, No.3, pp.269-275.

Gray, S.J. [1988] Towards a Theory of Cultural Influence on the Development of Accounting Systems Internationally, *Abacus*, Vol.24, No.1, pp.1-15.

Hofstede, G. [1984] Cultural Dimensions In Management and Planning, *Asia Pacific Journal of Management*, Vol.1, No.2, pp.81-99.

Jensen, M.C. and W.H. Meckling [1976] Theory of The Firm : Managerial Behavior, Agency Costs and Ownership Structure, *Journal of Financial Economics*, Vol.3, No.4, pp.305-360.

Kaufmann, D., A. Kraay and M. Mastruzzi [2009] Governance Matters VIII : Aggregate and Individual Governance Indicators,1996-2008, *World Bank Policy Research Working Paper*, No.4978, pp.1-103.

Kim, Y. and S.J. Gray [2009] An Assessment of Alternative Empirical Measures of Cultural Distance : Evidence from the Republic of Korea, *Asia Pacific Journal of Management*, Vol.26, No.1, pp.55-74.

Kogut, B. and H. Singh [1988] The Effect of National Culture on the Choice of Entry Mode, *Journal of International Business Studies*, Vol.19, No.3, pp. 411-432.

López-Duarte, C. and M.M. Vidal-Suárez [2013] Cultural Distance and the Choice between Wholly Owned Subsidiaries and Joint Ventures, *Journal of Business Research*, Vol.66, No.11, pp.2,252-2,261.

Lungu, C.I., Chirat, C. Caraiani and C. Dascălu [2017] The Impact of IFRS Adoption on Foreign Direct Investments : Insights for Emerging Countries, *Accounting in Europe*, Vol.14, No.3, pp.331-357.

Márquez-Ramos, L. [2011] European Accounting Harmonization : Consequences of IFRS and Adoption on Trade in Goods and Foreign Direct Investments, *Emerging Markets Finance and Trade*, Vol.47, No.4, pp.42-57.

Ogasavara, M.H. and Y. Hoshino［2009］Implications of Firm Experiential Knowledge and Sequential FDI on Performance of Japanese Subsidiaries in Brazil, *Review of Quantitative Finance and Accounting*, Vol.33, No.1, pp. 37-58.

佐藤敦子［2016］「異文化マネジメント研究の系譜」太田正孝編『異文化マネジメントの理論と実践』同文舘出版, 15-31 頁。

潮﨑智美［2017］「IFRS 適用に伴うエフェクトに関する諸概念：先行研究に基づく整理」小津稚加子編『IFRS 適用のエフェクト研究』中央経済社, 15-30 頁。

柴健次［2013］「『戦略なき日本』の会計とその研究課題（特集　会計グローバル化の課題と展望）」『経理研究』第 56 号, 68-79 頁。

杉本徳栄［2013］「IFRS アドプションから 1 年韓国上場企業の導入後分析：会計の透明性・会計信用度の向上はあったか」『企業会計』第 65 巻第 6 号, 818-826 頁。

関下稔［2002］「海外直接投資の概念と規定に関する一考察：OECD Benchmark Definition of Foreign Direct Investment, Third Edition を中心にして」『立命館国際研究』第 14 巻第 4 号, 557-582 頁。

東洋経済新報社［2018］『海外進出企業総覧［国別編］2018 年版』東洋経済新報社。

松浦寿幸［2015］『海外直接投資の理論・実証研究の新潮流』三菱経済研究所。

第 **4** 章

# グローバルビジネスと
# 財管一致の会計システム
### 財務会計のリンクと管理会計のリンク

# I はじめに

　本章では，グローバルビジネスを展開する企業の管理会計システムの問題について，特に，その中でも財管一致の会計システムの問題について論じる。

　古くから，グローバルに展開する企業の管理会計上の問題は指摘されてきた。この問題について，たとえば佐藤［1996］は，それまでの米国での研究から，①為替管理，②海外現地法人の業績評価，③国際的な財務分析，④多国籍企業の資本予算，⑤国際的な価格戦略，⑥ Lease-or-Buy の決定，等といった問題を挙げている。

　宮本［2003］では，グローバル企業の戦略の1つであるトランスナショナル戦略の策定とそのマネジメント・システムおよび短期的な行動を考察するのに際し，BSC（Balanced Scorecard）が非常に有用であるとしている。特に注目しているのは，BSC が戦略的計画と予算編成および報告プロセスのギャップを埋めることに用いられるという点である。これを，グローバル企業における海外事業活動のコントロールシステムと結びつけて考えようとしている。

　また，中川［2004］では，①日本本社と海外子会社間の関係と意思決定，②在外子会社における管理会計システムの実態とそれらを規定する要因，③日本的な管理会計システムの在外子会社への移転問題についての分析が行われている。

　後述するように，グローバルビジネスの戦略の議論は，グローバル戦略やマルチドメスティック戦略などからトランスナショナル戦略へ，そして2001年以降はメタナショナル戦略へと変遷してきている。それに加え，近年ではボーン・グローバル企業という形態の企業も出現してきている。そのような中で，グローバルにビジネスを展開している企業の経営を支える会計システム，特に管理会計システムに何が求められるのか，異文化の壁を越えるためのツールとしての会計はどのようにあるべきなのか。筆者は，この問いに対する答えのひとつが，グローバルレベルでの財管一致の会計システムであると考える。

グローバルビジネスと財管一致の会計システム　**第4章**

　そこで，本章では，まずグローバルビジネスの戦略の変遷について述べ，次にそれを踏まえてグローバルビジネスにおける管理会計上の課題を明らかにする。そして，財管一致の会計システムの構築によってそれらの課題がいかに解決されるのか，そしてそれがいかなる意味で異文化会計における情報システムということができるのか，ということについて述べる。

# II ｜ グローバルビジネスの戦略とその展開

## 1　統合−適合フレームワーク

　グローバルビジネスの戦略について，従来，国際経営戦略論の分野では，「統合−適合フレームワーク」という考え方が用いられてきた。これは，グローバル統合とローカル適合の2つの軸をもとに，国際的な事業環境をたとえば産業ごとに分類し，それに対して最適な戦略や組織体制を検討するための方法論である（琴坂［2014］，189頁）。

　このフレームワークから，国際経営戦略の方向性を4つに類型したものが，**図表4-1**である。

　琴坂［2014］によると，4つの戦略は次のような内容である。

①　母国複製戦略とは，国際事業を副次的なものとして本社から切り離し，母国の資源や競争優位を用いてそれを運営する戦略である。

②　マルチドメスティック戦略とは，本社から各国への大幅な権限委譲を行い，各国は独自判断を基本として事業を行う戦略である。

③　グローバル戦略とは，本社が各国子会社に対して強力な権限を持ち，本社を中心にして全世界で統合的な戦略構築とその運営を行う戦略である。

④　トランスナショナル戦略とは，現地への適合を進めると同時に，本社に十分な権限を残すことで効率性と適応性を担保する戦略である。

　少なくとも，90年代には，競争環境の変化から多くの企業がトランスナ

85

■ 図表 4-1　国際経営戦略の基本類型

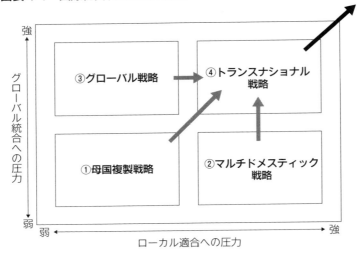

出所：琴坂［2014］, 209 頁を筆者一部修正。

ショナル戦略の方向を目指すようになっていた。しかしながら，トランスナショナル戦略に関しては，理想型は示されたものの，現状を打破してどのようにすればそれに到達できるのかといったことが明確でなく，具体性に乏しいという批判が起きた。また，急激な環境変化の 1 つであるグローバルなナレッジ・エコノミーに適切に対応できるモデルかどうかという課題もあったという（中村［2010a］, 104 頁）。

## 2　トランスナショナル企業経営からメタナショナル企業経営へ

### (1) メタナショナル概念の出現

　トランスナショナル戦略の課題が指摘されるようになった一方で，2001 年頃より，メタナショナルという概念が現れてきた。これは，これまでの本社を中心とした戦略展開とその発展形という概念を超え，世界規模で流動化し，分散していく傾向にある知識と生産要素の流れに即した，全世界規模での柔軟な事業運営が求められるという発想である（琴坂［2014］, 217 頁）。そ

### ■ 図表4-2　トランスナショナル型とメタナショナル型の区分

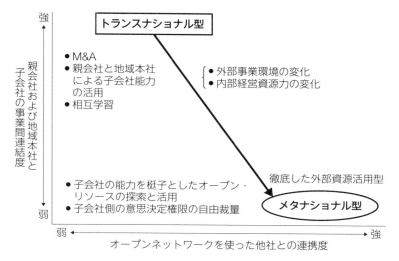

出所：藤沢［2015］, 11頁。

の概念は，次のようなものである。

「国境と企業の境界を越えた知識の流動を実現する。組織と戦略の形を動的に変化させていく。母国中心主義を捨て，世界中の多様な拠点を活用した優位性確保を行う。世界中の拠点から次世代への可能性を感知し，自社の知見を軸として融合させ機動化する。そしてそれを活用するために全世界に発信する。」（琴坂［2014］, 217頁）

中村［2010a］によれば，メタナショナル企業経営の特徴は，本国に立脚した競争優位性にだけ依存するのではなく，それを超越してグローバル規模で優位性を確保しようとする経営である。言い換えると，メタナショナル企業経営では，本国だけでなく世界中の子会社・関連会社・提携企業等において価値創造を行い，競争優位を創成するという（中村［2010a］, 104頁）。

トランスナショナル企業経営とメタナショナル企業経営はどのような違いがあるのだろうか？　たとえば，藤沢［2015］は，トランスナショナル企業経緯とメタナショナル企業経営の区分を，**図表4-2**のように表している。

図表4-2からわかるように，メタナショナル企業経営では，親会社や地域本社と子会社の事業観連結度が低い一方で，オープンネットワークを使った他社との連携度が強く，外部資源の徹底活用が行われる。

また，中村［2010a］によると，メタナショナル企業経営とトランスナショナル企業経営を比較すると，次のような差異があるという。

① トランスナショナル企業のように理念型ではなく，少数ではあるがすでにメタナショナル企業経営を行っている具体的な企業が存在する。

② トランスナショナル企業のように既存の海外子会社に強引に親会社が役割を付与することはしない。

③ メタナショナル企業経営ではアライアンスにより外部資源を取り込むことを極めて重視している。

④ メタナショナル企業経営のほうがグローバルな知識経営時代に適合している。

## (2)「メタナショナル現象」とボーン・グローバル企業

近年，ボーン・グローバル企業という形態が現れてきた。これは，起業してまもなく海外展開やグローバルビジネスを狙う企業である。ボーン・グローバル企業を表す顕著な特徴として，①起業時からすぐさま海外市場に参入したり，あるいは同時に多数の諸外国に参入する，②経験が限定的である中で合弁会社を形成するなどして創業まもなく国際的な活動を展開する，などの点が挙げられる（総務省［2015］, 300頁）

中村［2010b］によると，ボーン・グローバル企業が出現した背景としては，今日のグローバル化の進行，ICTの進展（特にインターネットの急速な発展），国際ネットワークの発展，豊富な国際的経験と知識を持ち起業家精神の旺盛な多数の起業家の出現などが挙げられるという（中村［2010b］, 3頁）。また，「メタナショナル現象」がボーン・グローバル企業誕生の大きな背景であるともされている（中村［2010b］, 9頁）。

このボーン・グローバル企業は，メタナショナル企業と類似性があるという。中村［2010b］によれば，その類似性は次のとおりである（中村［2010b］, 7-8頁）。

① どちらの企業経営も今日のグローバル知識経済の時代に出現し，成長している。

② 産業や技術の特徴として，ICTやナノ等をはじめとして知識集約的産業に属するものが多い。

③ どちらも当初は十分な経営資源を持たない段階から出発する。

④ どちらも本国に立脚した競争優位性を持たないので，世界に散在する様々な知識を感知，確保し，それを自社に移動・融合させ，変換・活用して，売上や利益の拡大を図る。

⑤ どちらも「自国至上主義」，「自前主義」，「先進国至上主義」の先入主から脱却している。

⑥ 国内市場の小さな企業，「間違った場所に生まれてしまった」企業，競争劣位にある企業でも，国際ビジネスのやり方次第では大規模なグローバル企業へと成長する可能性がある。

⑦ ボーン・グローバル企業は世界中の連携企業から学び差別化によるグローバル・ニッチ戦略を採るが，メタナショナル企業も世界中に拡散している知識から学ぶ。

⑧ 国際化の発展段階が，双方ともに速くて途中の段階を飛び越す場合もある。

相違点としては，ボーン・グローバル企業の方がメタナショナル企業よりも規模が小さいということが挙げられる。国内市場の規模が小さいので海外市場進出の動機が働くという（中村［2010b］，9頁）。

## (3) メタナショナル戦略，ボーン・グローバル企業における戦略的アライアンスの必要性

メタナショナル戦略をとっている企業や，ボーン・グローバル企業では，在外子会社が自律的に裁量を持って意思決定を行い，外部資源を利用して価値創造を行う。事業の実態としては，親会社や地域本社との事業間の連結度は低い。そこでは先に指摘されているように，他の企業との戦略的アライアンスが重要になる。戦略的アライアンスとは，複数の企業がお互いのリソー

スの不足を補完し合い，単独では達成不能な両者の目的を同時に達成しようとするものである。アライアンスを行うには，アライアンスをやるかどうかということまで含めた種々の意思決定を行う必要がある。しかしそこには，管理会計上の問題がある。

# Ⅲ グローバル経営と会計問題

## 1 在外子会社の自律的な活動のマネジメントと グループ全体のマネジメント

　メタナショナル戦略では，在外子会社が自律的に外部資源の取り込みなどによってイノベーションを創出しようとする。このような状況においては，①子会社自身が行う意思決定やマネジメント・コントロールの問題，そして②親会社が行うグループ全体のマネジメント・コントロールの問題が，管理会計上の問題として表れるであろう。①は，アライアンスの意思決定をいかにするのかという問題と，アライアンスをどうコントロールし，グループの戦略と齟齬をきたさない形でマネジメントしていくかという問題である。②は，自律的な在外子会社を連結管理する場合，どのような情報システムが必要になってくるのかという問題である。

## 2 自律的な在外子会社の管理会計

### (1) 戦略的アライアンスの形式と意思決定

　先に述べたように，近年，企業のグローバル戦略では，メタナショナル戦略が現れてきた。そこでは，在外子会社が外部資源の利用のために，自律的にM&Aやアライアンス等の意思決定を行う。園田［1996］は，戦略的アライアンスのマネジメント・プロセスを，①戦略的アライアンスの意思決定プロセス，②戦略的アライアンスのシステム構築プロセス，③戦略的アライアンスの業績管理プロセスに分類している。このうち，①戦略的アライアンスの意思決定プロセスは，さらに5つの段階に区分されるという。第1段階と

して問題の認識，第2段階として解決方法の選択（何もしないか，外部資源を活用するか，内部的に解決するか）が行われる。第2段階で外部資源を利用するとした場合，第3段階では，戦略的アライアンスを選択するのか，M&Aなどの方法をとるか，ということを選択する。戦略的アライアンスを選択した場合に，第4段階ではパートナー企業の選択をし，第5段階で戦略的アライアンスの内容に関する意思決定を行う。ここでは，主に第2段階〜第5段階で意思決定会計の考え方とツールが必要になってくる。

## (2) 2つのマネジメント・コントロールの調和

　これに加え，戦略的アライアンスを選択した在外子会社は，上記「③戦略的アライアンスの業績管理プロセス」が必要となる。つまり，在外子会社は，自らの組織を自律的にマネジメント・コントロールすることが必要になる。

　その一方で，在外子会社の戦略とグループ全体の戦略との調和を図る意味で，親会社や地域本社による在外子会社のマネジメント・コントロールも行われることになる。この2つのマネジメント・コントロールがうまく調和するようなシステムを構築することが，グローバルに展開する企業には必要になってくる。

## 3　グローバルビジネスにおける連結経営

　グローバル化した企業が企業グループをマネジメントする考え方として，「連結経営」と呼ばれるものがある（藤井・藤井・吉本［2015］）。これについて，当時KCCSマネジメントコンサルティング株式会社代表取締役副会長であった藤井敏輝氏の発言を以下に引用する。この会社は京セラのアメーバ経営を世に広めることを目的とした会社であり，京セラの孫会社に当たる。藤井氏の発言はアメーバ経営を行っている企業における連結管理会計を前提としている。

　　「決算については，上場企業を対象に，

　　・2004年3月期　四半期業績概況等の開示（市場規則による）
　　・2005年3月期　四半期毎の要約損益計算書・貸借対照表の開示
　　が求められるなど，法律の方も整備が進んでおり，公表の義務づけがな

されてきています。しかし，公表される数字は結果の数字ですから，ただ単に公表するだけではまったく意味がなく，そのプロセスの中でどう経営していくかということが大切です。

したがって，私たちは企業において連結管理会計を実現することが非常に重要な考え方であると考えています。円高等の影響を受けてグローバル化が進んでいく中で，あるいは国内において色々な意味での地域格差等々に直面していく中で打ち手を考えていく際，全ての数字が細かく捉えられていることが重要であると考えているのです。」（藤井・藤井・吉本［2015］, 4 頁）
「企業における財務情報の開示というのは大変重要な責任です。特に経営においては，単に情報を開示するということだけではなく，経営管理を行うスピードが重要です。連結経営においては常に大切なのはスピードだと思います。」（藤井・藤井・吉本［2015］, 6 頁）

前節で述べたような，メタナショナル企業経営において在外子会社の自律性が高くなっている場合，親会社による在外子会社のマネジメント・コントロールと，子会社自身が行うマネジメント・コントロールを調和させる上では，ここで指摘されているような「全ての数字が細かく捉えられていること」が重要である。不可逆的に要約された数字しか記録されていないと，在外子会社の自律的な活動の成果（の累積）と，グループ全体の成果とに整合性がとれていない場合，合理的な説明ができず，適切な業績管理と意思決定ができない可能性がある。

また，ここでは，連結決算による財務情報開示の企業の責任を認めつつも，連結ベースでの管理会計の重要性が指摘されている。この場合，もし開示用の情報（財務会計）と経営管理用の情報（管理会計）の間に齟齬があると，その分析・解釈や調整に時間がかかり，連結経営に重要だといわれているスピードが損なわれてしまう。したがって，連結経営では，管理会計情報をベースとし，その集約が財務会計情報としても開示に耐えうるような形で会計情報が作成される必要がある。つまり，連結経営においては，「財管一致の状態」にある必要がある。

グローバルビジネスと財管一致の会計システム　**第4章**

　後述するが，IFRS を導入している企業がこの「財管一致の状態」にある場合，先に述べた在外子会社自身が行うマネジメント・コントロールと，グループ全体のマネジメント・コントロールが調和する可能性がある。そこで本章では，財管一致の会計システムについて取り上げる。

# IV 　財管一致の会計システムとその課題

## 1　財管一致の会計システムとは

　財管一致とは，財務会計と管理会計の数値が一致あるいは近似値となっている状態を指す。完全に一致していない場合でも，その違いが合理的に説明できるようであれば，財管一致の状態となる。しかしながら，単純に財務会計と管理会計の数値が一致しているだけでは，真の財管一致の状態とはいえない。真の財管一致とは，企業全体の活動の成果を適正に示す財務会計としての機能と，経営管理のための管理会計としての機能の両方を果たす状態での一致である（高橋［2017］, 72 頁）。たとえば，経営情報として意識することなく制度に従って財務会計情報を作成し，それを企業内部の経営管理用の情報として使用している場合，その情報は管理会計情報としては適切ではないことが多い。この場合は，見た目上は財管一致であるものの，真の財管一致とはいえないであろう。

　財務会計に引きずられて管理会計の適切性が失われてしまった，という現象は，Johnson and Kaplan［1987］の指摘するところである。当時のアメリカの管理会計は財務会計に引きずられている状態であった。GAAP や税務の規制のために作成された財務会計情報をもとに管理会計情報が作成されている状況であり，そこには管理会計の「適切性の喪失」が生じていたのである。形式的には財管一致の状態にあるが，そのような一致は意味がない。

　したがって，企業全体の活動の成果を適正に示す財務会計としての機能と，経営管理のための管理会計としての機能の両方を果たす状態での一致でなければ，真の財管一致とはいえない。

93

別の言い方をすると，経営管理者の行う利益最大化のための最適資源配分の成果（管理会計上の利益）が，企業全体の業績（財務会計上の利益）とリンクしている状態が真の財管一致の状態である。財管が不一致であると，経営管理者の行動が財務会計の結果に結びつかないため，最適資源配分に向けた行動を阻害する場合がある。

そもそも，財管一致は，1966年に公表されたASOBATにあるような，「会計は本質的に情報システムである」という命題を具現化するものである。ASOBATでは，「内部経営者が利用する会計は，広く経済的概念に基づきながらも，経営に関するしだいに増加してゆく知識から生ずる諸概念もふくまれなければなら」ず，さらに「外部報告もその領域を拡大して，経営活動および経済構造，さらにおそらく経営計画の測定までも含有するようになる」と 考 え て い る（Committee to Prepare a Statement of Basic Accounting Theory［1966］, p.2）。これについて新井［1971］は，「いわゆる財務会計と管理会計の両者が，情報提供という一つの包括的な目的観のもとに統合されている」としている（新井［1971］, 130頁）。すなわち，これは財管一致の状態に他ならない。

## 2　財務会計と管理会計の関係

財管一致の会計を考えるに当たり，両者の関係を整理してみよう。

中村［2015］によると，企業における管理会計と財務会計の関係は次のように分類される（中村［2015］, 48頁）。

① 　管理会計と財務会計は同一である。

② 　管理会計と財務会計は完全に別である。

③ 　管理会計は内部管理目的，財務会計は外部報告目的であり，アウトプット情報は異なるが，インプット・データは同一のものが多いから両会計に利用できるようなシステムである。

①は，財務会計は法的に作成義務が課されており，経営成績や財政状態を表すものなので，そのまま内部管理用に活用するという考え方である。情報コストの問題もあり，中小企業の多くはこのパターンであるという。

②は，両計算は目的が異なるので，インプット・データとアウトプット情報も別にするという考え方である。どちらかというと管理会計を重視する立場である。これは，規模が大きく，事業内容が複雑な大企業に従前とられていた考え方であるという。

③は，ITが浸透し，かつ業務処理情報と会計情報との一体化が可能となった現在の大企業の考え方であるという。

これらの考え方は，管理会計と財務会計のシステム設計上の立場の違いでもあるが，どちらの会計を重視するかの違いでもあるという。これについて，中村［2015］は，「財務会計が主人であり，管理会計は財務会計に奉仕する従僕である」という立場をとってきた。その理由として，次のように述べる。

> 「・・・財務会計は当該企業が好むと好まざるとを問わず財務会計基準等法令によって強制されるものであり，その実績報告書によって企業が公に評価されるからである。その評価を高めようとするのが管理会計であってみれば，財務会計に奉仕するのが管理会計ということになる。」（中村［2015］，48頁）

筆者は，中村［2015］の主張にあるような，両会計に主従をつけるというような議論は不毛であると思うし，興味もない。しかしながら，2つの会計が連結・連動していなければならない，という点には同意する。つまり，筆者の立場は，（どちらが主か従かは別として）管理会計を活用して行われた利益最大化のための最適資源配分の成果が，財務会計で表示される利益に反映されていなければならない，というものである。

財務会計の利益は，証券投資家向けの情報であると同時に，経営者にとっては企業の戦略や目標がいかに企業全体の財務数値として達成されたのか，ということを表す究極の経営情報でもある。こういった意味では，財務会計と管理会計が乖離しているのは好ましい状況であるとはいえない。

以上のような会計システムを構築するには，マネジメントの思想と管理会計，財務会計が関連している必要がある。次に，正司［2012］に依拠して，このマネジメント，管理会計，財務会計の三者の関係について考察する。

## 3 マネジメントと財管一致

　近年，財管一致が主張されるようになった背景の1つに，IFRS の影響がある。IFRS では，投資家の立場が重視されており，そのために投資家と経営者の情報の非対称性を解消することが重要であると考えられている。経営者が経営判断に用いる情報と，投資家へ開示される財務会計の情報を整合させるような会計処理が要請される。IFRS でいわれている「経営実態に基づき自社で判断する部分」は，経営者が経営上の意思決定を行い，業績を評価するための方法を用いて決定することが求められているという（正司［2012］，31頁）。このような制度会計のあり方が，いわゆるマネジメント・アプローチと呼ばれるものである。正司［2012］では，IFRS のマネジメント・アプローチの概念として，経営と制度会計，管理会計の関係と，IFRS のマネジメント・アプローチの概念からの財管一致について，「経営と会計の融合」という形で**図表4-3**のように示している。なお，正司［2012］では会計を制度会計と管理会計とに二分し，この両者の一致ということで制管一致という用語を用いている。

　正司［2012］は，日本企業における経営と会計の関係について4つのパターンに整理している（**図表4-4**）。

　パターン1は，経営と会計が分断されているパターンである。経営者が会計の数字とは関係なしに，独自の経験と勘に基づき経営判断を行う。

　パターン2は，管理会計に基づいて経営判断を行っているが，制度会計とは切り離して運用しているパターンである。

　パターン3は，制度会計から出てきた数字を用いて経営判断を行っているパターンである。正司［2012］は，日本企業において財管一致を本来の方向とは逆方向から考えてしまったケースとして，非常に頻繁に見受けられるとしている。

　パターン4は，制度会計が経営判断に影響を与えるパターンである。

　財管一致の状態にあっても，パターン3の場合は，正司［2012］も指摘するように，「逆方向」からのアプローチであると思われる。

　このパターン3が非常に多い，ということは，川野［2014b］のアンケー

グローバルビジネスと財管一致の会計システム　第4章

■ 図表 4-3　経営と会計の融合

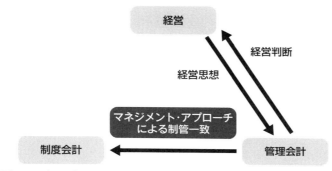

出所：正司［2012］, 36 頁。

■ 図表 4-4　経営と会計の関係

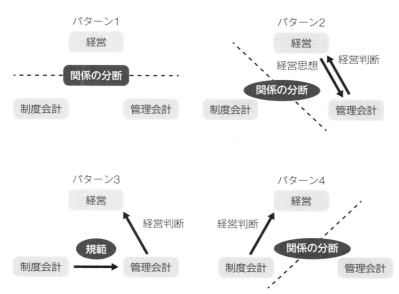

出所：正司［2012］, 32-36 頁。

97

ト結果からも裏づけられる。これは，2011年度から2012年度に行われたアンケート調査の結果である。そこでは，「財務会計と管理会計の利益は一致するか，あるいは近似値になる」と答えた企業が85.2％（185社中154社）であったという。この結果に対して，川野［2014b］は，①複数の会計制度を持つことの煩雑さからもともと財管一致指向が日本では強い，②四半期報告の実施により，四半期単位で開示される財務諸表と月次決算による管理会計の財務諸表の数字が異なることに違和感を覚える経営者が増えた，③ERPの導入を機に財管一致の会計制度に切り替えた企業があった，などをその理由としている。

これに関連する質問として，管理会計レポートの作成方法に関する質問を設けている。その結果は，「財務会計数値を細分化して，管理会計の数字としている」が52.2％，「管理会計の数字を積み上げ［集計］し，財務会計の数字としている」が22.3％，「財務会計と管理会計の数字は別々に作成している」が23.4％，というものであった。これに対し川野［2014b］は，四半期決算などの早期開示が社会的に要請されているため，財務会計を優先せざるを得ないという企業の事情からであると考えている。

このアンケート結果から，わが国では外形上は財管一致の状態にある企業が多いとはいえ，内容を見ると，財務会計と管理会計の両方の機能を十分に果たしている状態の財管一致になっているかというと疑問を持たざるを得ない。川野［2014b］が指摘するように，多数の企業では，財務会計に引きずられる形で管理会計情報が作成されているため，会計から得られる情報が管理用の情報としては十分機能していない恐れがある。

財務会計（制度会計）情報は高度に要約されており，不可逆的であることが多い。財務会計をベースとして管理会計用の情報を作ろうとすれば，部分要素の情報を作るために，何らかの配分の処理が必要になる。そこには主観や恣意性介入の可能性も排除できない。

高橋［2017］でも指摘しているように，こういった状況を回避するには，各種勘定を管理用に細分化して設定して記録を行い，それを財務会計用に要約するようなシステムが必要である。したがって，財務会計と管理会計で同一のデータベースを用いることが必須となる。

グローバルビジネスと財管一致の会計システム **第4章**

## 4 グローバル経営での財管一致

### (1) 財務会計のリンクと管理会計のリンク

　グローバルに展開している企業において IFRS が採用されている場合，グループに属する在外子会社がそれぞれ財管一致の状態にあれば，個々の管理会計にリンクが生まれる可能性がある。それを示したのが，**図表4-5**である。

　IFRS によって，親会社と在外子会社の「財務会計のリンク」が形成される。それぞれの会社で財管一致の状態にある場合，「財務会計のリンク」を媒介として，「管理会計のリンク」が形成される。この「管理会計のリンク」が形成されているとすれば，先に挙げた在外子会社のマネジメント・コントロールとグループ全体のマネジメント・コントロールの調和が図れることになる。

▎**図表4-5　財務会計のリンクと管理会計のリンク**

出所：筆者作成。

## (2) 在外子会社における外部資源のアライアンスの促進

　メタナショナル型経営においては，在外子会社が非常に大きな自律性を持つ。積極的に外部資源とのアライアンスを組もうとする。その際，アライアンスによる外部資源の取り込みにかかわる意思決定情報が必要になる。それは，管理会計情報である。一方，そのアライアンスによって価値創造が行われた場合，それを財務会計において子会社自体の業績として反映させる必要がある。もし財管一致していない場合，アライアンスの意思決定による価値創造が在外子会社の業績として反映されない可能性がある。会計の問題が，アライアンスの促進を阻害する結果となるであろう。

　財管一致の会計システムを運用していれば，管理会計におけるアライアンスの意思決定の結果が，在外子会社のボトムラインの利益の向上として表れてくる。このことにより，アライアンスの一層の促進が見込まれる。この関係を図示したものが，次の**図表 4-6** である。

**■ 図表 4-6　財管一致の状態とアライアンスの促進**

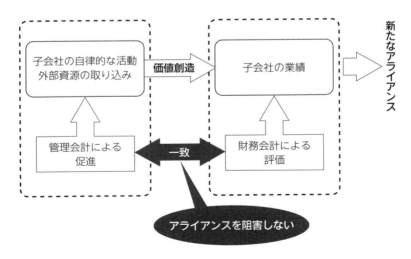

出所：筆者作成。

グローバルビジネスと財管一致の会計システム　**第4章**

## 5　財管一致の会計システムの構築上の問題

### (1) タテの整合性とヨコの整合性

　財管一致の会計システムの構築において留意すべき点は 2 つある。1 つは タテの整合性とヨコの整合性の問題，もう 1 つは，情報システムの問題である。

　会計システムが財管一致している状態のときには，外部報告用の財務会計 情報と，トップマネジメントの経営判断のための管理会計情報とが一致している状態にあるべきである。財務会計情報は企業の一定の期間における活動 の結果を描写したものであり，それは同時にトップマネジメントが企業全体 に対する経営判断をするための高度に要約された情報であるからである。その一方で，管理会計の情報は，情報利用者の階層によって求められる情報が 異なる。

　Anthony and Govindarajan［2007］によると，経営階層は，トップマネジメント，ミドルマネジメント，ロワーマネジメントに分類される。トップマネジメントに必要な情報は経営判断のための情報である。ミドルマネジメントに必要な情報は戦略実行のための情報である。ロワーマネジメントに必要 な情報は，現場の詳細情報である。このとき，ロワーとミドル，ミドルと トップ，場合によってはロワーとトップ，それぞれの情報に整合性がないと，詳細な管理会計情報の集約が，トップが経営判断に用いる情報と一致しなく なってしまう。それと同時に，集約された管理会計の数値と財務会計の数値 が一致しなくなってしまう。真の財管一致を目指すのであれば，タテの整合 性（経営階層ごとの情報の整合性）と，ヨコの整合性（財務会計と管理会計 の整合性）がとれるようなシステムを開発しなければならない。この関係は，高橋［2017］によって示されている（**図表4-7**）。

### (2) グローバル環境における情報システムの問題

　先にも触れたように，財管一致の会計システムの構築には，財務会計と管 理会計で同一のデータベースを用いることが重要である。近年，情報の一元 管理を目指して ERP を導入する企業が増えている。ERP の導入は，財管一

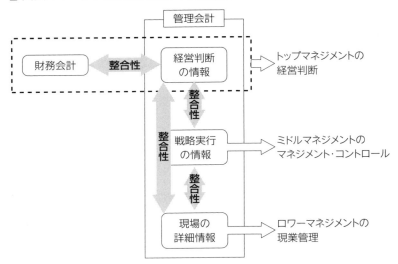

■ 図表 4-7　タテの整合性とヨコの整合性

出所：高橋［2017］，75頁。

致の会計システムを構築する際に重要な役割を果たす。

　たとえば，中野［2008］では，クレジット会社 A 社での財管一致の会計システムの構築例が示されているが，そこでは ERP をベースにしている。

　A 社で従前利用されていたシステムは，パソコンの表計算ソフトをベースとしたものであり，経営のインフラとしての脆弱性が懸念されていた。さらに，財務会計情報と管理会計情報が別々のシステムで作成されていた。たとえば，両システムから出力される n 扱高は必ずしも一致しておらず，その差異について補足説明をする必要があり，「経営判断を行う場において，数値の意味する内容よりも，それぞれのシステムが生み出した差異の原因分析に時間を取られるという非効率な状況」を生み出していたという（中野［2008］，81-82頁）。このような問題を克服するために，新しい会計情報システムを開発したのである。

　開発された「新会計システム」では，業務システムから，取引の最小単位のデータを蓄積するデータウェアハウス（DWH）を経由して，財務会計と

### 図表4-8 クレジット会社における財管一致の会計システムの全体構成

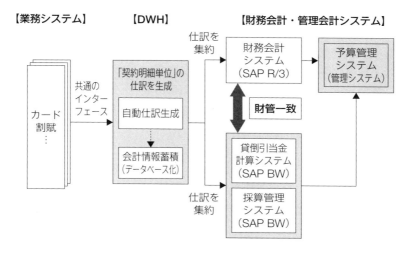

出所：中野［2008］，83頁。

管理会計へ同一方向にデータが流れる構成としている。システムの構築には，SAP社のERPを導入している。財務会計領域にはR/3（Real Time/3）を，管理会計領域にはBW（Business Information Warehouse）と呼ばれるBI（Business Intelligence）ツールによって構築したのである（中野［2008］）。その「新会計システム」の全体構成は**図表4-8**のとおりである。これを見れば，DWHを軸にした，財管一致の会計システムの構築の概要が容易に理解できよう。

近年，ERP導入のコストは以前よりも安価になったということもあり，ERPを導入している企業は増えている。しかしながら，グローバルで財管一致の会計システムを構築する場合には留意しなければならない問題がある。それは，カスタマイズの問題である。日本の親会社のERPが過度にカスタマイズされている場合，在外子会社のERPとの連結に障害が生じる可能性がある。ERP導入の成功要因としては，導入企業に会わせたカスタマイズの範囲の適切な設定が指摘されている（飯塚・工藤・宮本［2012］，60頁）。しかしなが

ら，奥村［2007］によれば，日本企業では従来各社独自の業務システムを用いており，それが高い生産性を生んできたのであるが，ERPを導入する際にその従前からの独自システムとの整合性をとるために，過剰なまでのカスタマイズをする場合があるという（奥村［2007］，7頁）。本来，ERPは業務の標準化を目指して導入されるものであるとすれば，皮相的な現実である。グローバルレベルでの財管一致のシステムを目指す際，ERP間の連携がとれない・とりにくい，というのは，大きな障害となる。日本企業がERPを過剰にカスタマイズしてしまうということが，グローバルな範囲での財管一致の会計システム構築の妨げになる可能性がある。

# V むすび―異文化会計と財管一致―

　以上本章では，グローバル化の進展に伴うグローバル戦略の変遷と，それに伴う会計上の問題を，管理会計の視点から取り上げた。特に，グローバルに展開する企業における財管一致の会計システムの必要性と潜在的可能性，そして構築における問題点を指摘した。

　異文化会計が，「グローバルに展開しローカルに対応する企業の活動を対象とした，国境に制約されない会計」であるとすると，その情報システムとしての一面を成すのは財管一致の会計システムである。グローバルに組織を結ぶということでは，IFRSと財管一致がもたらす財務会計のリンクと管理会計のリンクの形成が効果的に働く（**図表4-5**）。これは国境を越えたリンクである。ローカルに対応するということでは，財管一致によって在外子会社のアライアンスが促進されるということが期待される（**図表4-6**）。以上の点から，財管一致の会計システムの構築によって，会計が異文化コミュニケーションの促進要因として作用する可能性があるといえる。


**参考文献**

Anthony, R. N. and V. Govindarajan［2007］*Management Control Systems*, 12th ed.,

McGraw-Hill.

Committee to Prepare a Statement of Basic Accounting Theory［1966］*A Statement of Basic Accounting Theory*, Illinois：American Accounting Association.（飯野利夫訳『アメリカ会計学会・基礎的会計理論』国元書房, 1969 年）

Johnson, H.T. and R.S. Kaplan［1987］*Relevance Lost：The Rise and Fall of Management Accounting*, Harvard Business School Press.（鳥居宏史訳『レレバンスロスト：管理会計の盛衰』白桃書房, 1992 年）

新井清光［1971］「ASOBAT の批判的考察」『會計』第 100 号第 1 巻, 128-139 頁。

飯塚佳代・工藤周平・宮本道子［2012］「ERP システムの導入効果に関する考察：新業務検討における調整プロセスの視点から」『経営情報学会 2012 年秋季全国大会要旨集』57-60 頁。

奥村経世［2007］「日本企業における ERP 導入の失敗要因」『専修大学経営研究所報』第 172 号, 1-10 頁。

川野克典［2014a］「国際会計基準と管理会計：日本企業の実態調査を踏まえて」『商学論纂』第 55 巻第 4 号, 41-65 頁。

川野克典［2014b］「日本企業の管理会計・原価計算の現状と課題」『商学研究』第 30 号, 55-86 頁。

清松敏雄・渡辺智信［2015］「わが国上場企業における財管一致に関する調査に向けて」『経営情報研究』No.19, 127-134 頁。

琴坂将広［2014］『領域を越える経営学：グローバル経営の本質を「知の系譜」で読み解く』ダイヤモンド社。

櫻井康弘［2018］「財管一致とは何か：会計情報システムの視点から」『専修商学論集』第 106 号, 117-134 頁。

佐藤康男［1996］「企業のグローバル化と管理会計の課題」『経営志林』第 33 巻第 1 号, 53-62 頁。

正司素子［2012］『IFRS と日本的経営：何が, 本当の課題なのか !?』清文社。

総務省［2015］『平成 27 年度版　情報通信白書』。

園田智昭［1996］「戦略的アライアンスにおける管理会計の役割（序説）」『原価計算研究』第 20 巻第 1 号, 53-63 頁。

高橋賢［2015］「財務会計と直接原価計算」『横浜経営研究』第 36 巻第 1 号, 57-66 頁。

高橋賢［2017］「財管一致の会計に関する一考察」『産業経理』第 77 巻第 1 号, 70-78 頁。

高橋賢［2018］「グローバルビジネスにおける会計システムの設計思想：財管一致の会計システム」『税経通信』第 73 巻第 1 号, 150-159 頁。

中川優［2004］『管理会計のグローバル化』森山書店。

中野晴之［2008］「財管一致の会計情報システムの構築：クレジット会社における会計情報システムの導入研究」『会計プログレス』第 9 号, 78-90 頁。

中村輝夫［2015］「経営トップと管理会計」『経理研究』第 58 号, 45-57 頁。

中村久人［2010a］「トランスナショナル経営論以降のグローバル経営論：メタナショナル企業経営を中心に」『経営論集』第 75 号, 99-112 頁。

中村久人［2010b］「ボーン・グローバル企業の研究：国際的起業家精神アプローチおよび
メタナショナル経営の観点から」『経営論集』第76号, 1-12頁。
藤井敏輝・藤井宗高・吉本哲也［2015］「日本企業のグローバル化と管理会計：日本の経
営者はどうしたいか」『メルコ管理会計研究』第5巻第2号, 3-20頁。
藤沢武史［2015］「トランスナショナル経営論対メタナショナル経営論に関する比較考察」
『社会学部紀要』第121号, 7-18頁。
宮本完爾［2003］『グローバル企業の管理会計』中央経済社。

# 第 5 章

## グローバル化対応の
## グローバル・キャッシュ・
## マネジメント

# I　はじめに

　国際的なドル安誘導への協調を図った 1985 年のプラザ合意以降，わが国企業は急速な円高や貿易摩擦の激化に対応するため，アメリカのみならず東南アジアや中国への生産拠点の移転を活発化した。また 90 年代のバブル崩壊後においても，生産コストのさらなる低下や販路拡大を目指して海外進出を継続してきた。このような経済的環境の中で生じた 97 年のタイ・バーツ暴落は，多額の為替差損をわが国企業に蒙らせることとなった。このため，生産活動や販売活動のみならず，財務活動における一体的かつ効果的な，さらには効率的な企業グループ内管理の必要性が認識された（グローバル財務戦略研究会 [2005]）。

　また会計制度的な側面を見ると，2000 年 3 月期からの個別財務諸表から連結財務諸表を中心とする財務情報の開示制度と連結キャッシュ・フロー計算書の制度化は，グローバルな資金管理の必要性をわが国企業に認識させた（企業会計審議会 [1997]），と解される。

　以上のように，経済的側面によるわが国企業の生産・販売活動のグローバル化は，必然的にグローバルな資金移動の裏づけを伴ってきたという点に加えて，会計制度的な側面から財務活動のグローバル化がわが国で議論されるようになっている。このような経済的背景や会計制度を前提に，先進的なわが国企業が，現時点でどのように財務活動を管理しているのか，について，インタビュー調査等を通じて把握するとともに，そのようなグローバルな財務活動をヨリ信頼性の高いものとする手法について，本章では検討したい。具体的には，調査の背景と対象とした先進的企業を紹介し，グローバルな財務管理の手法であるグローバル・キャッシュ・マネジメント（以下，GCM）の内容を詳らかにした上で，中堅企業における財務管理の現状を捕捉し，今後検討すべき GCM における保証のあり方を提示したい。

グローバル化対応のグローバル・キャッシュ・マネジメント **第5章**

# II 調査の背景と対象会社

## 1 調査の背景

　わが国の主要上場企業の海外売上高比率が 2015 年 4 ～ 6 月期に 67.6% となり，四半期として過去最高を更新した（日本経済新聞［2015］）が，それ以降も海外売上高比率は増加し，今や主要上場企業の売上高の 70% 以上，そして生産の半分近くが海外となっている。このようにわが国企業の国際化は急速に進んでおり，それに伴い，企業財務のあり方も変化をしてきた。つまり，企業活動のグローバル化に伴い，資金の流れもグローバル化し，複雑化してきている。その結果として，為替リスク，カントリー・リスクあるいは流動性リスクといった財務リスクのコントロールが，企業にとって大きな課題となってきている。

　この財務管理（資金管理）の重要性に注目が集まった 1 つの契機は，2008 年秋のリーマン・ショックであり，実際，その翌年の 3 月決算時には，多くの企業が銀行等からの資金調達に苦労した。多くの企業では，これを受けて，キャッシュ・マネジメントの重要性が認識されるようになり，企業の国際化とともにグローバルベースのキャッシュ・マネジメントの必要性が主要上場企業において検討されるようになった。しかし，わが国では，未だ GCM は一般的なものとはなっていない。たとえば，経産省による調査（植木［2016］）では，回答企業 438 社中のうち，国内キャッシュ・マネジメント・システム（以下，**CMS**）を導入している会社が 101 社であり，海外を含めた GCM を導入している会社はわずか 25 社となっている。

　このような現状において，グローバル企業にとって喫緊の課題である GCM の概要について，実態調査に基づき先進的なわが国企業の潮流を明らかにしたい[1]。

---

1)　なお，GCM とともに議論される SWIFT（Society for Worldwide Interbank Financial Telecommunication）については，わが国の主要企業では利用されていないため，本章では説明を省略している。

## 2 インタビュー調査の実施概要

前述のように，わが国において，GCM を適用している会社は少なく，関係文献も少ないため，実態調査を行いそれに基づいて研究を進めていくこととした。

最初に，わが国おける GCM の概要を把握するために，国内大手監査法人でトレジャリー・コンサルティングのリーダーを担当しているパートナーに対して，わが国の企業における GCM の現状についてヒアリングおよび資料の収集を行った。

次に，GCM を採用している企業を訪問し，実際の仕組みおよび運用状況の把握をするため，担当責任者にインタビュー等を行うこととした。先に実施したヒアリングにおいて，GCM の運用が最も進んでいるとされた事業会社 1 社（以下，甲社）と，GCM サービスの提供とサポート側である金融機関 1 行（以下，乙行）に対して，インタビュー調査を行った。以下では，これらインタビュー調査の結果ならびに関連する文献に基づき，GCM の概要を纏めることにする。

# Ⅲ グローバル・キャッシュ・マネジメント (GCM)の概要

キャッシュ・マネジメントという言葉に統一的な定義があるわけではなく，一般的には，企業内の資金を効率よく管理するための活動を意味すると理解できる。これをグローバルベースでもグループ企業全体で行おうというものである。実務的には，グループ会社間の決済取引の効率化や流動性管理の高度化のためのキャッシュ・プーリングやグループ・ファイナンス，ネッティング，支払代行等のソリューションを CMS（Cash Management System）と呼び，クロス・ボーダー取引に関する同様のソリューションを GCMS（Global Cash Management System）と呼ぶ場合が多い。これを段階的に分けると次のように分けることができる[2]。

第1段階：グループ・ファイナンスとプーリング
第2段階：ネッティング
第3段階：ペイメント・ファクトリー（支払代行）
第4段階：回収業務の代行
第5段階：総合的なGCM

　上記のキャッシュ・マネジメントを主に担うのがトレジャリー・センターである。この場合，トレジャリーとは，企業における財務リスク管理や資金調達，現預金及び短期流動性資産・負債管理，コーポレート・ファイナンスに関連した機能を指している。これを図示したのが，**図表5-1**であり，当該業務を行うのがトレジャリー・センターである。したがってGCMは，グローバルなトレジャリー・センター，つまり金融子会社をとおして行われるといえる。
　以下では，キャッシュ・マネジメントのそれぞれの段階の仕組みについて，概説を行うこととする。

### 第1段階：グループ・ファイナンスとプーリング

　グループ・ファイナンスとは，従来，グループ各社が外部の金融機関と個

■ 図表5-1　GCMとトレジャリーの関係

出所：筆者作成。

---

2)　この分類は，松尾・岡部[2014]，岸本・昆・大田・田尾[2017]および吉原・白木・新宅・浅川[2013]を参考にしている。

別に行っていたファイナンス業務（余剰資金の運用業務と不足分の調達業務）をグループ内部の金融統括会社に集約し，グループ会社間の資金のデコボコを均して，外部に流出していた無駄な調達コストを削減することで，資金効率を高める取り組みである（松尾・岡部［2014］，26頁）。もちろん，個々の会社の借り入れを金融統括会社に集めるだけでも，資金の効率は良くなると考えられるが，やはり，次に説明するプーリングと同時に実施しないと，資金の効率は良くならない。

プーリングとは，取引銀行に開設したマスター口座にグループ会社の余剰資金を集中させ，預金が不足しているグループ会社には自動的に資金を補てんする仕組みである（松尾・岡部［2014］，26頁）。このプーリングの具体的な流れは，①親会社が取引銀行にマスター口座（統括口座）を開設，②マスター口座は，通常金融会社の名義とする，グループ子会社はマスター口座にリンクするサブ口座をそれぞれ開設，③サブ口座の残高が日々「ゼロ」になるようにプーリングを設定（ゼロ・バランス・ターゲット），④あまれば吸い上げ，足らなければ補てん，となる。これを図示すると**図表5-2**のようになる。

上記の図表5-2は　取引形態を説明するために単純化しているが，実務上は地域ごと（欧州，米州，アジア等）に地域金融統括会社を設立し，プーリングを行っている。ただ，グローバルベースでプーリングを行う場合，アジア諸国は，過去の通貨危機の反省からプーリングを禁止している国も多く，その場合は，当該国内だけのプーリングを行っているケースが多い（例：中国，タイ国など）。

これらはアクチュアル・プーリングと呼ばれるものであるが，それ以外にノーショナル・プーリングというものがある。この2つを簡単に説明すると次のようになる。

- アクチュアル・プーリングとは，事前に取り決めたターゲット金額（通常はゼロ）に合わせ，マスター口座とサブ口座の間で実際に資金移動を行うというものである。この場合，ゼロをターゲットとするなら残高はゼロとなる。
- ノーショナル・プーリングとは，マスター口座とサブ口座間では実際の

### 図表 5-2 プーリングの導入前と導入後の比較

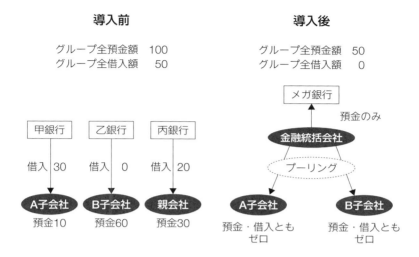

出所:松尾［2015］,43頁を筆者が一部変更。

資金移動は行われず,マスター口座とサブ口座をすべて合算した仮想的なグループ全体の口座残高に対して,取引銀行の金利計算が行われる仕組みである（松尾・岡部［2014］,41頁）。インタビュー調査では,わが国で現実にノーショナル・プーリングを使用している企業は少ない[3],とされる。

#### 第2段階:ネッティング

ネッティングとは,主にグループ会社間での貿易取引などに伴う債権の回収と債務の支払いを相互に相殺し,ネットの決済額のみを送金する方法をいう。つまり,グループ会社間の決済本数を極力削減して,送金手数料を最小

---

[3] 金融機関（乙行）へのインタビューによると,日系企業の海外統括（欧州拠点およびグローバル拠点）でのノーショナル・プーリングの導入実績は,マルチカレンシー型を中心に30社以上とされており,数百社を超える欧米企業に比べて相対的に少ない現状にあるが,導入メリットが多いことから今後は増加していくことが想定されている。

化する手法であるといえる。送金手数料程度であっても，通常，銀行の送金手数料が国内であれば，約300円であっても海外送金の場合には約3,000円必要となる[4]。これが頻繁に発生すると見逃せない金額となる。これを図示すると**図表5-3**のようになる。

ネッティングの種類には，ネッティングの参加者による分類と，ネッティングの対象による分類がある。ネッティングの参加者による分類として，バ

■ **図表5-3　ネッティングの事例**

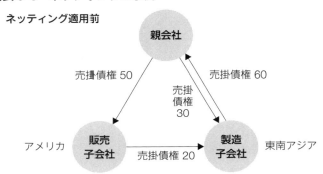

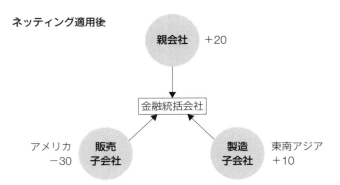

出所：松尾［2015］，57頁を筆者が一部変更。

---

[4]　たとえば，三菱UFJ銀行の場合，外国送金手数料一覧表〈http://www.bk.mufg.jp/tesuuryou/gaitame.html〉（最終閲覧日　2019年2月5日）を参照されたい。

イラテラル・ネッティングとマルチラテラル・ネッティングに分けられる。バイラテラルというのは，2社間の債権債務または受け払いを相殺することをいい，マルチラテラルというのは，複数社間の債権債務または受け払いを相殺することをいう。また，ネッティングの対象による分類としては，ペイメント・ネッティングとオブリゲーション・ネッティングがある。ペイメント・ネッティングとは，支払時に支払代金を相殺するというものであり，オブリゲーション・ネッティングとは，支払以前に売掛債権を相殺する方法である（松尾・岡部［2014］, 53頁）。

### 第3段階：ペイメント・ファクトリー（支払代行）

ペイメント・ファクトリー，すなわち支払代行とは，各グループ企業の買掛金の支払いを集約して，親会社の子会社である支払代行会社（地域金融統括会社）が代行して支払うというものである。この手法は，当該集約をとおして，オペレーション・コストの削減を行うと同時に，銀行手数料の削減を目指すというものである。つまり，**図表5-4**にあるように，グループ各社からの依頼に基づき，支払代行会社が仕入先に直接行うこととなる。インタビュー調査によれば，当該支払いは支払者の名義で行われ，当該支払代行会社は，地域金融子会社（もしくは他の子会社）が行うことが多いとのことであった。

### 第4段階：回収業務の代行

回収代行とは，グループ各社の回収業務を代行して行うというものである。回収業務代行会社は，委託業務費をグループ会社から徴収する。この回収代行導入の期待される効果としては，回収関連事務費用の削減，運転資金の圧縮，銀行手数料の削減などが考えられる。回収代行業務においては，銀行口座を各グループ企業の所在地に置く必要があり，非居住者口座の開設が必要となる。また，的確な回収を行うために，取引条件の統一，顧客コードの統一等が必要となる（松尾・岡部［2014］, 82頁）。これを図示すると，**図表5-5**のようになる。

■ 図表 5-4　支払代行の仕組み

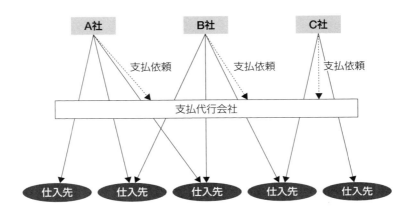

出所：松尾［2015］，69頁を筆者が一部変更。

### 第5段階：総合的なGCM

これは第1段階から第4段階までのすべての段階を統合して適用するというものである。実際，インタビュー調査によれば，すべてのわが国のグローバル企業は，グループ・ファイナンスとプーリング，ネッティング，ペイメント・ファクトリー（支払代行）および回収業務の代行を組み合わせて，地域金融統括会社（トレジャリー・センター）をとおして，GCMを行っているのが現状とされる。

以下では，このようなGCMの内容を前提に，事業会社（甲社）の事例を検証していくこととする。

■ 図表5-5　回収代行の仕組み

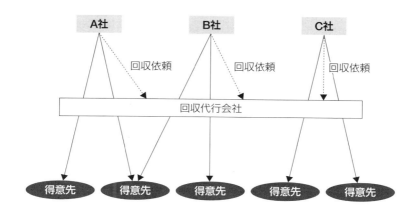

出所：松尾［2015］，79頁を筆者が一部変更。

## Ⅳ　GCMを導入している事業会社（甲社）および金融機関（乙行）の実情と課題[5]

### 1　事業会社（甲社）のケース

#### (1) グローバル・トレジャリー・センター（GCMSを含む）導入の背景

甲社は，1990年代まで本社の財務部の海外拠点として，リージョナル・ファイナンス・センター（Regional Finance Center：RFC）をニューヨーク，ロンドンおよびシンガポールに設置し，為替管理および現地での資金調達管理を行っていた。その後，21世紀に入り，当該RFCの業務内容・規模が拡大し，地域によって資金の偏在が生じるようになってきた。また，その偏在

---

5)　本節の内容は，インタビュー調査の結果に基づいている。

に起因して，為替リスクが高まっていた。これらの問題を解消するために，集中管理の重要性が高まってきたとのことであった。そして，甲本社においてプロジェクトが立ち上げられ，甲社グローバル・トレジャリー・サービスセンター（金融統括会社：GTS）の検討がはじまった。当該 GTS の本社候補地として，税務上のメリットの享受を考慮すればオランダ，人員の配置の利便性を考慮すれば日本，交通の利便性等を考慮すればシンガポールなどが検討されたが，最終的には日本とニューヨークの時差等を考慮に入れ，ロンドンに GTS の本社を設置することとなった。そして，日本，ニューヨークおよびシンガポールに支店を設立した。その後，ニューヨーク支店は，事業がカリフォルニアに多いため，現在はロスアンゼルスに移転している。

## (2) GTS の業務内容

　ロンドンの GTS では，トレジャリー・センターとして，前述のプーリング（ゼロ・バランス・ターゲットのアクチュアル・プーリングを適用），ネッティング（マルチラテラル・ネッティング）および支払代行および売掛金回収代行のすべてを行っている。前述のアクチュアル・プーリングにおいて資金移動を行うためには，銀行口座を各地域に開設する必要があった。当該取引銀行は，U.S. ドル，ユーロ，アジア通貨の別に分けている。日本は，全銀協の規制の関係から 1 行に集中できず，2 行を併用している。GTS は，これらの銀行に同社名義の口座を開設し，その下にサブ口座として各支店の口座を置いている。各支店の口座には，管轄しているグループ会社の資金が日々当該グループ会社の残高をゼロにすることにより，すべて吸い上げられている。そして GTS は，当該口座の残高を確認し，資金重要を予測し，通貨スワップ（現地通貨⇔ U.S. ドル）等により，為替リスクヘッジを行っている。

　上記で説明をした GTS のシステムは，2001 年にヨーロッパと日本の主要子会社間ではじまり，2004 年には 80% の会社で導入することができた。ただし，中国のように資金移動に規制が存在する国もあり，まだ 20% の国・地域においては導入できていない。またタイ国やマレーシアは，前述のように資金の持ち出し規制があるため，自動で親口座に振り返るということができず，手作業で振替を行っているとのことであった。

グローバル化対応のグローバル・キャッシュ・マネジメント **第5章**

### （3）その他留意事項

　インタビュー調査において指摘された GCM に関する留意事項として，以下のような内容が挙げられる。

　基本的には，ゼロ・バランス・ターゲットのアクチュアル・プーリングを適用しており，マルチラテラル・ネッティング，支払代行および債権回収代行もオーソドックスな方法を採用している。また，完全な意味での支払代行および債権回収代行の消込に関しては，GTS レベルでは行っておらず，各事業会社レベルで行っている。それ以外は，すべて上記の GCM における内容が反映されている。さらに，GTS の設立当時から SWIFT に加入しているが，一部の為替リスク管理のために送金指示を行う場合に利用する以外には利用せず，すべて銀行を経由して行っているとのことであった。

　最後に，ERP（Enterprise Resource Planning：ERP）[6] がグローバルベースでは完全には統一されておらず，相互につながっていない部分があるため，GTS との統一した GCM という意味ではまだ改善の余地がある，との説明があった。

## 2　金融機関（乙行）のケース

### （1）銀行から見たわが国企業の現状

　多くの企業に関与してきている銀行から見ると，プーリングに関して，ノーショナル・プーリングを行っている企業より，アクチュアル・プーリングを行っている企業が圧倒的に多い，とのことであった。また GCM がシステムとして完全に出来上がっている会社はまだ少なく，Excel ベースで資金移動の情報を本社に集め財務管理を行っている会社がまだ多い，との説明があった。とくに，ERP と GCM やトレジャリー・システムがつながっている会社はまだまだ少数であり，これが日本企業の課題とのことである。このような事実を前提に，わが国の金融機関が提供しているサービスとしては，次のようなものがある。

---

[6]　ERPとは，企業の持つさまざまな資源（人材，資金，設備，資材，情報など）を統合的に管理・配分し，業務の効率化や経営の全体最適を目指す手法。また，そのために導入・利用される統合型（業務横断型）業務ソフトウェアパッケージ（ERPパッケージ）のことを指している。

119

## (2) 乙行が提供しているサービス

- Global e-banking……乙行海外拠点および地場銀行に開設された現法口座のモニタリング（残高照会，入出金明細）を行えるようにし，当該システムをとおして海外各地の送金指示も行うというもの。
- Global Finance Manager Web……グループ・ファイナンス，資金繰り管理等のキャッシュ・マネジメント全般の管理に関して，Web サイトをとおして行うもの。
- Cash Pooling Service……親口座とその下に設定する子勘定の資金移動をとおして，プーリングを行うシステム。
- Multi Bank Cash Concentration……他行と乙行の間の資金移動を，その都度，依頼書を書くことなく，SWIFT メッセージのやりとりを行うことで実現する資金管理システム。
- Global Host to Host Service……事業会社の ERP システムと銀行のシステムを直接接続し，支払指示の送信，入出金明細受信を行うサービス。
- Payment Factory……企業のシェアード・サービス・センター（支払代行）が行う一括送金，支払代行などを乙行の各拠点が行うもの。
- Collection Factory……企業のシェアード・サービス・センター（回収代行）が行うグループ会社の取引データの受信や売掛金の消込データの作成（ERP とつながっていない場合）を代行して行うもの。

## 3　GCMのわが国における課題

　上記で指摘したように，ERP と GCM とのグローバルな 2 方向接合ができている企業は殆どないのが現状である。その理由は，各企業において，ERP のグローバルな統一ができていないことにある。とくに日本では過去の経緯から，海外を含む企業グループ内での ERP 統一が難しいため，米国内のみ，或いは日本内のみという形での統一にとどまっているのが現状である。しかし，その場合でも，1 方向接合にとどまっている。ERP と GCM の 1 方向接合では，ERP から GCM への指示による GCM での資金移動を，事後的に Excel データとして収集することになり，GCM における入出金明細を ERP に直接戻すことができない。このため，支払いの消し込み（妥当性の検証）

をできている企業はないというのが，わが国企業の現状というように理解される。したがって，ERPへの入力時点での記録が改ざんされると，GCMをとおして支払いが自動的に行われてしまうことになる。これがわが国の現状であり，それを補完する意味でも，次節に述べる保証業務が今後重要となってくるとわれわれは考えている。

# V　わが国企業の海外子会社におけるGCMの適用状況—シンガポール子会社を中心に—

## 1　調査対象および手法

　わが国ではGCMを完全には適用していない企業が大半であるため，そのような上場会社2社に協力を依頼し，シンガポールを中心に現地子会社でどのように資金管理を行っているか，そしてなぜ，完全なGCMに変更しない（できない）のかを中心に，現在の資金管理の問題点等の調査を行った。さらに，GCMを適用する段階にまで達していない中堅企業に関しても，現状，どのように資金管理を行っているのかを把握し，そこにどのような問題があり，どのように改善すべきかを考察するために，シンガポールに在住し，長年にわたりこれらの会社の会計・税務業務のコンサルティング業務に携わってきた，公認会計士にインタビューを行った。

## 2　インタビュー結果に基づく現地における資金管理体制の現状

　インタビュー結果に基づき，GCMを完全に適用する段階にまでは至っていない（ただし，一部適用）上場会社（丙社および丁社）のシンガポール子会社を含む東南アジア他の海外子会社，およびGCMを適用する段階にまで至っていない中堅企業のシンガポール子会社に関して調査対象項目ごとに，調査結果を纏めると次のようになる。

## (1) 現地における資金管理体制

### ①上場会社のシンガポール子会社（丙社）

丙社グループにおける資金管理体制について，聞き取り調査した結果を纏めると以下のようになる。

丙社グループにおいて，大手邦銀の支店が所在する地域にある子会社は，資金管理については，資金の有効活用の観点から当該邦銀のWEBバンキングサービス等を利用している。アジア地域に所在する6社のうち，販売会社の主要業務（顧客サポート・営業支援）については，現在，実際発生費用に一定のマークアップ率を加えたものを日本の親会社に請求する形をとっており，主要な第三者顧客からの回収や製造会社等への支払の資金が販社を通らないため，販売会社での入金・送金等はそれほど多くないとのことであった。

また，それぞれの子会社間の資金取引もあまり存在しないため，外国為替送金について多額の送金等は生じていないこととなる。なお，シンガポールの統括会社とマレーシア子会社との間，シンガポールの統括会社とシンガポール子会社との間でプーリングを行っているが，それ以外では行われていないとのことであった。

シンガポール・マレーシア以外の地域でプーリングを行えない理由としては，子会社の所在地によって現地の外為規制・税務規制等の影響が大きい。たとえば，フィリピンではプーリングを貸付とみなされるために，印紙税が必要とされ，韓国であれば，特殊関係者への貸付と看做されて一定以上の利率を設定しないと移転価格税制上のリスクが高くなってしまうことが挙げられる。

### ②上場会社のシンガポール子会社（丁社）

丁社グループにおける資金管理体制に関する聞き取り調査の結果を纏めると，以下のようになる。

丁社グループにおいては，海外での資金管理，すなわち，現金・預金の残高管理，買掛金の支払い，営業入金の管理などについて，各海外子会社の財務部門で管理しており，甲会社グループと同様に邦銀のWEBバンキングサービス等を利用している。また外国為替送金が発生した場合も，各子会社が現地の邦銀および地場銀行を利用して，現地で対応しているとのことで

あった。

　邦銀を経由する場合は，本社のインターネット・バンキングで資金移動と残高を確認できるようになっているが，現地の銀行を利用する場合，インターネットによる残高チェックだけでも1回毎にかなりなコストがかかるため，原則として実施していないとのことであった。現地の銀行を利用する主な目的は，現地従業員に対する給与の支払いおよび現地サプライヤーへの支払い等であるとの説明があった。丙社グループに比べるとアジア各地に工場を有しているため，資金管理体制も複雑なものとなっていると思われる。

　さらに，丁社グループにおける投融資，与信枠の設定，銀行借入，新規金融機関との取引開始などについては，「海外子会社事前承認・事後報告ガイドライン」を定め，内容に応じて親会社の承認事項としている。現地責任者が当該ガイドラインに則って独自に判断し，該当ケース毎に本社に報告し承認手続を経るとともに，四半期毎の報告，ならびに現地での取締役会でも確認されている。このように，資金管理については，海外現地法人独自の管理を徹底させていく方針を採っているとの話であった。

### ③中堅企業のシンガポール子会社

　中堅企業の場合でも，WEB ベースのインターネット・バンキングの利用が増加しているのは事実であるが，未だに小切手による支払等が多いのが現状であるとのことであった。この小切手の支払いに関して，内部統制上の懸念が次のように存在するとの話がなされた。

- 支払いの承認
　小規模企業[7]の場合，現地法人社長が承認権者（小切手のサイナー，インターネット・バンキングの承認者）となる。一定額以上の支払いについては，本社側の承認も必要としているケースもある。これに対して，中大規模企業の場合，金額の限度額を定め，現地法人社長，マネージャー等をサイン権者に任命している。たとえば，S\$1,000 以下につい

---

[7]　小規模企業および中小企業の区分は，日本法人の規模ではなく，シンガポール現地法人の規模に基づいている。

ては社長またはマネージャー1人のサイン，S$1,001～S$50,000は社長
1人のサイン，S$50,000超は社長およびマネージャー2人のサインとす
るなどである。

- 支払い業務に関する課題と対応
    小規模企業の場合，権限が社長1人に集中してしまい，内部統制の構
  築が不十分となるケースがある。また，駐在員が1人の会社は，営業部
  門の出身であるケースが多く，支払い承認の経験がなく，チェックが十
  分にできていないことがある。これに対する対応策として，まとまった
  金額を保管する口座と運転資金用の口座をわけて，前者については本社
  でコントロールし，後者についてのみ現地法人社長にサイン権限を付与
  している。サイン権者が営業責任者である場合，出張が多く，支払い承
  認日に不在とならないよう調整が必要であるとしている。また，イン
  ターネット・バンキングの利用で，出張中でも承認ができるようにする
  などの方法もあるとのことであった。

## (2) 資金管理システムの実態
### ①上場会社のシンガポール子会社（丙社）

丙社グループの具体的な資金管理システムについて，もう少し具体的に纏
めると，次のようになっている。

小口現金は，小口の支払いのために，各社で上限金額を設けて保有してい
る。給与等の支払いは各子会社が主に現地銀行を通じた銀行振込で行ってい
る。統括会社から被統括会社への定額資金前渡制度等は利用していないとの
ことであった。

次に，売掛金の回収は各子会社において行われており，シンガポール統括
会社としては回収業務には関与していないが，資金繰りのモニタリングの観
点から売掛金を含む運転資金を定期的にレビューしているとのことであった。
与信管理については，取引先が信用力の高い大手企業であるため，通常は行
うことはないとの話であった。

また前述のように，販社は，日本の親会社からの営業支援収入が主な売上

であり，少額の第三者向け販売も行っているが，金額も小さいこともあり，基本的には各販売会社が与信調査・与信管理を行っているとの話であった。

丙社グループにおける海外子会社の支払業務の管理手法について，丙社グループでも製造子会社等は，仕入先に対して主に US ドルや現地通貨で支払っている。給与等は前述のように現地子会社にて現地通貨で処理している。これら子会社の口座は，統括会社でインターネットバンキングを通じて取引・残高をモニターし，異常な取引があった場合，問い合わせをする仕組になっている。

次に，資金調達の面であるが，アジア地域においては基本的に銀行等からの外部資金調達をしておらず，シンガポールの統括会社が日本の親会社から資金調達を行い，アジア地域グループ会社への出資・貸付を行っているとのことであった。その関係もあり，アジア地域グループ会社の資金計画は，基本的に各社で作成しているだけであるが，主要製造会社のキャッシュ・フロー計算書と資金計画は，定期的に統括会社および日本の親会社に提出している。なお，統括会社の社長がアジア地域の主要製造会社取締役を兼務しており，取締役会に出席し，資金繰りの状況・投融資の予定等も確認しているとのことである。

さらに，丙社グループにおいて，プーリング（キャッシュ・コンセントレーションないしノーショナル・プーリング，使用通貨）を行っているのは，シンガポールの統括会社とマレーシア製造子会社・シンガポールの販売子会社間のみであり，これはいわゆるキャッシュ・コンセントレーションである。外国為替管理規制がそれほど厳しくない国の間でのみ行っているのが現状であり，他国の販売会社・製造会社との間では，資金規模や規制等を考慮して現状はプーリングを行っていない。なお，通貨は各社の機能通貨である US ドルを使用しているとのことであった。また，各子会社間で取引が少ないため，統括会社が中心となったネッティング等は実施していない。なお，US ドルだけでなく，現地子会社での支払いに対応し，それぞれの現地通貨を使用しているとの話であった。

### ②上場会社のシンガポール子会社を含む東南アジア他の海外子会社（丁社）

丁社グループにおける具体的な資金管理システムとして，海外子会社にお

ける現金管理について，各海外子会社が必要に応じ，本店，支店毎に独自に
小口現金の設定を行っている。また本社の指示による定額資金前渡制度の設
定はなく，基本的には各海外子会社が独自に資金繰り管理を行っているとの
ことである。

　海外子会社の売掛金の回収は，各海外子会社で行っているが，これは，販
売製品が高額なものであり，対象となる得意先に対する売上金額が大きいた
め，小口のものが頻繁に生じる余地がなく，管理が容易であるためとされた。
加えて，工期が長引くことが頻繁に生じ，その場合に債権額の確定が遅れる
ため，確定債権をもとにした銀行を用いたファクタリングは使えないとの説
明があった。

　また海外子会社の支払い業務に関して，通常取引で生じる支払業務は海外
子会社毎に管理しており，投融資，その他の例外的な取引によって生じる支
払いについては，「海外子会社事前承認・事後報告ガイドライン」により，海
外子会社からの申し出に基づき親会社が承認する場合がある，と説明され
た。当該ガイドラインには，例外的な事象か否かを判断するための細則が設
けられている。

　さらに，海外子会社が現地で資金調達を行う場合，丁社グループが最近買
収した空港向けシステムの子会社2社と洗車機関連子会社1社は，当社にグ
ループ入りする前からメインバンクとして利用していた地場銀行から融資を
受けているとのことであった。それ以外の海外子会社は原則として邦銀から
の借り入れとしており，親会社が保証予約念書などを差し入れることにより
関与しているとのことである。海外子会社における資金繰りの管理は，海外
子会社独自に行っており，海外子会社でも比較的大きな拠点，具体的には工
場のあるアメリカ，中国，台湾，タイには，日本の経理部から派遣した日本
人経理部員が駐在し，資金繰り管理も含めて経理財務関連の管理を担当して
いる。

　最後に，プーリングは為替規制の強い国に現地法人が多いことから，実施
していないとのことである。GCMは地域毎に管理するのが合理的と考えて
いて，現在では中国国内プーリングを実施できる邦銀の仕組みを導入してい
るが，中国国内部門にプーリング対象となるほどの資金がないため，利用開

# NEWS

2019 ring2

おかげさまで創業123年
**同文舘出版**

## 管理会計
### (第七版)

**櫻井通晴 著**

日本企業の健全な発展のために管理会計の手法の有効な活用と考え方を提唱し続けるロングセラー書籍の最新版。AIの活用、コスト・品質のマネジメント、ガバナンスコードとの関連等、新たなテーマが加わりさらに充実！

| 発行日 | 2019年3月1日 | 価格 | 5900円 + 税 |

A5判上製・956頁

## 財務諸表分析
### 第3版

**乙政正太 著**

会計基準等の改廃に伴い、最新のデーターを使用し、企業の収益性、安全性、効率など伝統的な分析手法を体系的に解説。IFRS適用企業の分析事例を豊富に掲載しさらに充実の最新版！

| 2019年4月15日 | 価格 | 3500円 + 税 |

A5判上製・376頁

http://www.dobunkan.co.jp/

〒101-0051　東京都千代田区神田神保町1-41
TEL 03-3294-1801 / FAX 03-3294-1807

# 好評既刊書

## わが国監査規制の新潮流

### 町田祥弘 編著

わが国監査規制の新たな展開として、金融庁の「会計監査の在り方に関する懇談会」の提言を包括的に検討し、喫緊の課題について分析する！

| 発行日 | 2019年3月30日 | 価格 | 4200円＋税 | 判型 | A5判上製・31 |

## 会計学基礎論（第六版）

### 神戸大学会計学研究室 編

会計基準の改廃や国際会計領域における基準の多様化に伴い、をアップ・デートにした大学学部テキストの決定版！

| 発行日 | 2019年3月25日 | 価格 | 3500円＋税 | 判型 | A5判上製・34 |

## 近代会計史入門（第2版）

### 中野常男・清水泰洋 編著

「会計」という人間の営む行為そのもののアイデンティティを世紀～20世紀初頭に至るまでの時間軸に沿って再確認。財務の歴史にかかわる章を追加し、さらに充実！

| 発行日 | 2019年3月15日 | 価格 | 3500円＋税 | 判型 | A5判上製・36 |

## アカウンティング―現代会計入門―（第6

### 笹倉敦史・水野一郎 編著

刊行以来18年間にわたり、バランスのとれたテキストとして重ねている本書を、コーポレートガバナンスの強化に伴う会計監査基準の改廃に伴い、内容を大幅に見直した最新版！

| 発行日 | 2019年4月10日 | 価格 | 2500円＋税 | 判型 | B5判並製・24 |

好評既刊書

## マネジメントの理論と系譜

### 松尾洋治・山﨑敦俊・岡田行正 著

理論の理解と習得は、ビジネスで必要な視点、考え方を養う上で必要不可欠である。本書では、経営学・会計学・マーケティングの分野で最低限知っておいてほしい基本的な理論を解説する！

| 発行日 | 2019年3月15日 | 価格 | 1900円＋税 | 判型 | A5判並製・168頁 |

## 組織のディスコースとコミュニケーション
―組織と経営の新しいアジェンダを求めて―

### 清宮 徹 著

欧州や北米の組織研究において顕著な視座であり方法論である組織ディスコース研究（ODS）に焦点を当て、その全体像を示し、従来の経営組織論で無自覚だった新たな課題を提起する！

| 発行日 | 2019年3月30日 | 価格 | 3700円＋税 | 判型 | A5判並製・458頁 |

## ホテル経営概論（第2版）
―トライアド・モデルでとらえるホスピタリティ産業論―

### 徳江順一郎 著

宿泊産業の歴史から構造、現代的な問題点、ホテル経営学へのオマージュ。さらには10のケースから成功の鍵を読み取る。データーの見直しと最新のケースを紹介し、さらに充実！

| 発行日 | 2019年4月25日 | 価格 | 2500円＋税 | 判型 | A5判並製・232頁 |

## マーケティング論の基礎

### 現代マーケティング研究会 編

4P理論、製品戦略、マーケティング・リサーチ、消費者行動論、チャネル戦略、サービス・マーケティング、ダイレクト・マーケティングなどをコンパクトに解説した標準的テキスト。

| 発行日 | 2019年3月20日 | 価格 | 2500円＋税 | 判型 | A5判並製・244頁 |

**好評既刊書**

## ラジオで語った政治学

浅野一弘 著

リスナーが政治に関心を持ってくれるように企画された10分でキーワードを解説する某ラジオ局のレギュラーナーの内容を書籍化！ 話題の政治事象から基本的な用語解説！

| 発行日 | 2019年4月5日 | 価格 | 2200円＋税 | 判型 | A5判並製・1 |

## 新版 格差社会論

佐藤康仁・熊沢由美 編著

社会には、所得、雇用、健康、世代間など、様々な格差在する。本書は、海外の状況も紹介しつつ、格差の原因済政策との関連性などについて、わかりやすく解説する。

| 発行日 | 2019年3月15日 | 価格 | 2300円＋税 | 判型 | A5判並製・2 |

## 正志く 強く 朗らかに
―躍動する甲南人の軌跡2019―

甲南大学共通教育センター 編

2019年に創立100年を迎える関西の伝統校、甲南大業生たちの活躍をまとめた書。有名企業の経営者などもく輩出する大学には、どんな特徴があるのか…。社会でするOB、OGの寄稿文をまとめ、紹介する！

| 発行日 | 2019年3月30日 | 価格 | 1500円＋税 | 判型 | A5判並製・2 |

（同信社発行／同文舘出版

DOBUNKAN NEWS ── Spring2 2019 〔No.004〕

始には至っていない。GCM の目的の 1 つとして，グループ内での資金の有効活用を考える上で，海外送金などの規制の厳しい中国では，中国国内で資金を融通し合うことが有効であること，ならびに中国グループ内での資金の見える化と金利の低減を目的に採用している。一方，韓国国内の場合，グループ内の貸し借りが特殊関係者貸付の対象となり課税対象となってしまい資金効率が悪くなるのでやっていない。なお，アメリカの子会社については，GCM の利用を現在検討中とのことであった。

　ネッティングについては，ビジネス・モデルとして受注生産型であるため，受注の段階で為替予約を採用し，海外での小口の支払いについてのみネッティングの対象としている。これは，圧倒的に輸出が多くネッティングの対象となるほどの債務がないためである。また海外子会社との取引も，通常は案件単位での為替予約をしており，予約期日に実際に資金移動が発生するものについてはネッティングの対象にしていない。上記の小口の支払いは，パーツ販売等の比較的少額な取引に相当し，為替予約を行っておらず，ネッティングの対象としている海外子会社もある。また国内子会社と親会社間の債権債務はネッティングの対象としているが，ネッティングの実施は，銀行のシステムを利用せず，送金時に会計上の相殺処理の対象としている。しかし，当局に届出が必要な国との入出金はネッティングしていない。

　外国為替管理について，海外子会社との取引に使用する通貨は，現地通貨で行うことを基本としており，客先からの入金通貨が US ドルの場合などは，海外子会社と日本本社との取引において同一通貨に合わせることがある。これは為替リスクを子会社に負わせない，という考えに基づいて通貨を決定しているためである。海外子会社が現地で融資を受ける場合も，邦銀から日本と同じレートで融資できるよう依頼しているとのことであった。

### ③中堅企業のシンガポール子会社

　資金調達の方法としては，親会社からの借入と現地での銀行借入の 2 種類があるのは同様である。この 2 つに分けて考察すると次のようになる。

- 親会社からの借入
  - 為替リスクの存在：営業利益が出ていても，借入金の為替評価損で経常利益がマイナスになることもある。とくに，日本円の為替レートの

変動は大きいので，日本円建ての借入金は，その為替評価損益が決算に大きな影響を与えることがある。

○ 源泉税の問題：国をまたぐ利息の支払い時には源泉税が発生する。外国税額控除が出来ないことにより，税務コストが増加することがある。

○ 移転価格税制上の問題：グループ会社間ローンに適用する利率の決定には，移転価格税制に注意が必要である。

• 現地での銀行借入

　一般的に親会社保証により邦銀から借入を行っている。現地銀行は，親会社保証では貸してくれないので，不動産等の担保提供が出来ない場合は現地銀行からの借入は難しいとの説明がなされた。

## （3）資金管理に関する現地銀行の利用

### ① 上場会社のシンガポール子会社

丙社グループの主要な米ドル建の資金については，主に大手邦銀のシステムを使って資金移動を行っている。ただし，給与の支払いは現地銀行を使用している。また，邦銀の支店がないインド（バンガロール）と台湾（高雄）については，現地の銀行を使用しているとのことであった。

丁社グループの海外子会社と本社との間の資金移動は，邦銀を原則とし，一部の子会社（最近買収した空港システムと洗車機子会社のある韓国）のみ現地銀行を利用しているとのことであった。なお，邦銀を中心に利用している理由は，邦銀の方が安全性が高いと考えているためである。

### ② 中堅企業のシンガポール子会社

邦銀と現地銀行を使用する場合のメリット・デメリットを述べると次のようになる。

• 邦銀

　メリット：きめ細かいサービス。

　デメリット：シンガポール国内に支店が1つしかない。

• 現地銀行

　メリット：シンガポール内に多数の支店がある。

　デメリット：きめ細かいサービスは期待できない。

- 欧米系銀行
    最低維持残高が高く設定されているケースが多く，日系企業の間では
  あまり利用されていない。

それでは，口座開設を行う場合についての問題点とはどういうものであろ
うか。これについて調査対象の公認会計士は次のように述べている。
- 邦銀：日本での取引支店からの紹介がないと，原則口座開設が出来ない。
- 現地銀行：紹介がなくても口座開設できるが，親会社の株主名簿の翻訳
  等，多くの資料提出が求められる。親会社の株主構成が明確とならない
  場合，口座が開設できないこともある。とくに最近は，最終受益者の確
  認手続きが非常に厳しくなっており，口座開設に要する時間が長くなっ
  ているのが現状である。

さらに，どのように口座の利用方法を区分しているのか考察すると，次の
ようになる。
- 小売業，飲食業，運送業等，現地での資金の出入りが多い業種：まと
  まったお金は邦銀の現地支店に保管し，運転資金は支店数の多い現地銀
  行口座を利用している。
- 現地での資金の出入りが多くない業種：主に邦銀の支店の口座を利用，
  またシンガポールドル，米ドル，日本円の口座を開設しているケースが
  多い（とくに貿易取引を営む会社）。

## (4) トレジャリーシステムに基づくGCMの具体的形態
### ①上場会社のシンガポール子会社
　丙社グループにおいては，前述のように，プーリングにしても，使用領域
は限定されており，信用リスクや為替リスク管理に利用するというほどのも
のではない。しかしながら，SMBCのインターネットバンキングシステムを
利用することにより，統括会社側で，各子会社の資金の流れをレビューする
ことができ，それをとおした管理も行っている。現状，アジア地域における
外国為替管理規制や取引形態を鑑みると，早急にグローバル・キャッシュ・

マネジメント・システムの機能を拡大する必要性は高くないと考えているとの話であった。

　丁社グループにおいて，信用リスク管理と為替リスク管理のためのキャッシュ・コンセントレーションは実施していない。丁社のビジネスとして，月末に一気に大金が入金し，そのまま翌月に一括して支払いに回すことが多い。そのため，日本の親会社で月末に一括入金処理，翌月に手作業で支払い処理という形で，現在は対応できているとの話であった。また，現地法人をキャッシュ・コンセントレーションでゼロにする仕組みにしてしまうと，子会社が資金繰りに窮した場合に親会社が送金してくれるという甘えが生じ，売掛金の回収に手抜きが生じ滞る可能性もある。さらに当該システムを導入すると，専従の人間をおかなければならなくなり，この負担が大きいとのことであった。さらに，トレジャリー・システムによるグループ内の資金繰り管理について，現在，海外子会社毎の預金残高はリアルタイムにインターネット・バンキングによりモニタリングできる仕組みは導入していて，月次単位で一覧表を作成し確認している。ただし，これは邦銀の残高のみの把握にとどまっており，上記のように地場銀行の残高は1回毎に課金されるためにリアルタイムでの把握はできていない。また海外子会社（販社）には，簡易版の連結パッケージ「ストラジス」を導入し，本社にはSAPを導入しているとの話であった。最後に，今後のGCM導入については，金融機関からの情報収集を中心に検討している段階である。現在の資金ポジションから判断して，国内子会社と事業所・支店の預金口座は縮小し本社集中を実施する予定にしている。また米国持株会社（北米のカナダとメキシコ以外）内でみずほ銀行のプーリングの仕組みを導入することを検討している。中国の中では，みずほ銀行のプーリングの仕組みを導入済みである。ヨーロッパは未検討，アジアは検討中であるとのことであった。

## ②中堅企業のシンガポール子会社

　GCMを行っている統括会社等はそれほど存在しておらず，統括会社が存在する場合でも，その機能は，アジア地域内のグループ会社への貸付を，日本の親会社からではなくシンガポール地域統括会社から実施することなどにある。しかしながら，決定権限はシンガポール法人にはなく，日本の親会社

で決定し，単にシンガポール法人をスルーして他国のグループ会社に貸付を実行しているケースもよく見られる。本来であれば，シンガポール地域統括会社で意思決定をしてグループ会社への貸し付けを実施することにより統括会社としての役割を発揮できるのであるが，統括会社の権限が形骸化しているケースも多いとのことであった。また，グループ会社の資金管理業務の代行をシンガポール統括会社の財務経理部が，他国（マレーシア，インドネシア，タイ等）の規模が小さい拠点の資金管理業務の一部を代行していることが多いとの話であった。なお，代行する業務としては，支払い業務代行，資金繰り管理，月次残高照合表の作成等（インターネット・バンキングを利用）などである。

次に，ネッティングに関しては，一部の企業では実施されているが，各国における為替規制により，実質的に相殺が認められない等の制限があり，あまり普及していないとのことであった。シンガポールには為替規制はないが，東南アジアの多くの国で何らかの規制がある。なお，シンガポールでグループ会社の金融統括を行う企業には優遇税制の適用もあるが，中堅企業で適用を受けている企業はあまりないとのことである[8]。

最後に，中堅企業の為替管理について述べていくこととする。為替リスクの種類としては，取引通貨に関するリスクと資金調達時の為替リスクの2つがあるが，それぞれ次のようになる。

• 取引通貨に関する為替リスク

東南アジアでは，ヨーロッパとは違い，各国の通貨が異なるので，多国間での取引において自国通貨以外で取引を行う場合，為替リスクに晒されることになる。一般的に US ドル建てで取引されることが多く，US ドルと東南アジアの現地通貨の為替レートは大きく変動することもあるので，為替リスクのマネジメントは重要な経営課題と言える。また，日本から仕入れを行う販売拠点においては，仕入れが日本円建てで売上が

---

[8]　優遇税制というのは，Finance and Treasury Centre (FTC) incentive と呼ばれるものであり，シンガポールに金融センターを開設する企業に優遇税制（税率を低くする）を適用するという法律である。

US ドル建てとなるケースが多く，為替レートの変動によって粗利益率が大きく変動することになる。

- 資金調達時の為替リスク

　　現地での借入等による資金調達が難しい場合，親会社からの増資，借入が主な資金調達手段となる。その際に，日本円建てでの借入となることもあり，一方で資金需要や返済の原資となる収入は日本円以外の通貨であることが殆どであり，日本円の為替レート変動により，現地通貨で見た要返済額が変動することになる。また，同様のリスクは，シンガポール統括会社が周辺国のグループ会社にグループ会社間貸付をする際にも，周辺国のグループ会社で発生する。

これらの為替リスクの管理手法としては，次のようなものが行われているとの説明が，調査対象の公認会計士よりあった。
- 取引通貨に関する為替リスク
  ○ 仕入れの通貨と売上の通貨をできるだけ一致させる。
  ○ 価格改定の頻度をできるだけ多くする契約にする。
  ○ 回収期間をできるだけ短くする。
  ○ 回収期間に合わせた為替予約を行う。
- 資金調達時の為替リスク
  ○ 現地通貨での親子ローンにする（親会社側での為替リスク負担となる）。
  ○ 現地金融機関から現地通貨での調達を模索する。
  ○ 為替予約等を利用する。

さらには，シンガポールの金融機関（主に邦銀のシンガポール支店）から資金調達をし，周辺国のグループ会社に貸付を行い，為替予約等による為替リスク・マネジメントをシンガポールで集約的に行っている会社もあるが，為替リスクを完全にマネージすることは大変に困難であり，多くの企業が為替変動に一喜一憂しながら経営しているのが現状との話であった。

### （5）財務データ記録のためのERP（Enterprise Resource Planning）の利用

#### ①上場会社のシンガポール子会社

　丙社グループにおいては，主要製造会社では基幹システムとしてオラクルのERPを利用しているが，それ以外の販売会社等では，ERPは利用していない。販売会社等の財務・会計システムに関しては，現地で多く利用されている簡易な汎用ソフトを利用している。現在のところ，規模等を考慮してERPを全社レベルで統一する予定等はない。

　次に，丁社グループの場合，ERPについて，海外子会社が新たにERPを導入する計画がある場合には，日本の親会社が関与し，共通のERPシステム構築を経理部およびICT推進部がサポートしているとのことであった。また事業部採算および現地法人採算を月次レベルで管理する管理会計については，同一のソフト（連結パッケージ等）を使用し本社で管理している。しかしながら，財務管理と資金管理については，バラバラで同一のシステムでの管理はできいていないとの話であった。ERPシステムの統一とGCM導入については，現在，財務の中期計画のテーマとして取り組んでいるとのことであり，RPA（ロボティック・プロセス・オートメーション）の利用も検討の対象としているとの話であった。

#### ②中堅企業のシンガポール子会社

　中堅企業においては，現地におけるERPの利用には進んでおらず，PCレベルの汎用ソフトの利用等が現状とのことであった。

# VI　GCMに対する第三者による保証業務の提供可能性

　先に見たように，わが国におけるERPとGCMの接続に関して生じる問題として，わが国ERPにそれぞれの企業独自の仕様が大きく反映されているために，ERPからGCMに対する資金の受払指示が順進的かつ1方向的に行われ，その結果がGCMからERPに逆進的に戻され，資金の受け払いが元々の取引に起因して行われたものであることを事後的に確認できるようには措置

されていない。そのような順進的かつ1方向的な ERP から GCM への流れと問題点を図示したものが，**図表5-6** である。

図表5-6のような1方向的な取引データの流れでは，ERP から売上代金の回収指示が行われた後，得意先からの代金回収の完了が ERP に戻し記録されることがなく，また仕入取引に関しては，ERP の支払い指示に基づき GCM が仕入先に対して代金の支払いを自動的に行い，その結果が ERP に反映されることはない。このため，とくに仕入取引に関しては，誤った取引データの ERP への記録がされた場合，GCM に対する当該記録に伴う支払い指示によって自動的に資金の不当な流出が生じてしまい，その発覚が遅れたり発見できないままになってしまう。そのようなわが国企業の特徴である ERP から GCM への1方向を前提に，不当な資金の受け払いを防ぐためには，流れる取引データの真正性を保証する仕組みを導入することが必要と考えられる。

1つの方法として考えられるのが，継続的監査（Continuous Audit）と称される内部監査の手法であり，そこでは従来の内部監査が一定時点における

■ 図表5-6　ERP と GCM の関係

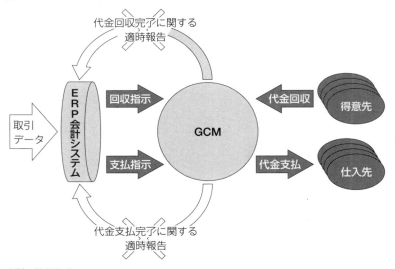

出所：筆者作成。

自社の内部統制が有効に機能していることを事後的に検証されるものに対して，IT等の活用によって適時かつ継続的な内部統制の検証を行い保証を提供するもの，とされる。従来の内部監査と継続的監査としての内部監査の違いについて，**図表5-7**のように示されている。

図表5-7の左図のように，従来型の内部監査が時点的ないし事後的な検証によって異常取引データとその元の取引の検出を行うのに対して，右図では，継続的に内部統制の運用状況を評価し，適時に異常な取引データを検出することができるようになっている。つまり，こういった継続的な内部監査を導入することで，ERPを含む内部統制に対する運用評価手続の有効性を高め，ERP内を適切に取引データを流せるように措置することができる[9]。

■ 図表5-7　従来の内部監査と継続的監査の違い

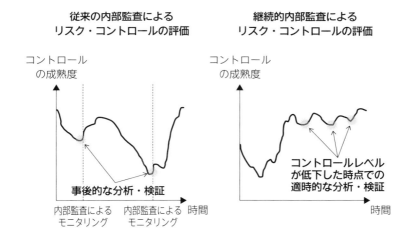

出所：PwCあらた有限責任監査法人「継続的内部監査による高度化・効率化」<http://www.pwc.com/jp/ja/services/assurance/internal-audit/continuous-auditing-and-monitoring.html#top>（最終閲覧日：2017年8月14日）。

---

9) 同様の方法として監査モジュール法（Embedded Audit Modules：EAMs）というシステムの動作状況を監視するために，ERPシステムに監査用モジュールを予め組み込んでおき，異常データが生じる度にログを監査用ファイルに残す方法がある（Debreceny et al. [2005]）。

しかしながら，継続的監査の結果，ERPの運用状況の信頼性が高まったとしても，当該ERPに記録される初期データの真正性が確保されていなければ，誤った取引データがERPに記録され，それがそのまま資金受け払い取引に結びついてしまう可能性を排除できない。そこで，ERPに取引データが記録される時点で，その真正性を検証し，検証済みの取引データ（借方と貸方項目のそれぞれ）にタグを付し，真正性が保証された，すなわちタグの付された取引データのみがERPからGCMへと流れるようなシステムとし，タグのついていない，すなわち保証されていない取引データをERPからGCMへの流れから排除することが考えられる。この場合，先に見たようなネッティングが実施された場合でも，原始取引が判るように複数のタグ[10]の組み合わせを行っておく必要がある。この取引の真正性を確保するための仕組みを内部監査として整備し常時的に運用するとともに，継続的監査を組み合わせることで，ERP・GCMに投入され流されるデータの真正性が確保と，1方向的なERP・GCMの問題点を回避することができるものと考えられる。

# Ⅶ ｜ おわりに

　わが国企業では，その規模にかかわらずGCMの適用は進んでいない。これは，日本企業の資金管理に関する考え方（姿勢）が，GCMに積極的に取り組んでいるわが国の一部の企業および欧米企業と違う点や，わが国のソフトウェア企業においてもERPの統一が進んでおらず，それらを利用する企業の財務管理体制そのものが十分整っていない点が，原因であるように思われる。もちろん，調査の対象がアジアであったため，各国の外国為替の制約が大きいこともその理由として考えられる。何れにしても，資金管理だけでなく海外子会社に対するわが国企業の管理方針が大きく影響しているように思われる。

---

10）　このようなタグのつけ方と流し方について，現時点では概念的な理解にとどまっており，その実践については今後の課題と考えている。

## 参考文献

Debreceny, R.S., G.L. Gray, J.J-J. Ng, K.S-P. Lee, and W-F. Yau［2005］Embedded Audit Modules in Enterprise Resource Planning Systems：Implementation and Functionality, *Journal of Information Systems,* Vol.19, No.2.

犬飼重仁編［2008］「わが国企業グループキャッシュマネジメント高度化への提言：グローバリゼーション下の企業財務の対応と実践」総合研究開発機構（NIRA）。

植木貴之［2016］「我が国企業におけるグローバル・キャッシュ・マネジメントの取組み：企業財務の現状と課題」経済産業省経済産業政策局産業資金課, 5 月 11 日。

企業会計審議会［1997］「連結財務諸表制度の見直しに関する意見書」。

岸本光永・昆正彦・大田研一・田尾啓一［2017］『トレジャリー・マネジメント』中央経済社。

栗原　宏［2014］「グローバル・キャッシュ・マネジメントと財務の高度化」『KPMG Insight』第 8 巻。

グローバル財務戦略研究会［2005］「グローバル財務戦略の高度化に向けて」。

情報処理相互運用技術協会［2005］「CMS と TMS の現状と企業間データ交換の課題の調査 / 分析」。

日本経済新聞［2015］「主要企業の海外売上高比率が最高　4 ～ 6 月，67.6% に上昇」『日本経済新聞』9 月 8 日。

松尾美枝監修, 岡部武著［2014］『グローバル CMS 導入ガイド』中央経済社。

吉原英樹・白木三秀・新宅純二郎・浅川和弘編［2013］『ケースに学ぶ国際経営』有斐閣ブックス。

# 第 6 章

## ロイヤルティの
## 経営戦略上の意義と
## 会計・税務問題

# I　はじめに

　近年，知識集約型経済の急速な発展に伴い，企業活動において，特許，ブランド，営業秘密等の知的財産を，人的資産，組織力，顧客とのネットワークといった様々な知的資産・無形資産と組み合わせて活用し，企業の提供する製品・サービスの競争力向上が求められるようになっている（帝国データバンク［2010］，1頁）。こうした知的資産・無形資産の重要な活用形態として，知的財産の所有者（ライセンサー）がその使用者（ライセンシー）に対して特許権，意匠権，商標権，技術ノウハウなどの知的財産の使用許諾を行い，その対価としてロイヤルティの支払を受けるというライセンス活動は中心的なものであり，その重要性は高まってきている（三菱UFJリサーチ＆コンサルティング［2011］，1頁）。

　ロイヤルティには，このような収益獲得の源泉という側面があるが，その一方で海外子会社から本国親会社への送金の手段として利用されることがあり，とりわけ国家間に存在する税率の格差を利用して，低税率国に多くの所得を配分することでグループ全体の税務コストを圧縮し，そのキャッシュ・フローの最大化を図るという国際税務戦略の一環として利用される側面もある（渡辺［2005］，219頁）。

　本章は，ロイヤルティをめぐるこうした2つの側面，すなわち収益獲得の源泉という側面と国際税務戦略の一環という側面に焦点を当て，これらがどのような会計問題ならびにそれと密接に関連する税務問題を孕んでいるのかを明らかにし，今後検討されるべき課題や論点，さらには仮説の抽出を目的とする。

# II　日本企業におけるロイヤルティ取引の現状

　企業のライセンス活動は，一旦それを開発してしまえば，追加的なコストを負担することなく収益獲得が可能になるという点で，企業は高い利益率を

確保することができる。こうした活動を行っている代表的な企業として，売上高総額の約30%をロイヤルティで稼得しているQualcomm社やロイヤルティ収益を背景に自社の利益率を高くしているEricsson社が挙げられる（特許庁［2017］，9頁）。こうしたライセンス活動への関心は，既述したように，日本企業においても高まっており，特許権，実用新案権，商標権等の法律に基づいて与えられる知的財産権および設計図やノウハウ等の技術に関する権利にかかわる技術輸出入額の黒字額は年々増加している（**図表6-1**）。事実，文部科学省科学技術・学術政策研究所が2017年8月に公表した『科学技術指標2017』によれば，2015年の当該黒字額は3兆3,472億円（同年の輸出額は3兆9,498億円，輸入額は6,026億円）と過去最高になっている（文部科学省科学技術・学術政策研究所［2017］，162頁）。

ただし，日本の技術輸出額約4兆円に対する親子会社以外の取引額は1兆円程度に過ぎず（163頁），日本企業の多くは，国内で開発した特許権や技術ノウハウを，他社ではなく海外の関連子会社に供与し，そうした子会社は親

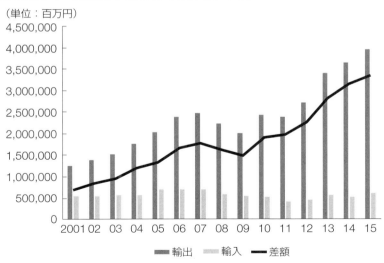

■ 図表6-1　技術輸出入額推移（2001-2015年）

出所：文部科学省科学技術・学術政策研究所［2017］，表5-1-1をもとに筆者作成。

会社から供与されたライセンスをベースに海外事業を行っているのである。かくして，多くの日本企業のライセンス・ビジネスの特徴として2つを挙げることができる。1つは，ライセンスの開発が日本国内で行われていること，もう1つは，日本企業のライセンス供与先が海外子会社であること，である。

　まず，ライセンス開発が国内中心であることに関しては，経済産業省の「第47回海外事業活動基本調査概要（2016年度実績）」において示された，製造業の研究開発費総額に占める海外での研究開発費の割合が，2016年度で5.1%にすぎないことからも裏づけられる（経済産業省［2018］，17頁）。こうした日本企業の親会社中心主義的な研究開発活動に関しては，2000年代初頭よりすでに指摘されており，その要因として，①開発拠点の分散化による非効率性に対する懸念，②ローカルな市場ニーズを過度に重視することから生じる世界的なブランド・イメージの毀損に対する懸念，そして③日本企業の海外展開が本社中心的であること，が挙げられていた（中川［2003］，112頁）。

　次に，後者の特徴であるライセンスの供与先が他社ではなく海外関連子会社であることに関しては，日本企業の主たる海外進出動機が生産コストの削減にあることと無関係ではないのかもしれないが[1]，こうした排他的なライセンス活動は，知的財産戦略の観点における，自社の開発した技術の優位性の維持・強化を図り，当該市場における高い利益率の獲得を目指す「クローズド・モデル戦略」に基づいている可能性がある。この戦略は反面，市場が形成され難く，売上の拡大につながらないというデメリットを抱えている（特許庁［2016］，52-53頁）[2]。

　多くの日本企業は，日本国内で開発したライセンスを，海外子会社等に供与するというビジネスモデルを採用していると考えられるが，先に示した文部科学省公表の『科学技術指標2017』によれば，日本の技術輸出額の約4分

---

[1]　たとえば柴田［2013］は，日本企業が海外生産を拡大させ，そのために必要な特許権等の知的財産権を海外子会社に提供していることから，知的財産権の輸出が拡大していると述べる（67頁）。

[2]　かくして，今日でに，差別化の源泉となるコア技術をクローズとしつつも，市場の拡大のためにノンコア技術をオープン化することが求められている（特許庁［2016］，52-53頁）。

の1は，親子会社以外の企業との取引であり，しかもそれは近年，増えつつあるという（文部科学省科学技術・学術政策研究所［2017］，163頁）。事実，2006年以降，親子会社以外の技術貿易収支の黒字は拡大している（**図表6-2**）。

特許庁が公表している「特許行政年次報告書2015年版」によれば，輸送用機械器具製造業における全ライセンス収入に占める親子会社間取引の割合は約90%であるが，医薬品製造業や情報通信機器具製造業では親子会社間以外の企業との取引収入が多いことが示されている（特許庁［2016］，49頁）。また，文部科学省が公表している『科学技術指標2017』でも，産業別の親子会社以外の技術輸出額に関して，化学工業，電気機械器具製造業，情報通信業ではこの15年間，35,000百万円前後を推移しているのに対して，医薬品製造業，情報通信機器具製造業，そして輸送用機械器具製造業のそれは年々増加し，2002年時点で100,000百万円から2015年時点で300,000百万円へとこの15年間で3倍ほど増加していることが示されている（**図表6**

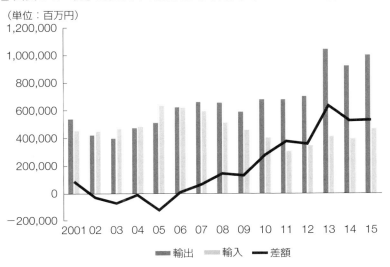

■ 図表6-2　親子会社以外の技術輸出入額推移（2001-2015年）

出所：文部科学省科学技術・学術政策研究所［2017］，表5-1-2をもとに筆者作成。

-3)。かくして，医薬品製造業，情報通信機械器具製造業，そして輸送用機械器具製造業に属する企業は，他社にライセンスを供与する活動から大きな収益を獲得しているが，この点は産業間で大きく異なっているのである。

以上より，日本企業のライセンス・ビジネスは，2つに大別されよう。1つは，日本国内で開発したライセンスを海外子会社等に供与するというものであり，もう1つは，医薬品製造業，情報通信機械器具製造業，そして輸送用機械器具製造業のように，国内で開発したか，国外で開発したかにかかわらず，自社開発のライセンスを海外の他社に供与するというものである。こうしたライセンス・ビジネスの違いは，その企業の国際経営戦略上の違いとして説明することができるかもしれない。そこで，次節では，本書第4章においても展開されている国際経営戦略の類型化を提示し，ライセンス・ビジネスと国際経営戦略とのリンクを試みる。

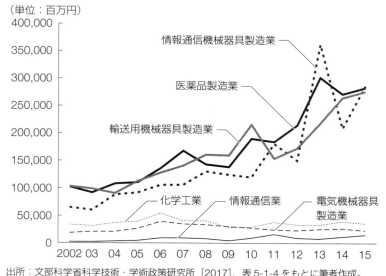

■ 図表6-3　親子会社以外の産業別技術輸出入額推移（2002-2015年）

出所：文部科学省科学技術・学術政策研究所［2017］，表5-1-4をもとに筆者作成。

# Ⅲ 国際経営戦略の視点

　本書第4章で提示した，グローバル統合とローカル適合をもとに，国際的な事業環境に対して最適な戦略や組織体制を検討するための「統合−適合フレームワーク」では，国際経営戦略の方向性を4つ（母国複製戦略，マルチドメスティック戦略，グローバル戦略，トランスナショナル戦略）に類型化している。その中で，トランスナショナル戦略に関してはその実効性に対する批判が起きたこと，ならびに急速なナレッジ・エコノミーへの対応が困難である可能性があったことから（中村［2010］, 104頁），メタナショナル型の企業経営が指摘されるようになっている（琴坂［2014］, 189頁）。

　上記フレームワークにおいては，ローカル適合への圧力が弱い場合の国際経営戦略として，母国複製戦略とグローバル戦略が掲げられている。前者の母国複製戦略が，母国の資源や競争優位を海外でも同じように展開するものであるのに対して，後者のグローバル戦略は，全社的な効率性と最適化を図るために本社に権限を集中させる一方，現地子会社の権限を制限し，その一環としてグローバルのための研究開発やマーケティング等を，本社を中心として行うものである（205-207頁）。それに対して，ローカル適合への圧力が高い場合の国際経営戦略として，製品開発等の自由度を現地の子会社に与え，各国市場の独自性に対応することを重視するマルチドメスティック戦略（206頁）と，よりナレッジ・マネジメントに重点を置き（浅川［2006］），海外子会社の自律的なアライアンス等を通じて外部資源の活用を奨励する（藤沢［2015］）メタナショナル戦略がある。

　前節で確認した日本企業の2つのライセンス・ビジネスをこれらの国際経営戦略に照合すると，日本国内で開発したライセンスを海外子会社等に供与する多くの日本企業のビジネスモデルは，母国複製戦略ないしグローバル戦略に基づいていると考えられる。それに対して，ライセンスを国内で開発するか国外で開発するかにかかわらず，海外の他社に供与する医薬品製造業，情報通信機械器具製造業，そして輸送用機械器具製造業のような一部の日本企業が採用するビジネスモデルは，マルチドメスティック戦略あるいはメタ

145

ナショナル戦略に基づくものであるといえよう。

　ローカル適合圧力の弱い状況下で採用される母国複製戦略ないしグローバル戦略において，とりわけグローバルな事業展開を目指すグローバル戦略においては，全社的な効率性と最適化の達成を第一義に捉え，本国親会社に権限を集中させている。そのことに鑑みると，企業は，製品・サービスに対するローカル・カスタマイズを進めて全社的な収益の拡大を図るというよりもむしろ，本国親会社の管理の下，コスト管理・最小化を通じてグループ全体の利益ないしキャッシュ・フローの最大化を図るように行動すると考えられる。そうした観点からライセンス・ビジネスとりわけロイヤルティの活用に着目すると，こうした企業は国家間に存在する税率の格差を利用して，低税率国に多くのロイヤルティ収入を配分することでグループ全体の税務コストを圧縮し，グループ全体のキャッシュ・フローを最大化するという国際税務戦略の一環としてロイヤルティを活用していると考えられる。一方で，ローカル適合圧力の強い状況下で採用されるマルチドメスティック戦略あるいはメタナショナル戦略では，収益獲得機会の拡大を追求するために，現地子会社の経営戦略上の自由度を高めることが求められ，さらには現地子会社の自律的なアライアンスも奨励されており，そうした状況下で，企業は，ロイヤルティを活用し，グループ全体の利益拡大を図っていると考えられる。

　国際的な経営戦略の違いに基づいたライセンス・ビジネス，とりわけロイヤルティの活用方法の違いは，それぞれどのような会計問題ならびにそれと密接に関連している税務問題に直面するのであろうか。以下，Ⅳ節において国際税務戦略の一環としてロイヤルティを活用しているケースを，そしてⅤ節において収益獲得機会の拡大戦略としてロイヤルティを活用しているケースを取り上げることとする。

ロイヤルティの経営戦略上の意義と会計・税務問題　**第6章**

# Ⅳ　国際税務戦略の一環としての ロイヤルティとそのリスク

## 1　国際税務戦略としてのロイヤルティの活用

　1990年代の海外子会社にかかわる管理会計の文献では，ロイヤルティが配当金に次ぐ形で，当該子会社から親会社への投資資金の回収方法として利用されていることが示されている（佐藤［1992］，79頁や頼［2000］，119頁）。また，近年の調査によると，ロイヤルティは配当金よりも主要な投資資金の回収手段として利用されているようである（梅田［2012］，72頁）。かかる点に鑑みると，多くの日本企業において，国際経営戦略や知的財産戦略における海外子会社の位置づけは，この20年以上，大きく変化していない可能性が考えられる。

　海外子会社からの投資資金の回収方法としてロイヤルティを利用する場合，これを財務会計の観点から捉えると，当該ロイヤルティは，単なる企業グループ内の部門間の資金移動にすぎず，連結会計上，相殺消去の対象となるため，企業グループ全体の収益拡大には貢献しない。こうした取引が企業グループの業績に貢献するのは，ロイヤルティが，それを支払う企業にとっては税務上，損金となるのに対して，それを受け取る企業にとっては益金となる点にある。すなわち，親会社の所在国の法人税率が海外子会社の所在する現地国のそれよりも高い場合には，法人税負担の軽い現地国に多くの所得を配分すべく親会社へのロイヤルティ送金を減らし，逆に親会社の所在国の法人税率が海外子会社の所在する現地国のそれよりも低い場合には，法人税負担の軽い親会社の所在国に多くの所得を配分するために親会社へのロイヤルティ送金を増やす，といったスキームを通じてグループ全体のキャッシュ・フローの最大化を達成しようとするのである。

　日本企業の海外子会社に対する2007年度〜2010年度の財務データを用いて，現地国の法定実効税率とロイヤルティ支払の関係を検証した柴田［2013］によれば，「低税率国の海外子会社ほど有意にロイヤルティ支払を減

147

少させたこと」（74 頁）が示されており，日本企業は企業グループ内の税引き後利益を最大化するために，低税率国の海外子会社に多くの所得をとどめる方策をとっていることが明らかになっている。

## 2 課税リスク

このようなロイヤルティを利用した租税回避的行動に対しては，税務当局より，親会社と現地子会社との間の取引価格を独立企業間価格に引き直して移転価格課税を行う移転価格税制が適用されることがある。これには 3 つのケースが考えられる。すなわち，(a)日本の子会社から本国親会社へのロイヤルティ送金が多すぎると日本の税務当局が指摘するケース，(b)海外子会社から日本の親会社に対するロイヤルティ送金が少なすぎると日本の税務当局が指摘するケース，そして(c)海外子会社から日本の親会社に対するロイヤルティ送金が多すぎると現地国の税務当局が指摘するケース，である。これらの代表的な事例を以下に示す。

(a) 日本子会社から本国親会社へのロイヤルティに対する日本の税務当局からの指摘

日本コカ・コーラが米国親会社 Coca Cola, Co., に支払っていたロイヤルティのうち，日本コカ・コーラが独自に開発した缶コーヒーなどの商品に対しても高率のロイヤルティが支払われているとして，1994 年に東京国税局は，移転価格税制を適用し，1990-1992 年の 3 年間で約 380 億円が申告から漏れていたとして約 150 億円を追徴課税した（日本経済新聞 [1998]）[3]。

(b) 海外子会社から日本親会社へのロイヤルティに対する日本の税務当局からの指摘

日本コカ・コーラとは逆に，海外子会社から日本の親会社に対するロイヤルティ料が低すぎるとして移転価格税制が適用されるケースがある。たとえ

---

[3] 当該ケースに関しては，1998 年に，国税庁と米国内国歳入庁との間での相互協議を経て，国税庁が約 240 億円の課税を取り消し，追徴税額は約 50 億円になった（日本経済新聞 [1998]）。

ば，山之内製薬は 2001 年，東京国税局より，アイルランド子会社の製造する胃潰瘍治療剤のロイヤルティ収入が少なすぎるとして，1992 年 3 月期から 2000 年 3 月期までの 9 期分の所得に対して移転価格税制が適用された上で合計約 423 億円の追徴税額が求められ，アイルランドからの約 52 億円の還付とを差し引いて，約 371 億円の過年度法人税の負担を負っている（日本経済新聞 [2001]）。また 2004 年には，本田技研工業がブラジル子会社からのロイヤルティが適正でないとして東京国税局から約 132 億円の追徴税額を求められている（日経金融新聞 [2005]）。

(c) 海外子会社から日本親会社へのロイヤルティに対する現地の税務当局からの指摘

その一方で，海外子会社が所在している国の税務当局から，現地法人から日本の親会社へのロイヤルティ料が高すぎるとして現地法人に対して追徴課税が求められるケースがある。とりわけインドネシアにおいてここ数年，一斉に移転価格税制に関する調査が行われ，ロイヤルティが否認されるケースが増えているという（KPMG 税理士法人 [2013], 64 頁）。

たとえば，ダイハツ工業のインドネシア子会社であるアストラ・ダイハツ・モーターは，2010 年 1 月 15 日付でインドネシア国税当局より，2008 年 3 月期の関係会社間ロイヤルティ取引価格について，「ロイヤルティ全額の損金性を認めない」とされ，約 2,612 億インドネシアルピア（2010 年 3 月末日レートで 2,690 百万円）の更正通知を受け取った。ダイハツ工業とアストラ・ダイハツ・モーターは，この更正処分が「著しく合理性を欠く見解」であるとして，更正額を仮納付した上で，2010 年 4 月 14 日付で当局に異議申立書を提出した（ダイハツ工業 [2011], 51 頁）。当局がこの異議申立書を 2011 年 4 月 12 日付で棄却したため，ダイハツ工業らは，彼らの見解の正当性を主張するために，2011 年 6 月 20 日に税務裁判所に提訴した（ダイハツ工業 [2012], 51 頁）。2015 年 1 月に，税務裁判所は，インドネシア国税当局の主張に合理性はなく，ダイハツ工業とアストラ・ダイハツ・モーターの見解の正当性を認めるとの判決を下した（ダイハツ工業 [2015], 48 頁）。

また，アストラ・ダイハツ・モーターは，上記のケースと並行して，2010

年6月4日付でインドネシア国税当局より，2009年3月期の関係会社間ロイヤルティ取引価格について，「ロイヤルティ全額の損金性を認めない」とされ，3,760億インドネシアルピア（2011年3月末日レートで3,610百万円）の更正通知を受け取った。このケースにおいても，ダイハツ工業とアストラ・ダイハツ・モーターは，この処分が「著しく合意性を欠いており，承服できない」として，2010年6月30日に当局に対して異議申立書を提出した（ダイハツ工業［2011］, 51-52頁）。当局は，2011年6月28日付で異議申立の一部を認め，更正金額を1,207億インドネシアルピア（2012年3月末日レートで1,099百万円）に減額したものの，ダイハツ工業らは彼らの主張が全面的に認められず，承服できないとして，2011年9月27日に税務裁判所に提訴した（ダイハツ工業［2012］, 51頁）。ダイハツ工業らは，上記ケースと同様，2015年1月に税務裁判所から，インドネシア国税当局の主張に合理性はなく，ダイハツ工業とアストラ・ダイハツ・モーターの見解の正当性を認めるとの判決書を得ている（ダイハツ工業［2015］, 48頁）。

　異なる事例として，自動車部品および産業機械用変速機等の製造販売を行っているユニバンスのインドネシア子会社であるPTユニバンスインドネシアのケースを挙げることができる。同社は，2015年4月23日付でインドネシア国税当局より，2013年12月期の関係会社間ロイヤルティ取引価格について，「ロイヤルティ全額の損金性を認めない」として，173億インドネシアルピア（2015年4月23日レートで161百万円）の更正通知を受け取った。このケースにおいて，ユニバンスとPTユニバンスインドネシアは，この処分が「承服できる内容ではない」ことから，当該処分の取り消しを求めていく予定であるとしている（ユニバンス［2015］, 63頁）[4]。

　その他にも，武蔵精密工業のカナダ子会社であるムサシオートパーツカナダ・インコーポレーテッドは，2011年12月21日付でカナダ税務当局より，関係会社間のロイヤリティ取引価格等に関し，6百万カナダドル（2014年3月末日レートで564百万円）の更正通知を受け取った。カナダ税務当局の処

---

[4]　ユニバンスに関する処分後の動向は，本章執筆の2018年7月時点において，同社の有価証券報告書において明確に示されていない。

150

分は，ロイヤリティ全額につき損金性を認めないという「著しく合理性を欠く」見解であり，当局に異議申立書を提出し 2012 年 2 月 29 日付で受理されている（武蔵精密工業［2014］, 52 頁）。

　ロイヤルティをはじめとするライセンス取引に限らず，進出先の税務当局の処分に対し，処分取り消しを求めて異議を申し立て，そうした異議が税務当局に認められない場合，税務裁判所に提訴する企業が少なからず存在している。たとえば，日精エー・エス・ビー機械のインド子会社（**ASB INTERNATIONAL PVT. LTD.**）がインド国税当局より更正通知を受け取ったケース（日精エー・エス・ビー機械［2017］, 38-39 頁），武蔵精密工業のブラジル子会社（ムサシドブラジル・リミターダ）がブラジルの連邦歳入庁から納付請求を受けたケース，さらには同社のカナダ子会社（ムサシオートパーツカナダ・インコーポレーテッド）が更正通知を受け取ったケース（武蔵精密工業［2014］, 52 頁），がある。こうした事例が示しているのは，日本企業の現地子会社所在国の税務当局の見解に対して，日本企業ならびにその子会社が「理不尽である」と感じた場合，そうした企業はかかる見解に唯々諾々と従うわけではないということである。見解の相違というある種，文化の違いに起因した問題が生じた場合，日本企業は自社の価値観を主張するのである。

　2010 年代における海外子会社から日本の親会社への送金が多すぎるとして当該子会社が所在する国の税務当局から訴えられるケースが多発している背景には，新興国が移転価格税制の導入・整備と執行の強化を急速に進めていることがある。とりわけアジア各国では当該制度が導入されてからまもないこともあり，その執行体制や実務が成熟していないという側面も指摘されている（**KPMG** 税理士法人［2013］, 5-49 頁）。かくして，グローバルに展開する企業にとっては，税務の問題がローカルの壁として存在しており，そうしたリスクへの対応が必要とされているのである。

# V │ 収益獲得機会の拡大戦略としての ロイヤルティとその会計課題

## 1 会計基準の国際的相違

　ロイヤルティを収益獲得機会拡大の手段としている企業にとって，収益認識がどのようになされるかは大きな問題である。とりわけ，現在の日本企業のように，日本基準と IFRS との間の会計基準の選択が可能である場合には，両基準間の差異が財務数値への影響を通じて企業の実体的活動に影響を与えることが想定される。

　わが国では，企業会計基準委員会（Accounting Standards Board of Japan：ASBJ）が指摘するように，これまで収益認識に関する包括的な会計基準は存在しておらず（ASBJ [2018a]，第 92 項），受取ロイヤルティなど企業資産の第三者の利用から生じる収益に関する会計基準等は特に定められてこなかった。一方，国際的な会計基準では，国際会計基準審議会（International Accounting Standards Board：IASB）の前身である国際会計委員会が 1993 年 12 月に国際会計基準（International Accounting Standard：IAS）第 18 号を公表し，ロイヤルティに関する会計処理を示していた。ただし，IAS 第 18 号は米国財務会計基準審議会（Financial Accounting Standards Board：FASB）が定める米国基準との間に差異があったため，会計基準の国際的コンバージェンスを進める IASB と FASB は，共同プロジェクトを立ち上げ，包括的な収益認識に関する会計基準の開発を開始した。そうしたプロジェクトの成果として，FASB と IASB は，2014 年 5 月に国際財務報告基準（International Financial Reporting Standard：IFRS）第 15 号『顧客との契約から生じる収益』（IASB [2014]，なお FASB では Topic 606）を公表した。

　国際的コンバージェンスを意図しながら国内基準の開発を行っているわが国において，IFRS 第 15 号への対応は不可欠であった。そのため，ASBJ は，2018 年 3 月に，企業会計基準第 29 号『収益認識に関する会計基準』（ASBJ [2018a]）と，その適用指針である企業会計基準適用指針第 30 号『収益認識

ロイヤルティの経営戦略上の意義と会計・税務問題　**第6章**

に関する会計基準の適用指針』（ASBJ［2018b］）を公表し，収益認識に関する会計基準を整備した。なお，ロイヤルティに関する会計処理は，適用指針第30号において規定されている。IFRS第15号と適用指針第30号との間に差異がある場合，どちらの会計基準を選択するかはロイヤルティを収益拡大の手段とする企業にとって大きなインパクトを与えることになるため，まずは両基準間に差異があるかを以下で確認する。

## 2　ロイヤルティの会計処理をめぐるIFRS第15号と適用指針第30号

### （1）IFRS第15号におけるライセンス活動・ロイヤルティの収益認識

　IFRS第15号では，ライセンス活動の収益認識を，主にその適用指針において規定している。ここではライセンスの具体例として，(a)ソフトウェアおよび技術，(b)動画や音楽，エンターテインメント，(c)フランチャイズ，そして(d)特許権，商標権ならびに著作権，が挙げられている（IASB［2014］，par.B52）。

　ライセンス活動の収益認識においてとりわけ重要であるのが，ライセンスの供与が他の財またはサービスとともに移転するのか，という点である。もしライセンス供与が他の財またはサービスの移転を伴う場合には，これらを一括して単一の履行義務として会計処理しなければならない（par.B54）。こうした取引はライセンス活動というよりもむしろ資産または権利の販売として扱われるのである。

　これに対して，ライセンス供与が他の財またはサービスの移転を伴わない場合には，ライセンスが顧客に一時点で移転するのか，あるいは一定の期間にわたり移転するのかを判定しなければならない。この判定に当たって，企業は，ライセンスを供与する約束が，(A)ライセンス期間にわたって存在する企業の知的財産にアクセスする権利に当たるのか，それとも(B)ライセンスが供与される時点で存在する企業の知的財産を使用する権利に当たるのか，を考慮しなければならない（par.B56）。企業の約束が上記(A)に当たる場合，ライセンス供与の約束を一定期間にわたり充足される履行義務として会計処理しなければならない（par.B60）。ここで，上記(A)の約束に該当す

153

ると判定されるためには，IFRS 第 15 号 B58 項で示されている 3 つの要件をすべて満たす必要がある。すなわち，①顧客が権利を有している知的財産に対して，企業が著しく影響を与えることを契約が要求する，あるいは顧客が合理的に期待している，②ライセンスによって供与された権利を通じて，上記の企業活動の影響に顧客が直接的にさらされる，そして③顧客に財またはサービスが移転しない，である（par.B58）。これら 3 つの要件のうちいずれか 1 つでも満たされない場合には，企業の約束は上記(B)に該当すると判定され，企業は，知的財産を使用する権利を提供する約束を，一時点で充足される履行義務として会計処理しなければならない（par.B59）。

　また，ロイヤルティが知的財産のライセンスのみに関連している場合，または当該ライセンスがロイヤルティに関連する支配的な項目である場合（par.B63A），企業は，（ア）その後の売上または使用が発生する，もしくは(イ)売上高ベースまたは使用量ベースのロイヤルティの一部または全部が配分されている履行義務が，充足されている，のうちいずれか遅い方が発生する時点でのみ，売上高ベースまたは使用量ベースのロイヤルティにかかる収益を認識しなければならない（par.B63）。なお，IFRS 第 15 号における B63A 項の要求が満たされない場合には，変動対価に関する規定が適用される（par.B63B）。

## (2) 適用指針第30号におけるライセンス活動・ロイヤルティの収益認識

　企業会計基準適用指針第 30 号においても，IFRS 第 15 号と同様，ライセンスの具体例として，（a)ソフトウェアおよび技術，(b)動画，音楽およびメディア・エンターテインメント，(c)フランチャイズ，(d)特許権，商標権および著作権，が挙げられている（ASBJ［2018b］，第 143 項）。

　ライセンス活動の収益認識において重要となるのが，IFRS 第 15 号と同様，ライセンス供与が他の財またはサービスの移転を伴うか否かである。これらが別個のものとみなされない場合には，資産または権利の販売として扱われ，両方を一括して単一の履行義務として処理する（第 61 項）。

　それに対して，これらが別個のものであるとみなされる場合には，IFRS 第 15 号と同様，ライセンスの供与が顧客に対して，(A)ライセンス期間にわた

り存在する企業の知的財産にアクセスする権利，あるいは(B)ライセンスが供与される時点で存在する企業の知的財産を使用する権利，のいずれを提供するのかを判定し，上記(A)である場合には，一定の期間にわたり充足される履行義務として処理され，一方，上記(B)である場合には，一時点で充足される履行義務として処理し，顧客がライセンスを使用してライセンスからの便益を享受できるようになった時点で収益を認識する（第62項）。ここで，上記(A)に該当すると判定されるためには，①顧客が権利を有している知的財産に著しく影響を与える活動を企業が行うよう契約上定められている，または顧客により合理的に期待されている，②上記活動により顧客が直接的に影響を受ける，③財またはサービスが顧客に移転しない，という3つの要件をすべて満たさなければならない（第63項）。第63項の規定のうち1つでも満たされない場合には，上記(B)である企業の知的財産を使用する権利に該当すると判定される（第64項）。

　さらに，IFRS第15号と同様，ライセンス供与に対して受け取る売上高または使用量に基づくロイヤルティが知的財産のライセンスのみに関連している場合，あるいはロイヤルティにおいて当該ライセンスが支配的な項目である場合，(ア)知的財産のライセンスに関連して顧客が売上高を計上する時，または顧客が知的財産のライセンスを使用する時，もしくは(イ)売上高または使用量に基づくロイヤルティの一部または全部が配分されている履行義務が，充足される時，のいずれか遅い方で，当該売上高または使用量に基づくロイヤルティについて収益を認識する（第67項）。

## (3) 小括

　IFRS第15号と企業会計基準適用指針第30号におけるライセンス活動に対しては，いずれも次の3つの論点が提示されている。第一の論点が，「ライセンス供与が他の財またはサービスの移転を伴うか」である。財やサービスの移転を伴う場合は，「資産または権利の販売」として扱われ，伴わない場合には，ライセンス供与が「一定期間にわたり充足される履行義務」ないし「一時点で充足される履行義務」として扱われることになる。ライセンス供与が「一定期間にわたって充足されるのか，あるいは一時点で充足されるのか」

155

という点が第二の論点であり，その際，ライセンサーによる能動的な活動の存在，それによるライセンシーへの受動的な影響，そして財またはサービスが顧客に移転しないこと，が判断基準となる。これらすべてが満たされる場合には，ライセンス供与は「一定期間にわたり充足される履行義務」として扱われ，そのうちの1つでも満たされない場合には「一時点で充足される履行義務」として扱われる。そして，第三の論点が，ライセンサーのロイヤルティに対する収益認識時点に関するものであり，ライセンシーが収益を認識する，あるいはライセンスを使用する時点，もしくはライセンサーの履行義務が果たされた時点，のいずれか遅い方で行われるのである。

　上記で確認したように，ロイヤルティに関するIFRS第15号と企業会計基準適用指針第30号は，そもそも同じ論点を設定し，それらに対して規定の構成，さらには文言に至るまでほぼ同じものを設けている。かくして，企業会計基準適用指針第30号は，IFRS第15号とのコンバージェンスを意図して作成されたものであり，ライセンス活動の収益認識に関して両基準の間に差異はなく，それゆえ，かかる点において会計基準の選択問題は生じないといえるのである。

## 3　条件付対価における国際的相違

　ロイヤルティにかかわる収益認識に関しては，企業会計基準適用指針第30号の公表により，IFRS第15号との間で国際的なコンバージェンスが達成され，いずれの会計基準を適用しても差異が生じないようになった。ただし，ロイヤルティは，企業結合契約に組み込まれている場合がある。たとえば，武田薬品工業が，2012年6月1日に，その100％子会社である武田アメリカ・ホールディングス Inc. がURLファーマ Inc. の議決権の100％を取得した際に，URLファーマ Inc. のコルクリス（痛風の予防および治療薬）事業の業績に応じて，同社の旧株主に対して2015年以降の一定期間上限なくロイヤルティを支払う企業結合契約を締結したケース（武田薬品工業［2013］，114-115頁），あるいはそーせいグループが，2015年2月20日に，英国ヘプタレス Ltd. の議決権の89％を取得した際に，同社において将来獲得する可能性のあるロイヤルティ収入の額に応じて旧株主に最大220百万米ドルを支

払う契約を締結したケース（そーせいグループ［2015］）などである。このように，取得企業が，M&A後の将来業績に応じて被取得企業の元株主に追加的にロイヤルティを支払うことを企業結合契約において規定している場合がある。

　このように，企業結合契約において予め定められた企業結合契約締結後の将来の特定の事象または取引が発生した場合に，企業結合日後に追加的に交付または引き渡される取得対価を条件付対価ないし条件付取得対価と呼んでおり，これらに関しては，IFRSでは第3号『企業結合』（IASB［2008］）において，また日本基準では改正企業会計基準第21号『企業結合に関する会計基準』（ASBJ［2013］）において規定されている。では，条件付対価ないし条件付取得対価に関して，会計基準間の差異は生じていないのであろうか。以下この点について確認する。

## (1) IFRS第3号における条件付対価

　IFRS第3号によれば，企業結合で移転された対価は公正価値で測定しなければならないとしており，その中に条件付対価が含まれている（IASB［2008］, par.37）。企業結合に際し，他の企業に対する支配を獲得する取得企業は，条件付対価の取得日公正価値を認識しなければならない（par.39）。そして，ロイヤルティの支払いのように，利益目標の達成や研究開発プロジェクトにおけるマイルストーンへの到達といった取得日後の事象により条件付対価の公正価値が変動した場合には[5]，仮に追加的に支払う対価が現金であれば，当該変動を純損益として認識しなければならない（par.58）。

## (2) 改正企業会計基準第21号における条件付取得対価

　それに対して，改正企業会計基準第21号では，企業結合に係る取得原価は，取得の対価（支払対価）となる財の企業結合日における時価で算定され（ASBJ［2013］，第23項），条件付取得対価は企業結合に係る取得原価には含

---

[5] 取得日後に生じた条件付対価の公正価値の変動が，取得日時点で存在していた事実および状況の修正である場合，測定期間中の修正として扱われる（IASB［2008］, par.58）。

められない。それが認識されるのは，「条件付取得対価の交付又は引渡しが確実となり，その時価が合理的に決定可能となった時点」（第27項）である。そして，改正企業会計基準第21号では，ロイヤルティの支払いにかかわるケースのような，企業結合契約締結後の将来の業績に依存する場合の会計処理が示されており[6]，その場合，支払対価を取得原価として追加的に認識するとともに，のれんまたは負ののれんを追加的に認識することが規定されている（第27項）。なお，追加的にのれんを認識した場合には，それを企業結合日時点で認識されたものと仮定して計算し，追加認識する事業年度以前に対応する償却額および減損損失額は損益として処理するとしている[4]。

## (3) 両基準の差異とその帰結

条件付対価ないし条件付取得対価に関して，IFRSでは，企業結合時の企業結合にかかる取得対価に含め，条件付対価のその後の公正価値変動を純損益に含めるのに対して，日本基準では，企業結合時の企業結合にかかる取得対価には含めず，その交付ないし引渡しが確実になり，かつその時価が合理的に決定されるようになった時点で認識し，のれんに追加計上する，というように，IFRSと日本基準との間で会計処理上大きな違いが存在している。このことは，企業結合時ののれんの測定額に関して，IFRSの方が日本基準よりも大きく算定される可能性が高くなることを意味する（デロイトトーマツ［2017］）。ただし，周知のように，IFRSではのれんが非償却とされるのに対し，日本基準では20年以内で償却されることに鑑みると，日本基準において，追加計上されたのれんに対して，その償却期間にわたり費用負担が当初認識時よりもさらに大きくなり，利益に対してマイナスの影響を及ぼすことが予想される。

こうした差異は，日本企業に対して，会計基準の選択を通じて会計数値をデザインする機会を与えることになるといえよう。つまり，ロイヤルティを収益獲得機会拡大の手段と捉える企業は，のれんにかかわる日本基準がもた

---

[6] 改正企業会計基準第21号では，それとは別に，特定の株式または社債の市場価格に依存する条件付取得対価の場合の会計処理も規定されている（ASBJ [2013]，第27項）。

158

らす利益へのマイナスの影響を考慮して，IFRS の任意適用を行う可能性がある。事実，2017 年 5 月末時点で IFRS の任意適用を実施ないし予定していた 148 社について，IFRS 任意適用企業の割合が高い上位 3 業種は，医薬品（33％：39 社中 13 社），ゴム製品（27％：11 社中 3 社），輸送用機器（21％：63 社中 13 社）となっており，ライセンス・ビジネスを収益獲得機会拡大の柱と位置づける医薬品および輸送用機器の IFRS 採択率が高いのである。

　海外子会社の自律性を高めることで全社的な収益の向上および利益の向上を図るという国際経営戦略のもとで，ライセンス・ビジネスを位置づける企業は，単なる会計処理上の差異や会計数値の影響に基づいてのみ会計基準の選択を行っているのではなく，海外子会社の高い自律的経営活動を効率的にコントロールするために会計基準選択を実施している可能性がある。すなわち，自律性の高い海外子会社の業績管理の徹底を図るために，もしくは海外子会社の自律的活動を阻害しないようにするために，日本的な経営感覚や価値観が内在し，それらにとらわれた日本基準を世界中に展開している子会社に適用するのではなく，IFRS を採用しているのかもしれない。事実，金融庁が 2015 年に公表した「IFRS 適用レポート」（金融庁 [2015]）[7] では，2015年 2 月末時点で任意適用を実施し，質問票調査に回答した企業 65 社のうち最も多くの企業（29 社：44.6％）が回答したのが，「海外子会社等が多いことから，経営管理に役立つ」というものであった。そこでは，企業が，業績尺度を共通化し，業務の効率性を評価するためや，棚卸資産やキャッシュ・フローの変動から事業上の課題を早期に発見し，財務の透明性・ガバナンスを高めるためといった，より高次な経営管理への役立ちを意図して任意適用を決定したことが示されているのである（5 頁）。

---

[7]　2015 年 2 月 28 日までに任意適用を行った 40 社と任意適用を予定している企業 29 社に対する質問票調査（回答企業は 65 社）とヒアリング調査（回答企業から抽出した 28 社）に基づいて，任意適用企業の適用動機に関する調査が行われている。

# VI ｜ むすびに代えて―今後の検討課題―

　本章は，ロイヤルティが持つ2つの側面，すなわち，収益獲得機会の拡大戦略という側面と，税務コストの圧縮を通じたグループ全体のキャッシュ・フローの最大化を図るという国際税務戦略の側面，に着目し，それらから生じる会計問題と税務問題を検討した上で，今後検討されるべき課題や論点，さらには仮説の抽出を目的としていた。

　本章ではまず，日本企業のライセンス・ビジネスの現状を確認した。そこから明らかになったことは，日本企業のライセンス・ビジネスが，1つは日本国内で開発したライセンスを海外子会社等に供与するもの，もう1つは医薬品製造業，情報通信機械器具製造業，そして輸送用機械器具製造業のように，自社開発のライセンスを海外の他社に供与するもの，という2つに大別されることである。こうしたライセンス・ビジネスの違いは，国際経営戦略上の違いとして説明できる可能性がある。そこで，本章では，グローバル統合とローカル適合をもとに，国際的な事業環境に対して最適な戦略や組織体制を検討するための「統合－適合フレームワーク」を援用し，上記2種類のライセンス・ビジネスが国際経営戦略にどのように位置づけられるのかを検討した。

　そうした検討に基づくと，日本国内で開発したライセンスを海外子会社等に供与する多くの日本企業のビジネスモデルは，全社的な効率性と最適化の達成を第一義に捉え，本国親会社に権限を集中させた，ローカル適合圧力の弱い母国複製戦略ないしグローバル戦略と親和性を持ち，そこではコスト管理・最小化を通じてグループ全体利益ないしキャッシュ・フローの最大化を図るように行動するのであり，その一環として低税率国に多くのロイヤルティ収入を配分することでグループ全体の税務コストを圧縮するという国際税務戦略の一環としてロイヤルティを活用すると考えられるのである。それに対して，ライセンスを海外の他社に供与する一部の日本企業が採用するビジネスモデルは，収益獲得機会の拡大を追求するために，現地子会社の経営戦略上の自由度を高める，あるいは現地子会社の自律的なアライアンスも奨

ロイヤルティの経営戦略上の意義と会計・税務問題　**第6章**

励するといった，ローカル適合圧力の強いマルチドメスティック戦略やメタナショナル戦略と親和性を持ち，そのために企業はグループ全体の収益機会拡大戦略の一環としてロイヤルティを活用すると考えられるのである。

　国際税務戦略としてのロイヤルティの活用に着目した場合，企業は移転価格税制適用のリスクを負う。しかも，2010年代では海外子会社から日本の親会社への送金が多すぎるとして当該子会社が所在する国の税務当局から訴えられるケースが多発している。その背景には，新興国が移転価格税制の導入・整備と執行の強化を急速に進めていることがある。とりわけアジア各国では当該制度が導入されてからまもないために，その執行体制や実務が成熟しておらず，そうしたリスクが高まっているのである。

　それに対して，収益獲得機会の拡大戦略としてロイヤルティを活用する場合，日本企業は，IFRSと日本基準という会計基準の選択を通じて会計数値を裁量的に操作している可能性がある。とりわけ，ロイヤルティの会計処理に関しては，日本基準の方がIFRSに比べて，条件付対価ないし条件付取得対価に関連して追加計上されたのれんの支払い分も含めて，その償却期間にわたりのれんの金額だけ費用負担が大きくなるため，利益に対するマイナスのインパクトは大きく，かつ長期間にわたる可能性がある。かくして，ロイヤルティを収益獲得機会拡大戦略の一環として活用する企業は，そうした利益へのネガティブな影響を回避するため，IFRSの任意適用を選択するかもしれない。

　また，ライセンス・ビジネスを収益獲得機会拡大の柱と位置づける医薬品および輸送用機器といった業種のIFRS採択率が高いことに鑑みると，自律性の高い海外子会社の業績管理の徹底を図るために，もしくは海外子会社の自律的活動を阻害しないようにするために，グローバル統合への圧力が高まった結果，日本的な経営感覚や価値観が内在し，それらにとらわれた日本基準ではなく，IFRSを採用するかもしれない。

　こうしたライセンス・ビジネスの態様の違いを，国際経営戦略論の類型化に照らし合わせると，その差異はローカル適合に対する圧力の違いに求めることができよう。そして，この当該圧力の違いは，その後直面する企業の周辺的な諸制度，すなわち会計・税務問題に違いを生じさせる。つまり，ロー

161

カル適合に対する圧力が弱い国際経営戦略を採用している企業は，ローカルの壁に直面するようになり，逆に当該圧力が強い国際経営戦略を採用している企業は，グローバル統合に対するさらなる圧力に直面すると考えられる。それを象徴的に示す会計・税務問題が，前者にとっては税制に関する問題であり，後者にとってはIFRSの採用問題であろう。とりわけ，後者に関して，IFRS任意適用企業が国際経営戦略上どのような戦略を持っているのかを調査することにより，任意適用企業のIFRS採用動機の解明が一層進む可能性がある。この点については，経験的証拠に基づいた検証が必要であり，今後の課題としたい。

**参考文献**

ASBJ［2013］改正企業会計基準第21号『企業結合に関する会計基準』。

ASBJ［2018a］企業会計基準第29号『収益認識に関する会計基準』。

ASBJ［2018b］企業会計基準適用指針第30号『収益認識に関する会計基準の適用指針』。

IASB［2008］International Financial Reporting Standard 3, *Business Combinations*, IFRSF.

IASB［2014］International Financial Reporting Standard 15, *Revenue from Contracts with Customers*, IFRSF.

浅川和宏［2006］「メタナショナル経営論からみた日本企業の課題：グローバルR&Dマネジメントを中心に」（RIETI Discussion Paper Series 06-J-030）。

梅田浩二［2012］「日系多国籍企業の国際振替価格管理に関する実態調査」『管理会計学』第20巻第2号，63-77頁。

金融庁［2015］「IFRS適用レポート」。

経済産業省［2018］「第47回海外事業活動基本調査概要（2016年度実績）」。

KPMG税理士法人［2013］『国際税務：グローバル戦略と実務』東洋経済新報社。

琴坂将広［2014］『領域を超える経営学：グローバル経営の本質を「知の系譜」で読み解く』ダイヤモンド社。

佐藤康男［1992］「海外現地法人の管理会計：業績評価と移転価格」『経営志林』第28巻第4号，71-85頁。

柴田啓子［2013］「法定実効税率が海外子会社のロイヤルティ支払に及ぼす影響：2009年度税制改正に着目した分析」『ファイナンス』第575号，67-74頁。

そーせいグループ［2015］プレス・リリース「英国ヘプタレス社の株式取得（子会社化）に関するお知らせ」2月21日。

ダイハツ工業［2011］「第170期有価証券報告書」。

ダイハツ工業［2012］「第171期有価証券報告書」。

ダイハツ工業［2015］「第174期有価証券報告書」。

武田薬品工業［2013］「第136期有価証券報告書」。

帝国データバンク［2010］「知的財産の価値評価を踏まえた特許等の活用の在り方に関する調査研究報告書：知的財産（資産）価値及びロイヤルティ料率に関する実態把握（平成21年度特許庁産業財産権制度問題調査研究報告書）」。

デロイトトーマツ［2017］「M&A会計　実践編第4回：条件付取得対価の会計処理」〈https://www2.deloitte.com/jp/ja/pages/mergers-and-acquisitions/articles/accounting-practice-04.html〉（最終閲覧日：2018年7月21日）。

特許庁［2016］「特許行政年次報告書2015年版：130年の産業発展を支えてきた産業財産権制度」。

特許庁［2017］「知的財産の価値評価について」。

中川優［2003］「在外日系企業における製品開発と原価企画」『同志社商学』第54巻第4号，111-122頁。

中村久人［2010］「トランスナショナル経営論以降のグローバル経営論：メタナショナル企業経営を中心に」『経営論集』第75号，99-112頁。

日経金融新聞［2005］「海外利益　追徴の落とし穴」9月5日，1面。

日精エー・エス・ビー機械［2017］「第39期有価証券報告書」。

日本経済新聞［1998］「日本コカ240億円減額」2月24日，38面。

日本経済新聞［2001］「法人税など423億円　山之内が追加支払い」1月26日，18面。

藤沢武史［2015］「トランスナショナル経営論対メタナショナル経営論に関する比較考察」『社会学部紀要（関西学院大学）』第121号，7-18頁。

三菱UFJリサーチ＆コンサルティング［2011］「知的財産のライセンス契約に伴うロイヤルティ監査に関する調査研究報告書（平成22年度特許庁産業財産権制度問題調査研究報告書）」。

武蔵精密工業［2014］「第87期有価証券報告書」。

文部科学省科学技術・学術政策研究所［2017］「科学技術指標2017（NISTEP RESEARCH MATERIAL, No.261）」文部科学省科学技術・学術政策研究所。

ユニバンス［2015］「第82期有価証券報告書」。

頼誠［2000］「多国籍企業の国際税務戦略：Shapiro（1996）を中心に」『滋賀大学経済学部研究年報』第7巻，119-128頁。

渡辺智之［2005］『税務戦略入門：タックス・プランニングの基本と事例』東洋経済新報社。

# 第 7 章

## 海外進出子会社の
## 会計行動から見える
## 異文化会計

# I　はじめに

## 1　研究目的

　本章は，台湾・シンガポールに進出している日本企業を事例として，その会計行動から見えた異文化会計を描写することを目的とする。異文化会計を検討する上で文化の相違という環境制約と当該ローカル文化にビジネスを適合させるという企業行動を研究対象とする場合，海外進出企業の現地調査は不可欠であると考えたからである。

　全世界における現地法人数の約62%を占めているアジアのうち，台湾とシンガポールへ進出した企業や現地会計事務所等を訪問の上，半構造化インタビューを行った。会計基準の差異，市場（商慣習）の差異，文化の差異が識別できるように，先行研究とパイロット調査からインタビュー項目は設定されている。

　グローバルビジネスを展開する上で環境制約は経営に大きな影響を与えると考えられる。たとえば Ghemawat［2007］は，「国ごとの隔たりは一般に思われているよりも大きく，国際統合が完成した市場を想定した戦略は，国際的な標準化と規模の拡大を重視しすぎるところがある」（訳書：24頁）と指摘した上で，「国ごとの類似点を利用するのはもちろん重要だが，差異を認識することも非常に重要である」（訳書：24頁）点を強調している。つまり，国ごとの類似点と差異の両方を考慮した経営の必要性を説いているといえよう。国境が依然として重要である理由として「国境を越えると大きな差異が現れる」，「その差異をどう考えるか」という二点を指摘しているが（訳書：62頁），国ごとの差異は，文化的（Cultural），制度的／政治的（Administrative／Political），地理的（Geographical），経済的（Economic）という4つの側面（総称して「CAGE」と呼ばれている）における隔たりという観点からモデル化されている（訳書：62頁）。

　本章では，進出事例を検討する際，制度的な隔たりの1つとして会計規制・会計基準に関する視点から考察している。CAGE は複雑に絡み合ってその国

独自の固有性を生じさせていることは容易に想像できるが，それらを切り分けて考察することが困難であるからである。

　国際的に事業を展開する上での環境制約について整理している Radebaugh et al.［2006］によると，環境制約は大きく 4 つのグループに分けられている。すなわち①教育的特徴，②社会学的（ないしは社会文化的）特徴，③法的および政治的特徴，④経済的特徴である（訳書：17 頁）。

　自国で事業展開する経営者は自国の環境制約による経営上の意思決定に影響されることはもちろんのこと，海外で事業展開すれば当然ながら制約は変化して，当該地域や国において環境制約を受けることになる（Radebaugh et al.［2006］，訳書：18 頁）。

　したがって本研究は，会計規制をグローバルビジネスの環境要因に位置づけ，グローバルビジネスの担い手としての企業にとっての環境対策的な会計課題の解決が重要であるとの観点に立った研究（中間報告書，1 頁）を視座としている[1]。

　もとより会計規制は社会的，制度的な制約を国や法域（たとえば EU）で受けており，社会的規範であることから，グローバルビジネスを展開する企業にとって，避けて通れない環境要因の 1 つであることは間違いない。

　また，各国固有の会計実務は，経済諸制度の枠組みで構築されており，会計規制以上に国際的な統一化が困難であることが想定できる。たとえば，徴税や開示規制を考えれば容易に想像できるだろう。会計規制同様，グローバルビジネスを展開する企業にとって，進出国の会計実務は，避けて通れない環境要因の 1 つであるといえる。

　2015 年に金融庁が公表した IFRS 適用レポートでは，IFRS 任意適用企業の現状，任意適用を決定した理由または移行前に想定していた主なメリット，移行プロセスと社内体制，移行コスト（主としてシステム対応），会計項目への対応と監査対応・人材育成等が調査されていた（金融庁［2015］）。この中で，国際的に標準化しつつある会計基準のひとつとして IFRS を日本企

---

1)　第 1 章で示したように，「異文化会計」は，グローバルに展開しローカルに対応する企業の活動を対象とした，国境に制約されない会計と定義する。

■ 図表 7-1　IFRS 任意適用決定理由

| 項目 | 回答数 |
|---|---|
| ①経営管理への寄与 | 29社 |
| ②比較可能性の向上 | 15社 |
| ③海外投資家への説明の容易さ | 6社 |
| ③業績の適切な反映 | 6社 |
| ④資金調達の円滑化 | 5社 |
| ⑤その他 | 4社 |

出所：金融庁［2015］, 4頁。

業が選択して任意適用を決定した理由を尋ねた項目があるが（**図表 7-1**）, その回答のうち最も多かったのは, 経営管理への寄与であった（金融庁［2015］, 4-7頁）。より具体的には,「海外子会社等が多いことから, 経営管理に役立つ」というものであり, 海外進出を行う日本企業にとって2国間の会計基準上の隔たりを解消するためには, 自国側（日本本社側）で解消を目指すというものであった。言い換えれば, 日本本社と海外子会社で共通のモノサシ（**IFRS**）を保有することで制度的隔たりを超えようと考えたと理解できる。

　ここで問題となるのは, 移行プロセスと社内体制の確立であろう。たとえば, 次のような指摘が見られる。

　子会社の実務担当レベルでは会計基準の変更に対する抵抗があり, 対応が消極的なケースがあったため, 具体的な方法も提示しながら, IFRS 移行プロジェクトへの参加を促した。親会社のプロジェクトチームが積極的に動いて関連部署を巻き込んでいくことが必要である（金融庁［2015］, 7頁）。

　ここから理解できるのは, 現地法人における会計課題である。本社より圧倒的に少ない人数で通常の経理業務を行いながら, IFRS 移行プロセスを進めなければならないという点は相当な負担であろう。したがって, IFRS 任意適用により「連結経営の進化」が図られるという日本本社（親会社）の考えが現地法人においてどのように受け止められているのかを調査することに意義がある[2]。

　会計は異文化コミュニケーションの促進要因にもなるし, 阻害要因にもな

ると考えられるという考えのもと，ここでの目的は，どのような条件がそろえば促進要因となり，阻害要因となるのかということを，調査を通じて明らかにすることである。そこで本社の立場からは会計が異文化コミュニケーションの促進要因となり，現地法人の立場，ひいてはグループ全体としては異文化コミュニケーションの阻害要因となりうるという仮説を立てて調査に臨んだ。

## 2　研究方法・調査概要

研究に際しては，既存の文献研究および進出企業および進出を支援する現地の会計事務所等のインタビュー調査を用いている。これらの方法で，グローバルビジネスを展開する上での経営課題および会計課題を抽出するという方法を採用する。なお，インタビューの実施に際しては，先行研究とパイロット調査を基礎としてインタビュー項目を抽出・作成している。そして，半構造化インタビューを行って「現実」の直接観察の結果，当事者の発言あるいは「現実」を反映すると推定される資料などをわれわれが「意味解釈」し，その結果としてのフィールド・ノートを作成した上で考察を進めている。

また，先行研究で明らかとなっている会計課題や会計の促進要因・阻害要因についても検証を行った。たとえば「IFRS任意適用企業の多くが，移行前に想定していたメリットを実際に享受していると考えられる。また，デメリットについても，移行前に想定していなかったデメリットはほとんどないとの回答や，日本基準からIFRSへの組替処理や複数帳簿管理などの負担は想定していたほどではなかった等の回答がみられた」（金融庁［2015］, 14-15頁）とあるが，検証により，メリットを必ずしも受けていない事例やデメリッ

---

2)　山内［2014］は，進出後の現地拠点における連結レポーティング体制の整備について，次のように指摘している。整備に時間を要するため，親会社は適時の業績把握，買収によるシナジーのモニタリングおよび，それらに基づく経営判断ができない点が課題とされている。特に，企業買収による進出の場合，買収後の連結レポーティング体制までを念頭に置いてディールを進めている企業は少ないのが現状である。現地拠点に派遣される担当者は，事業拡大の業務を優先するため，管理業務には十分に手が回らないケースが頻繁にある。また，現地での人材採用も売り手市場であり，優秀な人材を迅速に確保，定着させることが難しく，事態を悪化させるケースも多く見られる。

トに関する現地法人からの聞き取り結果などから多面的な分析を試みている。

　同時に今後会計課題として仮説となりそうなものについて探索した。つまり本章における調査研究は，仮説検証型と仮説探索型の双方を用いているといえる。

　現地法人を直接インタビューすることにより，具体的にどのような会計課題に遭遇し，解決するべき緊急性の高い課題は何かということが明らかになることが期待されるが，そうした目的を達成するために，管理会計，財務会計などの研究領域にとらわれることなく，さらに経営関連諸分野の知見や方法論も参照した。

　調査先または調査対象を一覧にすると，**図表7-2**のとおりである。2017年2，3月の調査はパイロット調査である。紙幅の関係から，本研究課題に最も寄与するであろう台湾進出企業1社，シンガポール進出企業1社をそれぞれ

### ▌図表7-2　調査・訪問先

| 2017年2月　台湾 | | |
|---|---|---|
| 会計事務所1（Big4） | 会計事務所2（非Big4） | 法律事務所1 |
| 現地コンサルティング会社1 | 現地コンサルティング会社2 | － |
| 非上場企業駐在員事務所 | 個人事業主 | 非上場企業現地法人1 |
| 台日産業連携推進オフィス | 台湾貿易センター台北本部 | 沖縄県産業振興公社 |

| 2017年3月　ベトナム | | |
|---|---|---|
| 会計事務所3（非Big4） | 現地コンサルティング会社3 | － |

| 2017年11月　シンガポール | | |
|---|---|---|
| 会計事務所4（非Big4） | 現地コンサルティング会社4 | 自治体国際化協会シンガポール事務所 |
| 上場企業現地法人1 | 上場企業現地法人2 | 上場企業現地法人3 |

| 2018年3月　台湾 | | |
|---|---|---|
| 会計事務所5（非Big4） | 上場企業現地法人4 | 上場企業現地法人5 |

| 2018年11月　タイ | | |
|---|---|---|
| 会計事務所6（Big4） | 会計事務所7（非Big4） | 会計事務所8（非Big4） |
| 上場企業現地法人6 | 上場企業現地法人7 | タイ非上場企業 |

出所：筆者作成。

170

海外進出子会社の会計行動から見える異文化会計　**第7章**

事例として取り上げて，海外進出子会社の会計行動から見える異文化会計について考察していく。

# II ｜ 事例研究1（台湾）

　考察対象として台湾を選択した理由は，日本企業にとって台湾は貿易，投資，産業等の視点から重要なパートナーであることが統計上明らかだからである。貿易額を見てみると，「日本にとって台湾は第5位，台湾にとって日本は第2位，また台湾の海外直接投資受入先として日本は常にトップの地位にある」（みずほ銀行国際戦略情報部編［2016］，42頁）ことが知られている。「2008年のリーマンショックの影響により，製造業の台湾進出が減少したことで，投資件数と投資金額も減少」（田崎［2016］，2頁）に転じるが，「2010年からは再び増加に転じて，2012年には年間619件と過去最高の投資件数を記録し，その後も日本企業の台湾進出は高水準で推移している」（田崎［2016］，2頁）。

## 1　台湾の環境制約

### （1）台湾進出企業の進出形態と会計制度，税制

　台湾に進出する日本企業は，国際的な環境制約のみならず，台湾固有の環境制約を受け，それに適合しなければならない。環境制約という言葉からネガティブなイメージを想起する場合もあるが，「国によってはその国特有の優位性を持つことであり，それは現地特有の優位性」（Radebaugh et al.［2006］，訳書：19頁）でもある。たとえば安価で大量の労働供給能力や重要な資源の保有・提供，国同士や国と地域との関係性，強みなどがそれに該当する。多面的な分析が可能なように，日本企業の会計課題に直接的に影響を及ぼすと考えられる，進出形態，会計制度，税制といった法的特徴や経済的特徴について概説しておこう。

#### ①進出形態

　日本企業が台湾に進出する際の進出形態として，駐在員事務所，営業代理

171

店，工場事務所，支店および現地法人の形態がある。これらのうち，営業活動が認められていない駐在員事務所以外は，営利事業所得税（法人税）の課税対象となる（KPMG［2017］,25,71頁）。

②会計制度

台湾においては，1984年に設立された中華民國會計研究發展基金會が，すべての企業に適用する単一の会計基準を設定してきた。しかし，2009年に公開発行会社（以下，公開企業）に対するIFRSの強制適用決定を受けて，非公開発行会社（以下，非公開企業）に対して，規制当局である経済部商業局は2015年7月24日に「企業會計準則（以下，企業会計基準)」を公表し，2016年1月1日に開始する会計年度から非公開企業は企業会計基準またはT-IFRSを選択できることとした。

企業会計基準は，全22号の会計基準，約150頁から構成され，財務会計基準の12%の頁数でありながら，非公開企業に関連性の薄い連結財務諸表や保険契約を削除し，内容的な差異は20%以下とされる。また，「認識」および「測定」については，2013年版IFRSおよび中小企業版IFRSが参考にされ，開示については大幅な簡素化が行われている（仲尾次［2017］,4頁）。

③税制

台湾の租税は，国税と地方税に分けられ，国税である営利事業所得税（法人税）と個人総合所得税（所得税）は所得税法に一括して規定されている。以下では，台湾進出日本企業に関連が強い営利事業所得税，移転価格税制および営業税について概説する。

営利事業所得税は各事業年度の所得金額を課税対象とし，貸倒引当金，退職給付引当金等の引当金や準備金等を税務上損金に算入するためには，損金経理が必要とされる。また，課税所得は確定決算とは分離して計算され，企業会計上は費用または損失に計上した場合，税務上は損金算入が認められない項目についての申告調整を申告書上で行うことになる（税理士法人トーマツ［2014］,185-186頁）。未配当利益に対して一律に10%の営利事業所得税を追加で課し，租税回避のために故意に利益を留保することが抑制されている（税理士法人トーマツ［2014]）。

営業税は付加価値税方式が原則であり，台湾領域内における物品の販売ま

海外進出子会社の会計行動から見える異文化会計　**第7章**

**■ 図表 7-3　統一発票の発行時点**

| 販売業・製造業 | 出荷時（但し前受金を授受した場合には前受時） |
|---|---|
| 工事請負業 | 工事契約書の入金スケジュールに基づく |
| 運輸行・広告業・リース業 | 入金時 |

出所：卓・盧・劉［2017］，89-94 頁をもとに筆者作成。

たは役務の提供に対して 5% の税率で課される。営業税はインボイス方式を
採用しており，「統一発票」と呼ばれる公式のインボイスを使用することが義
務づけられており，費用の支払時には必ず統一発票を受領する必要がある。
なお，統一発票を受領しなければ脱税幇助になる（税理士法人トーマツ
［2014］，214-215 頁）。統一発票の発効時点は，「統一発票使用法（統一發表
使用辦法）」において業種ごとに規定されている。その一部は**図表 7-3** のとお
りである。

　一方，会計上の収益・費用は会計基準[3] に基づいて認識され，会計基準に
おいては統一発票については触れられていない。ただし，実務上は統一発票
の発行時点で収益・費用が認識されている場合も想定され，取引先の会計処
理によっては日本本社との連結に際して組替えが必要となる。したがって，
海外進出している日本企業にとって，「統一発票」は台湾固有の制度であるこ
とからとりわけ対応に注意が必要であろう。

## 2　調査概要

　一口に進出事例といっても，進出する企業の規模，日本での上場・非上場
の別，進出形態，業種・業態などにより，その分析結果は大きく異なること
が想定できる。したがって，2017 年 2 月の調査訪問では**図表 7-4** に示す進出
企業や監査法人等へのインタビュー調査をパイロット的に行った[4]。

　予備調査を踏まえて，仮説を再設定し，インタビュー項目を見直した上

---

[3]　台湾における収益認識基準は 2018 年 1 月 1 日より IAS 第 18 号「収益」から IFRS 第 15 号「顧
客との契約から生じる収益」を適用するよう変更がなされた。

[4]　詳細は，中間報告書を参照されたい。あわせて，中間報告書に掲載できなかった内容，その
後のフォローアップ調査等を加筆修正した調査報告（仲尾次・宗田［2018］）も参照されたい。

173

■ 図表 7-4　台湾進出企業の調査概要①

| | A社 | B社 | C社 |
|---|---|---|---|
| インタビュー日時, 場所 | 2017年2月21日（火）10：30〜12：30 A社　台湾事務所 | 2017年2月21日（火）17：00〜18：45 B社　台湾事務所 | 2017年2月27日（月）9：10〜10：50 名桜大学研究室 2017年8月17日（木）16：30〜18：00 C社　応接室 |
| インタビュアー | 仲尾次，宗田 | 仲尾次，宗田 | 仲尾次 |
| インタビュイー（職位） | J氏（所長） | K氏（台湾事務所代表） | L氏（社長） |
| 進出時期 | 2010年代 | 2010年代 | 2010年代 |
| 進出形態 | 駐在員事務所 | 個人事業主 | 現地法人・支店 |
| 事業内容 | 市場調査5) | 出版業 | 飲食業（居酒屋） |
| 進出の背景・目的 | 国内競争の激化による市場開拓 | 情報誌配布エリア拡大，同業他社との差別化 | 国内競争の激化による市場開拓 |
| 経営課題 | シェア拡大，輸入手続きの簡素化，現地での営業展開 | 配布部数の増加，広告主の獲得，人材の育成 | 食材の調達，リピーター客の獲得，同業者との競争 |
| 会計業務 | 日系の大手監査法人に一任 | 社長が台湾の会計士と相談して対応 | 社長が記帳士・台北国税局外国人納税者用ヘルプデスクと連携し対応 |
| 会計課題 | 外貨換算 給与体系 | 給与体系 統一発票 | 減価償却 引当金 貸借対照表作成 統一発票 |

出所：各インタビューをもとに筆者作成。

で，2018年3月に研究目的に最も寄与すると思われる**図表7-5**に示す進出現地法人を対象に本調査を行った6)。

---

5)　日本本社の事業内容は，製造業であるが，2017年2月調査時点における台湾での進出形態は駐在員事務所であり，事業内容は市場調査にとどまっている。
6)　紙幅の関係で調査項目は掲載を割愛している。主たる項目は，企業概要，現地法人の特徴，経営管理，経営課題，会計課題等である。

海外進出子会社の会計行動から見える異文化会計　**第7章**

### ■ 図表7-5　台湾進出企業の調査概要②

| | D社 | E社 |
|---|---|---|
| **インタビュー日時,場所** | 2018年3月6日（火）<br>10：00〜11：15<br>D社　台湾現地法人　応接室 | 2018年3月7日（水）<br>10：30〜12：00<br>E社　台湾現地法人　応接室 |
| **インタビュアー** | 仲尾次，宗田 | 仲尾次，宗田 |
| **インタビュイー（職位）** | M氏<br>（社長） | N氏（社長兼会長）<br>O氏（財経総務部長） |
| **進出時期** | 1980年代 | 1950年代 |
| **進出形態** | 現地法人 | 現地法人 |
| **事業内容** | 商社 | 商社 |
| **進出の背景・目的** | 安価な台湾製品を調達し日本へ輸出し，技術力の高い日本製品を日本から輸入する | 電子材料の拠点であり，台湾・アメリカ・中国で，設計，製造，販売を最適化<br>日本文化・価値観を共有できる方が多い<br>外省人が多く，台湾人と組んで中国に進出するメリットがある |
| **経営課題** | 人材流動<br>自社内セグメントの再構築<br>台湾企業の中国への進出に伴う空洞化<br>原材料における韓国・アセアンとの価格競争<br>グループ内での資源配分における台湾の優先順位の低さ | 台湾基幹システムの現地化<br>中台間の政治リスク<br>中国の景気動向<br>人材のレベルアップとそれを支える評価制度<br>計数に対する理解の促進 |
| **会計業務** | 現地採用した経理スタッフが担当し，アウトソースは無し<br>現在売上，PL・BSのシステムは親会社と同じで，カスタマイズされた連結パッケージを導入予定 | 現地採用した経理スタッフが担当し，アウトソースは無し<br>会計システムは社内用のERPを導入，報告用は連結パッケージ |
| **会計課題** | システムが繋がっているものの，再入力が必要（カスタマイズされた連結パッケージを導入予定） | オーバーデューへの対応<br>統一発票の電子化<br>内部統制の最適化 |

出所：各インタビューをもとに筆者作成。

## 3 E社へのインタビュー調査結果

### (1) 会社概要

E社は，海外に約40の事業拠点を有する総合商社の100%子会社として1950年代に設立され，電子・鉄鋼・化学品，食品の輸出業を事業として展開してきた。進出以降，台湾の主力産業に応じて事業内容をシフトさせ，進出10～20年はアパレル・繊維，その後食料，ここ20～25年は家電から電子アプリケーションの素材へと移行してきた。現在は売上の6～7割，利益の大半を電子A部門が占めている。2018年3月時点の会社組織図は**図表7-6**のとおりである。

■ 図表7-6　E社組織図

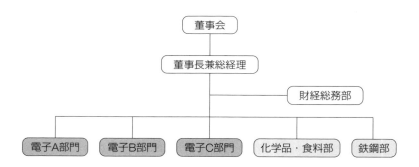

出所：E社提供資料をもとに筆者作成。

### (2) 台湾進出のメリット

台湾進出のメリットとして，N氏は次の点を挙げている。
- 台湾はアメリカ・中国・ドイツに次ぐ電子材料の拠点であり，台湾・アメリカ・中国で，設計，製造，販売を最適化できる。
- 50年間の日本の統治時代を背景に，日本文化・価値観を共有できる方が多い。財界・政界に日本時代に教育を受けた方もいる[7]。

海外進出子会社の会計行動から見える異文化会計 **第7章**

- 台湾には中国から移住した外省人が多く，台湾人と組んで中国に進出する上でメリットがある。

　さらに，N氏は現政権である民新党の新南向政策による東南アジア・南アジアとの経済関係構築を推進がメリットとなるかは未知数であることにも触れていた。

## (3) 経営課題について

　現時点ではE社固有のもの，台湾に進出したからこそ発生したもの，他社でも発生するものなど経営問題が混在しているが，課題を含めた経営全般について N氏から伺ったところ，以下の6点について確認することができた。

### ①業務フロー

　E社は，現在のところ，地域統括会社としての機能は有していないが，米国と中国との中間的立場にある。台湾はアメリカ・中国・ドイツに次ぐ電子材料の拠点であり，台湾・アメリカ・中国の間で設計，製造，販売を最適化している。たとえば，アメリカで設計し，中国で製造，あるいは台湾で売り込みを行い，ものは中国に流れる仕組みが挙げられる。

### ②人材マネジメント

- N氏は日本人であり，本社の電子部門から台湾に赴任して4年目である。図表7-6に示す6部門のうち，電子A部門，化学品・食料部は台湾人が部長を務めている。N氏によると，徐々に駐在員からローカルの人材に部長職を任せることが理想であるとのことである。
- 現地の人材のレベルは高く，社内共通言語は日本語でローカルの部長はほとんど問題ない。現地従業員の日本語のレベルはさまざまだが，ローカルスタッフが北京語で補うことで対応している。
- 人事制度給与体系を勤務年数から収益等への貢献度とし明確にしたことにより意識改革がなされ，ポスト要求や賃上げ要求は現在ないとのことである。従業員のレベルに合わせた評価制度を構築し，計数に対する理解を促進することが，人材マネジメントのポイントといえる。

---

7)　1950年代前後の台湾における日本企業の再進出については，山田 [2012] 参照。

### ③利益管理

- 予算は各部門からボトムアップであげ，本社の中期計画と擦り合わせ，次期の予算を確定する。
- KPI は，売上高，利益，ROE，負債資本比率である。個人の定性的・定量的な目標を設定し，半期でレビューし，昇給・昇格，賞与に反映させている。

個人の目標が束になり部門，会社に積み上げる。

### ④模倣被害や競合他社との関係

模倣被害は薬剤関係において生じている。取引先にサンプルを渡すと作られてしまった。常に競合他社の中で活動している。台湾に E 社の役割が多いことが重要である。

### ⑤事業展開

日本食に対する台湾でのニーズが高く，進出する飲食業とパートナーシップを組み，食材を提供するビジネスモデルの可能性があるかもしれない。

### ⑥想定されるリスク

台湾が中国経済に依存しているため，中国との政治リスクや中国の景気動向に影響される可能性がある。

## (4) 会計課題について

経営課題に引き続き会計課題について伺ったところ，以下の 7 点について確認することができた。

### ①会計システムについて

本社が連結パッケージを導入し，制度会計・管理会計ともに全世界の現地法人をクライアントという形でインターネット経由により報告する。

### ②現地企業・店舗における会計実務について

会計業務のアウトソースはせず，現地採用した経理スタッフが担当，社内用の ERP を導入し，報告用は連結パッケージを使用している。

### ③採用会計基準について

E 社は，台湾の中小企業向け会計基準である企業会計基準（EAS）を適用している。本社ともに現在は IFRS 第 18 号を適用していない。収益認識は着

178

荷基準で処理しており，検収基準を用いる取引対象はない。また，本社において連結財務諸表を作成する際には，重要性の原則を適用し，E 社の財務諸表は IFRS 調整（EAS → IFRS）の対象外としているため，組替えの必要は生じない。

#### ④外貨換算について

機能通貨・表示通貨ともに台湾ドルである。台湾ドル以外の通貨は，BS，PL ともに期末レートを用いて台湾ドルへ換算している。なお，本社への報告は台湾ドルにて行っている。

#### ⑤商慣習から生じる課題

N 氏によると，台湾の商慣習として，オーバーデューに関し債権者も債務者も寛容であり，遅延金も発生しないとのことであった。なお，C 社へのインタビューにおいては，取引相手に対する債権債務管理を行う際，貸倒引当金を設定していないとのことであった。台湾における監査・コンサルティング会社におけるインタビュー調査でも引当金概念の欠如について指摘されていたため，債務のオーバーデューについては台湾における商慣習の１つと捉えることができる。また，台湾固有の制度である統一発票の発行に関しても電子化・システム化による業務の効率化が課題として挙げられていた。

#### ⑥監査，監督体制について

本社は海外拠点を網羅する定期的な監査室の巡回を行っているが，ここ数年台湾法人への巡回はない。グループ共通の内部統制の仕組みはあるものの，現地法人の規模に合わせた内部統制の仕組みはまだ構築されていない。

#### ⑦親会社への説明責任

E 社は香港法人の 100％ 子会社であるが，会計レポートは直接本社へ提出し，本社の配当方針に従って香港に配当金を支払っている。社長が定期会議以外で本社に呼ばれることはなく，改革を進めてきたこの３年間は，台湾法人の実態を把握してもらい，次の展開につなげるため，本社に報告することが多い。N 氏はいわゆる Playing Manager の意識を持って業務に当たっているとのことである。

## 4 台湾進出子会社の会計行動から見える異文化会計

日本企業の台湾進出の状況について概説した上で，輸出入を営むE社を題材として経営課題，会計課題について概説し，その特徴について分析した。限られた事例ではあるが，会計課題の性質を個別の企業に固有のもの，進出先である台湾に共通して発現するもの，海外進出企業一般に見られるものに区分して要約すると**図表7-7**のとおりである。

現在E社が抱えている会計課題として，まず，現地の商慣習であるオー

■ 図表7-7　E社における会計課題を基礎とした課題の性質区分

| | 会計課題の性質 | | |
|---|---|---|---|
| | E社固有 | 台湾進出企業共有 | 海外進出企業一般 |
| ①会計システム | 日本本社が導入している連結パッケージを用いて本社への報告を行っている | 企業の進出先や規模等にかかわらず，海外に拠点を有した場合は，何らかの会計システム上の連携が必要 | |
| ②会計実務 | ERPを導入し，会計実務は現地採用の経理担当者が行っている | 企業規模や管理能力，進出先などによりさまざまな形態があるが，記帳士という台湾固有の制度を活用できる余地がある | 企業規模や管理能力，進出先などによりさまざまな形態 |
| ③採用会計基準 | E社に限らず海外進出企業にはつきまとう課題として発現する。ただし，進出国がIFRSを適用しているか否か，それが強制適用か任意適用かは重要な論点。また，IFRSと進出国の会計基準がどの程度コンバージェンスしているか，IFRS for SMEsを導入しているかについても課題の発現が異なる | | |
| ④外貨換算 | 海外進出企業には必ずつきまとう課題<br>機能通貨に関しては，進出先や企業により異なる | | |
| ⑤現地言語対応 | 英語，日本語ともに問題はない | 海外進出企業には必ずつきまとう課題。とりわけ非英語圏での課題 | |
| ⑥商慣習 | 収益認識基準<br>統一発票対応（電子化） | 統一発票対応 | 現地国での商慣習への対応 |

出所：筆者作成。

180

バーデューへの対応があげられる。これはE社に限らず，現地の企業と取引を行うすべての進出企業に共有する課題である。また，後述するシンガポール進出企業にも共通する課題である。続いて，台湾固有の制度である統一発票の発行に関しては電子化が喫緊の課題となっていた。さらに，グループの内部監査・監督体制に関する課題があげられる。今後はグループ共通の内部統制の仕組みだけではなく，各現地法人の規模に合わせた内部統制の仕組み構築が求められている。本社による海外子会社の見える化要求については，社長であるN氏が本社と積極的なコミュニケーションを図っていたことで達成されてきた。一方，E社の今後の展開やグループ全体の発展を考慮すれば，現在，重要性の原則で適用外としている連結上の組替えが会計課題となるであろう。なお，IFRS適用レポートでは，IFRSの任意適用を検討している企業へのアドバイスとして，「IFRSへの移行に際しては重要性基準を設け，できるだけシンプルな処理を行うことが必要」や「IFRSにも重要性の考え方はあるので，メリハリをつけて会計方針や会計処理を整備してはどうか」（金融庁［2015］，76-77頁）という指摘があった。E社の事例で同じ対応が見られたことから異文化会計における重要性基準の使い方はひとつのポイントであろう。

# Ⅲ 事例研究2（シンガポール）

　台湾に続いて，アジアの中でも地域統括機能を保有した現地法人が多く，経済，金融，交通等の要所として重要な役割を果たすシンガポールを対象とし，日本企業がシンガポールでビジネスを展開する上での会計課題について考察していこう。

## 1 シンガポールの環境制約

　シンガポールは，高い経済成長を続け，韓国，台湾，香港と並んで，NIES（振興経済地域）と称されるようになり，アジアの国際ビジネス，輸送，生産拠点としての地位を築き上げている（ARC国別情勢研究会［2017］，26頁）。

2011年頃からは欧米や日系企業，中国，インドなどの国々が企業の統括拠点や研究開発の地域拠点を設置する動きを見せている（ARC国別情勢研究会［2017］，26頁）が，たとえば，イギリスの製薬会社グラクソ・スミスクラインは国際統括本部設置を発表しており，アメリカのツイッターは，アジア太平洋地域の統括本部を設置している。日系企業では，第一生命保険がアジア太平洋地域の統括拠点を設立している他，資生堂もアジア太平洋地域本社の設立を発表している（ARC国別情勢研究会［2017］，47頁）。

　地域統括拠点の設置が拡大する理由としては，シンガポールにおける諸規制に特徴が見られることから，シンガポールの投資環境について，経済諸政策，会計制度，税制などを中心に考察していく必要性が考えられる。

## （1）経済諸政策
### ①為替管理

　シンガポールでは為替管理のないことが知られており，貿易に関する規制も国際的な義務に係る規制以外はなく，自由な政策を採用していることで知られている（ARC国別情勢研究会［2017］，51頁）。シンガポールの金融センター育成政策の成功の要因としては，「①安定した政治体制，②国内経済の安定成長とSドルの堅調な推移，③ASEANの中心，アジアとヨーロッパの中間にあるという地理的メリット，④交通・通信等のインフラの整備と高い教育水準と英語力，⑤法務・会計ビジネスサービスの充実」（ARC国別情勢研究会［2017］，58頁）などが指摘されている。

### ②外資規制

　外資に対する規制についても厳しくなく，規制業種，禁止業種以外については，外国資本による全額出資が原則的に認められている。また，シンガポールで設立された企業の最低授権資本に関する法的要件もない（ARC国別情勢研究会［2017］61頁）。こうした外資規制の柔軟さから，多くの国々の統括機能会社を誘致することに成功していると考えられる。

### ③就業規制

　外国人就業規制については厳格な規制が実施されている。これは，自国国民の就労機会を保証するために設けられているといって良い。労働力に占め

る外国人の割合が全体の3分の1を超えないようにすべきという基本政策が
あり，2011年からは外国人労働者の削減を基本としたルールが厳格に適用さ
れている。外国人雇用税が外国人労働者の人数を管理するために導入されて
おり，労働許可証等を保有する外国人労働者は中央積立基金制度の対象外で
あるため，外国人雇用税の納付義務がある（ARC国別情勢研究会［2017］，
63頁）。

#### ④雇用義務

　現地人の雇用義務はないが，シンガポール人の雇用促進政策を強化しつつ
あるといわれている。企業が外国人のみを採用対象者とした求人を制限する
制度やSパス，低技能向け労働許可証を申請する場合の外国人従業員の採用
可能枠引き締めなどである（ARC国別情勢研究会［2017］，65頁）。就業規
制同様，人材雇用面では，シンガポールは規制が強化される傾向にあると指
摘できよう。

#### ⑤会社設立手続

　シンガポールに事業所を設立し事業を開始する場合は，会計企業規制庁へ
の登記義務がある。外国企業はシンガポールにおいて，支店や現地法人（子
会社）等の形態で事業を実施することができる。なお，会社設立にかかる手
続き，および必要書類は設立形態によって異なり，「外国企業のシンガポー
ル支店が自主的に事業を終了する場合，登記の抹消を行えばよく，清算手続
は不要となる。シンガポールの現地法人（子会社）を自主的に閉鎖するには，
「任意清算（Voluntary Winding up）」と「登記抹消（Striking off）」の2つの
方法がある。」（ジェトロ・シンガポール事務所［2017］）。

### (2) 会計制度[8]

#### ①シンガポールの会計原則

　シンガポールの会計原則は，Financial Reporting Standards（以下，FRS）
およびInterpretations of Financial Reporting Standardsから構成されている
が，両者は企業が遵守すべき会計原則として，会社法（Companies Act）に

---

8)　以下，KPMGシンガポール［2015］を参照して作成。

よって位置づけられている。FRS の内容は，IFRS とほぼ同じとされている（KPMG シンガポール［2015］，46 頁）。したがって，IFRS を任意適用している日本企業（親会社）にとっては，進出後に会計規制の視点から差異を大きく認識することがないのではないかと考えられる。

②外貨建取引

企業は基礎的取引や事象，状況を反映する機能通貨を決定して，取引を機能通貨で測定する必要がある。シンガポールの場合，外貨建取引は原則として取引日レートで換算するが，実務上は平均レートが使用されることもある。なお，外貨建貨幣性項目は決算日レートで換算され，換算差額は当期の損益として処理される。また，外貨建非貨幣性項目は取引日レートで換算され，外貨での公正価値で測定されている非貨幣製項目は当該公正価値が決定された日の為替レートで換算することになる（KPMG シンガポール［2015］，50 頁）。

③法定監査と監査基準

シンガポールの現地法人および支店は，監査を受ける必要がある。ただし，特定の株式公開会社を除き，中間監査や四半期レビューは義務づけられていない。なお，駐在員事務所は監査が不要となっている（KPMG シンガポール［2015］，50 頁）。

したがって，日本において非上場であるにもかかわらず，シンガポールに現地法人や支店を有する企業は，監査を受けた後，監査済み財務諸表を登記する必要がある（KPMG シンガポール［2015］，52-53，54 頁）。

監査基準は，基本的には国際監査基準と大きく変わらないとされ，いくつかの条件を満たした場合，監査が免除される[9]。

## (3) 税制

進出推奨の土壌として優遇税制がある。法人税制をはじめとして，多種多様な優遇措置が用意されており，シンガポール進出企業はそれらの優遇措置

---

[9] 詳細は，KPMG シンガポール［2015］，52 頁を参照されたい。年間売上高，総資産額，従業員数などがその規準となっている。

を競争力を高めるビジネス環境として利用している。主たる投資優遇措置は次のとおりである[10]。

　法人税率は17%（2010年課税年度より18%から1%引き下げ）である。アジアでは，香港の16.5%に次ぐ低税率である。

　課税所得の稼得のために発生した費用は，原則として損金算入できる上に，役員報酬や接待交際費等についても限度額が定められていない。事業関連であれば全額損金算入できる点に特徴がある。

　これに対して，為替差損や借入金利子についても一部損金不算入とされている他，減価償却費の損金算入についても建物等に係る減価償却費は一部承認を受けたものを除いて損金算入が認められないなど，日本との相違がある。

　不動産税の税率は物件の年間評価額の10%である。また，シンガポールではキャピタル・ゲイン課税がない。

　約80ヵ国・地域と租税条約を締結しており，シンガポールに置かれた地域統括会社は，租税条約により配当や利息，ロイヤルティなどへの二重課税を防止できる。

　国外所得免除方式の課税制度を採用している。国外源泉所得はシンガポールに送金した場合にのみ課税され，ある特定の所得はシンガポールに送金した場合でも免税になる。

　ワン・ティア法人税制度を採用している。シンガポールに置かれた持ち株会社や地域本社が本国に配当する際には一切課税が生じない。シンガポール企業が支払う法人税が最終の納税となる。

　これらの税制は，日本のみならず多くのグローバル企業にとって魅力的なものであろう。持ち株会社の増加，直接投資の増額，各種ハブ機能の強化を支える基盤として指摘することができる。

　シンガポールは，アジア地域統括会社の拠点としての役割を大きく果たしている。1980年代から電気メーカーなどがシンガポールや香港に地域統括会社を設置して，本社機能の一部を移管する動きが始まっているが（みずほ銀行国際戦略情報部編［2016］，154頁），1990年代に中国進出が本格化するに

---

10)　いずれもARC国別情勢研究会［2017］，62-63, 66-70頁より引用・参照して作成。

つれて中国に地域統括会社を設立したり，自動車メーカーや自動車部品メーカーなどは，タイにアジア地域統括会社を設置したりする事例なども見られる。つまり，時代や業種，地域や制度に適応して日本企業は世界各地に地域統括会社を設立していると考えられるのである[11]。

2012年にジェトロ・シンガポール，シンガポール日本商工会議所，在日本国シンガポール大使館が実施した「第3回在シンガポール日経企業の地域統括機能のアンケート調査」によれば，シンガポール統括会社が域内グループ企業に対して提供する機能は，販売マーケティング（71.4%），人事・労務管理・人材育成（67.5%），金融・財務・為替（62.3%）が上位を占めているとのことである（ジェトロ・シンガポールほか［2012]）。

アジア諸国での販売網の構築，情報収集やネットワークの構築，現地の優秀な人材の確保・育成，資金の効率的な運用・管理（グローバル・キャッシュ・マネジメント：GCM）などの視点からシンガポールは日本企業にとって魅力のある国と考えられているようである。

---

11) 山内［2014]は，地域統括会社化の課題について次のように指摘している。統括会社の役割が不明確であり，果たす機能が共通間接業務の請負や業績の集計業務に限定され，統括機能を発揮していない点が課題である。また，日本親会社から地域統括会社化の方針が出されても，責任範囲の明確化や権限委譲が不十分であり，統括対象域内で親会社の各事業部の管理が縦割りで存在することが多く見られる。

## 2 調査概要

研究目的やシンガポールの投資環境，先行研究を踏まえ，2017年11月に
シンガポールにおいて，主に**図表7-8**に示す進出企業を対象に経営課題およ
び会計課題に関する調査を実施した。本章では紙幅の関係からG社の調査内
容について具体的に取り上げることにする。

■ 図表7-8　シンガポール進出企業の調査概要

| | 上場現地法人　F社<br>日本本社の100%子会社 | 上場現地法人　G社<br>日本本社の連結子会社 |
|---|---|---|
| インタビュー日時,<br>場所 | 2017年11月28日（火）<br>10：55〜12：00<br>F社　シンガポール社 | 2017年11月28日（火）<br>15：30〜17：30<br>G社　シンガポール社 |
| インタビュアー | 仲尾次，宗田 | 仲尾次，宗田 |
| インタビュイー<br>（職位） | P氏<br>（社長） | R氏<br>（社長） |
| 進出時期 | 2010年代 | 2010年代 |
| 進出形態 | 現地法人 | 現地法人 |
| 事業内容 | ロジスティクス事業 | 東証：その他製品 |
| 進出の背景・目的 | 国内競争の激化による市場開拓<br>グローバルネットワークの拡充・強化 | ASEAN市場の開拓，交通利便性による費用対効果，政治的・税制的なメリット |
| 経営課題 | 人材確保，競合と補完，フォワーディング中のダメージ，安全教育 | 模倣，コピー品が多く低価格が脅威<br>Job hoppingが一般的で豊富な知識を持つベテランの育成と確保が難しい |
| 会計業務 | ERPを導入し，会計実務は現地の経理担当者が行っている | ERPを導入し，会計実務は現地の経理担当者が行っている。 |
| 会計課題 | 自社のERPと本社の連結パッケージへの入力作業<br>上場に伴う情報開示 | 支払いサイトが長く資金繰りの悪化，<br>自社のERPと本社のシステムへの入力作業，本社の会計情報要求への対応，グローバルな業績評価基準 |

| | 上場現地法人　H社 | 会計事務所　I社 |
|---|---|---|
| インタビュー日時, 場所 | 2017年11月28日（火）12：45～13：40 H社　シンガポール事務所 | 2017年11月27日（月）9：00～10：25 I社　シンガポール事務所 |
| インタビュアー | 仲尾次, 宗田 | 仲尾次, 宗田 |
| インタビュイー（職位） | Q氏（社長） | S氏（パートナー） |
| 進出時期 | 2010年代 | 2000年代 |
| 進出形態 | 現地法人 | 現地法人 |
| 事業内容 | サービス業 | 会計監査・コンサルティング |
| 進出の背景・目的 | 国内競争の激化による市場開拓 | アジアを中心とした日本企業の海外進出サポート |
| 経営課題 | 顧客獲得（現地サービスイベントの催行, 東南アジア諸国の管理統括） | 人材流動を前提とした組織構築, 監査・コンサルティング以外の業務への対応, データ管理等のセキュリティ |
| 会計業務 | ERPを導入し, 会計実務は現地の経理担当者が行っている | － |
| 会計課題 | 本社とのシステム統合 | 特にない |

出所：各インタビューをもとに筆者作成。


# 3　G社へのインタビュー調査結果

## (1) 会社概要

　G社は, その他製品の製造・販売を事業とする日本法人T社の100％子会社として2012年にシンガポールに設立され, ASEANでの販売を担っている。G社は主要パテントを数多く保有し競合他社に対して優位にあり, 同社製品は高級ブランドとして世界で認知されている。日本法人T社およびG社のマレーシアに設立した子会社S社を含むG社の業務フローは**図表7-9**に示すとおりである。

　また, ASEANにおけるG社の各国の販売体制は4つに分類できる。①G社によるシンガポール・インドネシアの一部・その他の地域への直販, ②S

### ■ 図表7-9　G社の業務フロー

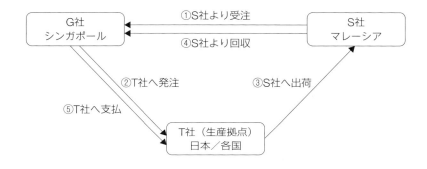

出所：G社提供資料をもとに筆者作成。

社によるマレーシアへの販売，③G社によるタイの代理店への販売，④G社によるベトナムのグループ販売会社への販売（G社提供資料より）。

## (2) シンガポール進出のメリット

　シンガポール進出のメリットとして，R氏は次の点を挙げている。

- シンガポールがASEANの中心地，ハブであること。
- 人件費・倉庫のコスト高に対して，空港へのアクセス，日本へのアクセスがよく便数も多い。
- 小さい国だが開拓の余地が大きい。国土も埋め立てにより広がっている。
- 日本製の人気が高くASEANおよびの世界のへの波及効果がある。とりわけ，将来的にASEAN経済の発展が望める。
- 政治的安定，カントリーリスクが低い。
- 無関税，低法人税率。

　以上のように，シンガポール進出の背景には，交通利便性による費用対効果，ASEAN地域の拠点，政治的・税制的なメリットが挙げられていた。

## （3）経営課題について

　現時点ではG社固有のもの，シンガポールに進出したからこそ発生したもの，他社でも発生するものなど経営問題が混在しているが，課題を含めた経営全般についてR氏から伺ったところ，以下の10点について確認することができた。

### ①海外展開上克服した経営課題，難しい経営課題

- 代理店から直販（販売会社）への切り替えをスムーズに実現した。
- 本格的な進出が遅れたASEANで急速にマーケットシェアを伸ばした。
- 回収サイトが長く資金繰りに苦労している。
- 並行輸入やネット販売の低価格が問題になる。

### ②現地の文化

- インドネシアでは通関時にトラブルが度々発生する（輸出時，DHL海外発送サービス，手荷物）。
- シンガポール以外では不透明な取引慣行が横行している。

### ③利益管理

- 予算は年間の営業別，顧客別，月別，売上予算をもとに管理し，毎月の営業会議で個別の実績を発表し対策を協議している。営業会議を重ねる過程で先行受注を確保する姿勢が出はじめ売上が伸びた。
- KPIについては設定しておらず，簡単な独自の評価表を活用している。

### ④人材マネジメント

- R氏は日本人であり，本社のアジア営業部や海外勤務経験を豊富に積んだ後に現職についている。とりわけ東アジアでの豊富な経験（現地の環境に精通・現地従業員との円滑なコミュニケーション）を有する。
- 現地の人材は全般的に優秀であるが，Job hoppingが一般的で豊富な知識を持つベテランの育成と確保が難しい。
- 親日家が多いが，日系企業は長期的な視点で給与を決定するため，短期的な所得増を望む現地労働者の感覚に合わない。自己評価が高く，自己主張が非常に強い。遅刻が多く，遅刻3回で解雇する契約にしている。個人の業績は，遅刻，人間関係を損なう行動，上司の指示に忠実に従ったかなどにより評価している。

海外進出子会社の会計行動から見える異文化会計　**第7章**

⑤模倣被害と競合

- 模倣品，コピー品が多い。顧客も偽物と認識しつつ購入している。
- 主たる生産地である中国税関に認定工場の登録を行い，偽物の出荷を止める対策を進めている。
- 中国の展示会会場で中国政府機関の協力を得て偽物の取締りを実施している。
- 世界のリーディングカンパニーとして同業他社と世界中で激しく競合し合っている。

⑥今後の事業展開

- シンガポール・マレーシアで成功した日本型直販営業をその他の国に水平展開し，シェアアップを目指す。

⑦今後必要な現地国からの支援

- 安全な移動と時間の短縮が可能となる道路，鉄道などのインフラ整備。
- 自社製品に関連する産業の発展に不可欠な自然環境の改善。
- インドネシアにおける通関業務の透明性と迅速化。

⑧今後必要な日本からの支援

- ASEAN 諸国との友好関係を維持発展させる。
- JAPAN ブランドの魅力を高め，さらに ASEAN 諸国に浸透させる。

⑨今後必要な本社からの支援

- 優秀な海外駐在員の育成と現地派遣。
- 知的財産の保護。
- 移転価格問題に注意した商品開発と販売促進支援。

⑩想定されるリスク

- 発展途上国にありがちな急激な為替変動。
- 各国の政変や政府による突然の政策変更。
- Job hopping による人材の流失。
- イスラム国におけるテロ。


## (4) 会計課題について

経営課題に引き続き会計課題について伺ったところ，以下の9点について

191

確認することができた。

①**会計システムについて**

- 会計ソフト ERP を導入し，本社とはシステムを利用して連結決算を行っている。

②**会計実務について**

- 会計実務は現地の経理担当者が行っており，日本からは不定期で経理担当が出張して来ることがある。

③**採用会計基準について**

- FRS に準拠している。シンガポール基準である FRS は若干のカーブアウトはあるものの，IFRS をアドプションした基準である。

④**外貨換算について**

- 前月の平均レート（SMPC）を適用している。

⑤**現地言語への対応**

- 提出書類には日本語版・英語版の双方があり，大きな問題はない。
- 月次報告も項目について日本語対訳があり，すでに習熟している。
- 日本語スピーカーが数人おり，対応できている。

⑥**商慣習から生じる課題**

一般的に支払いサイトが長く資金繰りの悪化要因になっている。

⑦**財務諸表作成時期**

- 月次売上速報は，売上見込を月末から営業日 3 日前に報告。
- 月次営業報告は，PL 実績を月初から営業日 3 日に報告。
- 四半期営業報告は，当該月の翌々月に報告。本社は 3 月末決算。
- 予算および中期計画作成は，毎年 10 月下旬に 3 ヶ年計画を作成する。

⑧**親会社への説明責任**

- 親会社へは⑦の報告書で定期的に経営内容の詳細について説明している。
- 法人として規模にかかわらずワンセットの報告書を作成しなければならず，本社からは国内に要求する報告書と同様な要求がある。したがって，本社が数十名でこなす内容を数名の現地法人に要求することになる。さらに，本社は必要性が不明な細かいことまで聞いてくる。選択と

海外進出子会社の会計行動から見える異文化会計　**第7章**

集中といいながら重箱の隅的な質問をする。

⑨**会計士・弁護士**

- 会計事務所と契約し，日常的にアドバイスを受けている。
- 法律関係は主に本社が窓口となり，適時アドバイスを受けている。

## 4　シンガポール進出子会社の会計行動から見える異文化会計

　日本企業のシンガポール進出の状況について概説した上で，G社を題材として経営課題，会計課題について概説し，その特徴について分析した。台湾進出企業の事例に倣い要約すると**図表7-10**のとおりである。

　現在G社が抱えている会計課題として，まず，現地の商慣習である支払サイトの長さに起因する資金繰りの悪化が挙げられる。これはG社に限らず，現地の企業と取引を行うすべての進出企業が共有する課題である。続いて，日本本社との関連において発生する会計システム上の課題と，本社の会計情報要求への対応が挙げられる。とりわけ，G社においては，限られた人材で本社からの情報要求に対応することに苦心している様子が窺えた。日本本社側の見える化要求が過度もしくは現地ミスマッチを生じさせている可能性がある。さらに，G社においては，自己評価と自己主張が強く，短期的な結果を求める現地の人材を納得させるような人事評価制度の構築が喫緊の課題とのことであった。

　会計基準の相違は，制度的隔たりのひとつとして指摘されることが多いが[12]，シンガポールの場合，FRSがIFRSとほぼ同等であり，IFRSが導入されていることから，特に会計課題として指摘されることはなかった。これは，会計基準の標準化の恩恵を海外進出企業が受けていることの一例であろう。

---

[12]　たとえば，一条・野村総合研究所[2017]，18-19頁。

■ 図表 7-10 G社における会計課題を基礎とした課題の性質区分

| | 会計課題の性質 | | |
|---|---|---|---|
| | G社固有 | シンガポール進出企業共有 | 海外進出企業一般 |
| ①会計システム | 日本法人本社との関係により発現 | 企業の進出先，規模等にかかわらず，海外に拠点を有した場合は，何らかの会計システム上の連携が必要 | |
| ②会計実務 | ERPを導入し，会計実務は現地の経理担当者が行っている | | 企業規模や管理能力，進出先などによりさまざまな形態 |
| ③採用会計基準 | G社に限らず海外進出企業にはつきまとう課題として発現する。ただし，進出国がIFRSを適用しているか否か，それが強制適用か任意適用かは重要な論点。また，IFRSと進出国の会計基準がどの程度コンバージェンスしているか，IFRS for SMEsを導入しているかについても課題の発現が異なる | | |
| ④外貨換算 | 海外進出企業には必ずつきまとう課題<br>機能通貨に関しては，進出先や企業により異なる | | |
| ⑤現地言語対応 | 提出書類には日本語版・英語版があり，日本語スピーカーも数人おり，大きな問題はない | 海外進出企業には必ずつきまとう課題。とりわけ非英語圏での課題 | |
| ⑥商慣習 | 一般的に支払いサイトが長く資金繰りの悪化要因になっている | | 現地国での商慣習への対応 |

注：より厳密には，日本法人側（多くは本社）で発生する課題と，現地法人側で発生する課題を
　　峻別するべきであるが，本章ではそれらを包含して既述している。
出所：筆者作成。

# IV　むすびに代えて

　本稿では，台湾やシンガポールに進出した日本企業の現地法人を調査対象として経営課題と会計課題に関する考察を重ねてきた。

　柴（第1章）で示した4つの視点（グローバル，ローカル，ノン・フィナンシャル・マネジメント，フィナンシャル・マネジメント）から，日本法人

海外進出子会社の会計行動から見える異文化会計　**第7章**

**■ 図表 7-11　異文化会計の視点別課題**

| 視点 | グループ全体の課題 | |
| --- | --- | --- |
| | **日本法人（本社）課題** | **海外子会社（現地法人）課題** |
| グローバル | グローバル（地球規模，他地域）での経営を行う<br>⇒会計課題は，本社と子会社間の会計処理，適用会計基準（共通のモノサシ），子会社へ要求する情報（実態把握方法）・比較可能性確保 | 本社指示により，各国／地域で製造，販売，サービス提供を行い，その成果を報告する<br>⇒会計課題は，本社要求に基づく会計情報の作成，現地会計（制度，慣行等）への対応（会計情報作成コスト），税制対応，各種規制対応 |
| ローカル | 海外子会社の財務諸表の取り扱い（透明性の確保・モニタリング），為替換算（円，ドル等），監査 | 現地商慣習，現地文化への対応，機能通貨，記録通貨，報告通貨（税務当局）現地対応，日本語レポーティングパッケージ（決算書）の作成，日本基準への組替え，記帳，監査 |
| ノン・フィナンシャル・マネジメント | ハンドリング／コントロール，権限委譲，地域統括会社の有無，本社報告義務，現地法人社長・経理担当者のローテーション | 現地法人への権限委譲，現地マネジメント，雇用（人事・給与），ビザ，情報管理，安全管理 |
| フィナンシャル・マネジメント | 資金調達，出資，配当，納税，CF管理，開示 | 現地法規制対応，CF管理，海外送金，配当，納税 |

出所：筆者作成。

（本社），海外子会社（現地法人），グループ全体の会計課題を整理して示すと**図表 7-11** のとおりである。

　日本法人（本社）の課題と海外子会社（現地法人）の課題を可能な限り切り分け，両者はグループ全体の課題としたグローバルビジネスを展開する日本企業が，その規模や進出形態に応じて，異なる会計課題を抱えていることは明らかである。海外進出先の組織が現地でどのような会計上の規制を受けるのか，会計関連事項として税制上の規制を受けるのかが深刻になるケースがあった。たとえば，台湾では統一発票制度に基づく会計処理が1つの焦点であった。逆に，シンガポールでは市場規制が緩やかであることから，会計課題がほとんど出てこないという点も見受けられた。ここから明らかなよう

195

に，会計は異文化コミュニケーションの促進要因であると同時に阻害要因で
もあることが理解できる。

　日本と異なる国や地域であっても，営利企業は利益追求を行う以上，会計
という言語により，その成果を把握する必要がある。この意味で，本来的に
会計は，異文化コミュニケーションの促進要因としての役割を有していると
いえる。しかし，海外進出企業が，現地の会計規制にどう対応しているかに
ついては，各社それぞれの対応であるだろうし，今回の調査では，現地の会
計基準（特定の会計基準）への対応という点からの課題はあまり見られなかっ
た。IFRS導入や任意適用，各国の会計基準がIFRSに近づきつつあることを
契機として，異文化コミュニケーションの阻害要因としての会計（とりわけ
規制面）は解消してきていると考えることができる。

　本社の情報要求は現地の見える化を遂行するために必要であるといわれる
ものの，本社と子会社間での意思疎通が円滑であれば，特段問題ではない
ケースが見られた。一方，本社の情報要求が高いにもかかわらず，現地子会
社の経理リソース不足により対応できないケース，提供した情報がどのよう
に活用されているか不明なため，対応意欲が減退するというケースも見られ
た。IFRS移行時や会計システムを社内で構築する際における大きな会計課
題の1つであろう。

　以上の考察より，会計は国境を越えるものの，経営がローカル化すること
やグローバル化することにより，本社とのさまざまな差異を生み出し，結果
として会計課題へとつながることが明らかとなった。

　本社の立場では，異文化コミュニケーションの促進要因としての会計が想
定され，実際にIFRS導入や任意適用を契機として，異文化コミュニケー
ションの阻害要因としての会計は解消してきていると考えられる。また，会
計基準間の差異については組替えを行うか，重要性の原則により組替えの範
囲外とすることで対応を図る事例が見られた。しかし，現地法人やグループ
全体の発展を考慮すれば，現在，重要性の原則で適用外としている連結上の
組替えが会計課題，異文化コミュニケーションの阻害要因ともなりかねない。

　一方，現地法人の立場では，現地の会計規制や商慣習，本社からの情報要
求に対応することに終始する事例が見られた。また実務上は税法の統一発票

に基づく収益認識や債権債務管理が行われ，ここでは会計が環境要因として捉えられ，異文化コミュニケーションの阻害要因となりうることも明らかとなった。

　結論的にいえば，異文化会計は，ローカル会計の透明性を確保することを通じて，グローバルに比較可能性を確保する会計と言い換えることが可能であろう。昨今の会計基準間競争（IFRS や U.S.GAAP，日本基準）では，会計基準の差異を縮小すること，標準化することを重視していると考えられるが，依然として国境や地域の間ではさまざまな諸制度を含め差異が存在していることはいうまでもない。文化や社会に差異があることを考えれば，同じ会計規制（基準）から作られた会計情報が必ずどの国，地域でも同じ会計情報としての質を持つと考えるのは，現実を見誤る可能性をはらんでいると考えることも可能である。

　したがって，差異そのものが問題ではなく，会計を含め，当該差異を認識することや国や地域/法域ごとの類似点・相違点を把握すること，あるいは利用することが重要であり，グローバルに展開する企業が喫緊に対応しなければならない会計課題であると指摘できる。

　本章で考察した事例は限られたものであったが，日本企業が海外進出時に直面する会計課題の固有性について実態把握を試みた結果，次の結論が得られた。①近年の会計基準のコンバージェンスの影響を日本企業の現地法人がどのように受けているのかを明らかにした点，②会計（とりわけ IFRS）が異文化コミュニケーションの促進要因であることを補強できた点，③会計が異文化コミュニケーションの阻害要因ともなる事を明らかにできた点，④阻害要因となる場合の理由について整理し提示した点にあった。

　本章で対象にした企業は 9 社にとどまり，限られた調査・研究しか行えなかったことから，今後の課題は，引き続き，対象国，対象企業を増加させることにより，異文化会計の実相について考察を深めていことである。また，われわれの暫定的結論が次の事例研究や実証研究に示唆を与えることになれば幸いである。

（謝辞）

本章の作成に際して，インタビュー調査にご協力していただいた皆様に対し，心より感謝申し上げます。


## 参考文献

Ghemawat, P.［2007］*Redefining Global Strategy : Crossing Borders in a World Where Differences Still Matter*, Harvard Business School Publishing.（望月衛訳『コークの味は国ごとに違うべきか―ゲマワット教授の経営教室―』文藝春秋，2009年）

Radebaugh, L.H., S.J. Gray and E.L. Black［2006］*International Accounting and Multinational 12 Enterprises*, John Wiley & Sons, Inc.（小津稚加子監訳『多国籍企業の会計：グローバル財務報告と基準統合』中央経済社，2007年）

財政部「統一發表使用辦法」［2018］〈http://www.rootlaw.com.tw/LawArticle.aspx?LawID = A040070050004400-1070119〉（最終閲覧日：2018年6月20日）。

粟田輝・高津輝章［2013］「海外子会社管理の現状と課題」『企業会計』第65巻第9号，18-23頁。

一条和生・野村総合研究所グローバルマネジメント研究チーム編［2017］『グローバル・ビジネス・マネジメント：経営進化に向けた日本企業への処方箋』中央経済社。

今枝昌宏［2014］『ビジネスモデルの教科書』東洋経済新報社。

ARC国別情勢研究会［2016］「ARCレポート：経済・貿易・産業報告書2016/17台湾」。

ARC国別情勢研究会［2017］「ARCレポート：経済・貿易・産業報告書2017/18シンガポール」。

大久保昭平編著［2015］『中小・ベンチャー企業のための東南アジア進出戦略』中央経済社。

沖縄タイムス［2017］「沖縄の居酒屋，生き残りを懸け台湾進出『日本食が人気ある』」〈http://www.okinawatimes.co.jp/articles/-/15997〉（最終閲覧日：2017年2月26日）。

小澤義昭・松本祥尚［2018］「わが国企業の海外子会社におけるGCMの適用状況：シンガポール子会社を中心に」国際会計研究学会研究グループ『グローバルビジネスの会計課題に関する研究：2018年度 最終報告』。

黄 曉雯［2015］「商業會計法規新制上路」『會計研究月刊』第358号，60-62頁。

金融庁［2015］「IFRSレポート」。

経済産業省［2016］「海外現地法人四半期調査」〈http://www.meti.go.jp/statistics/tyo/genntihou/index.html〉（最終閲覧日：2017年8月19日）。

KPMGシンガポール［2015］「2015年度版シンガポール投資ガイド」〈https://assets.kpmg.com/content/dam/kpmg/pdf/2016/05/jp-singapore.pdf〉（最終閲覧日：2018年8月29日）。

KPMG［2017］「中華民国台湾投資環境案内2017年版」〈https://assets.kpmg.com/content/dam/kpmg/jp/pdf/jp-taiwan.pdf〉（最終閲覧日：2017年3月11日）。

佐藤郁哉［2002］『フィールドワークの技法』新曜社。

ジェトロ・シンガポール・シンガポール日本商工会議所・在日本国シンガポール大使館［2012］「第3回在シンガポール日系企業の地域統括機能に関するアンケート調査報告書」3月27日〈https://www.jetro.go.jp/ext_images/jfile/report/07000868/sg_jp_region_summary_report.pdf〉（最終閲覧日：2018年8月22日）。

ジェトロ・シンガポール事務所［2017］「シンガポールにおける外国企業の会社設立・清算手続きの概要」〈https://www.jetro.go.jp/ext_images/_Reports/02/2017/91d11461a568aef3/sgrp-201709.pdf〉（最終閲覧日：2018年8月22日）。

ジェトロ・シンガポール［2018］「シンガポール概況と日系企業の進出動向」〈https://www.jetro.go.jp/ext_images/_Reports/01/1cdcbbf76d759bcf/20180011.pdf〉（最終閲覧日：2018年8月22日）。

JETRO［2017］「台湾」〈https://www.jetro.go.jp/world/asia/tw/invest_04.html〉（最終閲覧日：2017年3月11日）。

自治体国際化協会シンガポール事務所［2015］「シンガポールにおけるIR（統合型リゾート）導入の背景と規制」, Clair Report, No.417, May 11。

税理士法人トーマツ［2014］『アジア諸国の税法（第8版）』中央経済社。

卓　敏枝・盧　聯生・劉　夢倫［2017］『税務會計』三民書局。

田崎嘉邦［2013］「急増する日本企業の台湾投資」『交流』第862号。

田崎嘉邦［2016］「台湾経済の動向と日本企業の台湾進出有望業種」『NRIパブリックマネジメントレビュー』第161号, 1-6頁。

中華民国経済部投資業務處・野村総合研究所台北支店［2013］「在台日系企業の事業動向及び課題に関するアンケート調査 調査結果」〈http://www.japandesk.com.tw/pdffile/enquete_final_jp_1104edited.pdf〉（最終閲覧日：2017年2月13日）。

東洋経済新報社［2018］『海外進出企業総覧［国別編］2018年版』東洋経済新報社。

仲尾次洋子［2017］「台湾における中小企業向け会計基準の構築」『中小企業会計研究』第3号, 2-12頁。

仲尾次洋子・宗田健一［2018］「台湾進出企業の会計課題に関する調査報告」『名桜大学総合研究』第27号, 137-148頁。

仲尾次洋子・宗田健一［2019］「シンガポール進出企業の会計課題に関する調査報告」『名桜大学総合研究』第28号, 105-119頁。

日本在外企業協会［2014］「「日系企業における経営のグローバル化に関するアンケート調査」結果報告について」〈https://joea.or.jp/wp-content/uploads/pdf/Survey_Globalization_2014.pdf〉（最終閲覧日：2019年5月5日）。

藤本隆宏・高橋伸夫・新宅純二郎・阿部誠・粕谷誠［2005］『リサーチ・マインド 経営学研究法』有斐閣アルマ。

みずほ銀行国際戦略情報部編［2016］『グローバル化進む日本企業のダイナミズム』金融財政事情研究会。

みずほ銀行国際戦略情報部［2017］「シンガポール投資環境」9月〈https://www.mizuhobank.co.jp/corporate/world/info/investment_environment/pdf/singapore.pdf〉

（最終閲覧日：2018 年 8 月 22 日）。
山内正美［2014］「シンガポール進出日系企業における最近の経営管理課題」『情報セン
　　サー』8 月・9 月 合 併 号〈https://www.eyjapan.jp/library/issue/info-sensor/pdf/info-
　　sensor-2014-08-08.pdf〉（最終閲覧日：2018 年 8 月 29 日）。
山田　敦［2012］「1950 年代日本商社の台湾再進出」『名古屋市立大学大学院人間文化研
　　究科　人間文化研究』第 18 号, 213-222 頁。


## 付記

　　本章は JSPS 科研費 18K12894 の助成を受けたものである。

　　また，名桜大学総合研究所一般研究（2016 年），名桜大学総合研究所学際的共同プロ
ジェクト（2017 年，2018 年）の助成を受けた研究成果の一部である。

# 第 **8** 章

## 中小製造業における
## 経営の現地化と
## 管理会計システムの適合
### 株式会社西部技研の
### 中国現地法人を事例として

# I　はじめに

　1980年代以降，企業のグローバル展開における管理会計を論じる「国際管理会計」と呼ばれる研究領域が生まれ，多国籍企業における管理会計問題を対象とした研究が行われてきた。たとえば，多国籍企業におけるマネジメント・コントロール（Management Control）を対象とした先行研究をレビューした Sageder and Feldbauer-Durstmüller [2018] によれば，事業展開におけるマネジメント・コントロール，多国籍化の進め方，本社所在国における環境・文化，多国籍企業内の親会社と子会社との関係性，子会社の規模や社歴，設立形態といった特徴，子会社が所在する環境や現地ネットワークによる影響といった視点で研究成果が残されている。

　日本国内における「国際管理会計」研究では，1990年代から2000年代初頭にかけて多くの業績が残されており，日本国内の本社と海外子会社との間の国際振替価格や業績管理にかかわる問題が中心的に取り上げられてきた。また，サーベイ調査を用いて海外現地法人の管理会計システムについて調査を実施し，その実務に迫ろうというアプローチがとられてきた（西村 [2003]，中川 [2004] などが代表例）。このような研究は，日本企業の国際戦略を展開する上で内部管理システムの重要な一端を担う管理会計システムがいかに構築されているのかに焦点を当てている。あるいは，岡野 [2003] のように，原価企画という全社的な原価管理に向けた取り組みを管理会計と経営管理，技法と実践が融合する「日本的管理会計」という文脈で捉え，国際的な比較研究を行うような成果も見られる。近年でも窪田 [2017]，諸藤 [2017] のように，グローバル展開している日本企業（上場企業）の事例をもとに，マネジメント・コントロールのあり様を明らかにしている。

　本稿では，このような先行研究を基点に「国際展開している中小製造業における管理会計システム」に焦点を当てた検討を行う。ここで特別に中小企業を取り上げるのは，会計技法が中小企業のニーズに適合的に作られ，かつ簡素化されているということ，かつ中小企業は大企業に比べて管理会計システムを柔軟かつ企業の経営目標に適合的に作り変えていくことが可能だとさ

れている点にある（Welsh and White［1981］, Mitchell and Reid［2000］)。
この指摘に従えば，日本国内で事業を営む中小企業が海外展開を行うに際して，大企業に比して簡素化された管理会計システムを現地の状況に合わせて適合的に作り変えている可能性があると考えられる。あるいは，大企業に比して組織内部の階層が少なく，比較的フラットなので，商慣行や現地で採用された組織成員が持つ文化的背景が管理会計システムのような組織内部における管理のために機能するシステムに対して，どのような影響を与えているのかを経営者や管理者を対象とした調査の中で観察できる可能性があろう。

　そこで本稿は①中小製造業，②経営の現地化，③管理会計システムの適合という3つの視点から，中小企業が海外子会社（現地法人）を設立することによって起こりうる管理会計課題を検討する。


# II ｜ 企業のグローバル化に伴う管理会計問題 ―国際管理会計と日本的管理会計―

　1980年代以降，管理会計学界では管理会計研究のグローバル化の問題が注目されるようになった。Sageder and Feldbauer-Durstmüller［2018］による多国籍企業におけるマネジメント・コントロールの先行研究レビューによれば，1991年以降79編の論文が発表されている。さらにそれらの研究視点は，事業展開におけるマネジメント・コントロール，多国籍化の進め方，本社所在国における環境・文化，多国籍企業内の親会社と子会社との関係性，子会社の規模や社歴，設立形態といった特徴，子会社が所在する環境や現地ネットワークによる影響をテーマとしている。

　たとえば，Harzing and Sorge［2003］が多国籍企業ではグローバルな組織目標に見合うような事業部（ユニット）を調整するためのさまざまなコントロール機構を機能させる必要があると指摘しているし，Van der Stede［2003］が本社所在国の文化や事業（取引）慣行がマネジメント・コントロール，特に予算や予算に関連のあるインセンティブ・システムに影響するとともに，マネジメント・コントロールのデザインを決定づけると述べている。そして，

Sageder and Feldbauer-Durstmüller［2018］は，グローバル展開している企業の「マネジメント・コントロールと管理会計のデザインは，文化や市場からの要求のような外的要因と同様に，本社や子会社における内部要因に依存する。本社＝子会社間の関係性や子会社の所在国におけるコンテクストとの接合もマネジメント・コントロールに及ぼす要因となる」（Sageder and Feldbauer-Durstmüller［2018］, p.1）とまとめている。

業績管理システムに焦点を当てて研究を行った Busco and Scapens［2008］は，多国籍企業が事業を展開している全世界で統一的な目標を達成するために，組織内部の調整と統合を行いながら，進出国での地域への適応や，差別化，柔軟な対応を図ることが求められている中で，本社と海外子会社の垂直的関係と海外子会社相互の水平的関係，業務の統合と分化，意思決定の集権化と分権化といったテンション（tension）の存在を提示し，国際的に展開している企業を事例に3つの視点から管理会計に関連した問題に焦点を当てている。

また，日本企業の海外展開に関連して，生産管理や組織成員の望ましい行動，標準化，成果を得るまでのプロセスの遵守を求めるプロセス・コントロール（Process Control）に着目した研究もいくつか残されている。たとえば，Taylor［1999］は日系企業が中国に設立した合弁工場31ヶ所を対象に調査を行い，その中の3ヶ所についての詳細なインタビュー調査結果をまとめている。そこでは，生産管理については日本化（Japanization）が進められているが，人事制度は現地の状況に合わせて整備されていることを明らかにしている。また，日本企業や台湾企業は，欧州企業に比してルールの明確化，手続きの可視化によるプロセス・コントロールがタイト（Chang et al.［2009］）であることや，米国の多国籍企業よりもハイレベルのプロセス・コントロールを好む（Chow et al.［1999］）といった点も指摘されている。

日本における国際管理会計研究では，MAFNEG研究会［1991］が，より広範にグローバル企業の行動様式や組織特性，組織構造と管理会計システムとの関係を捉えるべきだと指摘している。また，国際管理会計を議論する際に意識されるのは国際経営分野における研究蓄積との接合であり，特にBartlett and Ghoshal［1989］によるグローバル競争下でのマネジメントに関するフレームワークをもとに，多国籍企業の発展プロセスについて述べてい

中小製造業における経営の現地化と管理会計システムの適合 **第8章**

る（岡野 [2003]，伊藤 [2004]，中川 [2004] など）[1]。結果として，**MAFNEG**
研究会 [1991] では「日本的管理会計」の特徴を析出することが国際管理会
計を論じる上で重要な視点であると指摘している。

　では，そもそも「日本的管理会計」とはいかなるものなのであろうか。岡
野 [1995] は，日本的管理会計を「日本企業で開発された管理会計について
のシステムおよび理論」であるとしている。その特徴は「生産現場だけにと
どまらず，設計や製品開発などのプロセスに遡ろうとする源流管理への志向，
それを支えるための部門を超えた全社体制の構築，それを可能とした計画と
執行との再統合」（岡野 [2003]，6 頁）であるとしている。そして，日本企
業における会計機能は組織内部の調整を図ることが中心的な機能であり，
「実質的な意味での計画機能と統制機能は事業部，工場，製造子会社などに
移譲され，自律性を持っていたことに留意すべき」（岡野 [2003]，7 頁）だ
という。

　このように，岡野 [2003] は日本企業における管理会計実践においてコン
トローラーを中心とした管理活動を中心としたものではなく，工場や子会社
それぞれの現場において組織単位あるいは個人が原価管理等の具体的な活動
が管理されていくところに特徴があると指摘している。また，具体的な日本
的経営システムの特質として，①機能別管理と方針管理，②現場・現物主義，
③ボランタリー性の強調，④品質・原価などの創り込みと源流管理の 4 点を
挙げている。こうした考察を踏まえ，岡野 [2003] は「日本的管理会計」の
特質を考察するために，計算構造のみならず，責任・権限関係を含む組織形
態などのマネジメント・システム，計算構造とマネジメント・システムの底
流にある社会システム[2] を考察することが必要だと指摘している。そして，

---

1)　Bartlett and Ghoshal [1989] によれば，世界的な統合と現地への適応という2つの軸を基
　　礎として，日米欧の多国籍企業の発展プロセスを踏まえ多国籍企業の類型を4つに分類して
　　いる。すなわち，強力な現地子会社によって各国市場の違いに敏感に対応する「マルチナショ
　　ナル企業」，中央集権型の世界的な規模の経営でコスト優位性を追求する「グローバル企業」，
　　親会社の知識と能力を世界的に広めて適応させる「インターナショナル企業」，企業レベルで
　　はなく企業の活動レベルで統合化と分散化を図る「トランスナショナル企業」である。そして，
　　彼らの議論の特徴は，事業単位の専門化が進み，分散しながらも相互依存性が強い「トラン
　　スナショナル企業」が目指す方向であり，多くの企業がその方向へ進んでいると考えている
　　ことが特徴である。

205

以上のような特徴が日本企業に見られるものであるとすれば，中小企業かつ海外への展開においても，同様の特徴が観察されるかどうかは本稿における検討の重要な手がかりになるであろう。

これに関連して，廣本［2009］は，日本の企業組織が持つ特徴として，組織単位間の緩やかな連結と情報的相互作用[3] による「市場と組織の相互浸透」と，経営哲学を共有して学習し進化する組織としての「自律的組織」の2つを挙げている。特に自律的組織を「市場志向の哲学，更に深い経営哲学を共有しながら，各単位組織が自律性を持ち，自らの環境の変化に敏感に適応する組織」（廣本［2009］, 16-17頁）だとし，「各組織単位は主体的・能動的に行動するが，価値観の共有と相互信頼関係のもとで，情報的相互作用を行うことによって，全体として環境の変化に適応しながら進化していくことができる」としている（廣本［2009］, 17頁）。これを本稿の関心に引き寄せれば，親会社が所在する国とは異なる国や地域で経営活動を行う子会社（現地法人）が，情報的相互作用を組織内部にもたらす機構として管理会計システムや生産管理システムを利用しながら，いかに自律的に組織マネジメントを行っているかを検証することが求められると理解できよう。経営管理システムに対して進出国における文化や取引慣行などの影響がどのようにして滲み出るのであろうか。

以上の議論から，中小企業の海外進出における管理会計問題を取り上げるための分析枠組みを示したものが**図表8-1**である。本稿の主たる目的である①中小製造業，②経営の現地化，③管理会計システムの適合という3つの視点を以下の2点に落とし込んで検討する。

第1に，親会社と子会社のマネジメント，すなわち組織内部のマネジメン

---

2) ここでいう「社会システム」とは，法制度，契約システムを含めた取引慣行や雇用慣行，さらには教育制度や社会の仕組み，個人や企業が持つメンタリティなど，社会を構成するさまざまな仕組みや慣行とそれが形式化された法律などに関連するものと定義づけられている（岡野［2003］, 168頁）。

3) ここでいう情報的相互作用とは，伊丹［2005］による「情報の処理，創造，交換，蓄積のための人々の間の相互作用」（伊丹［2005］, 43頁）と同義であると推察する。本稿が対象とする管理会計システムや生産管理システムを通じて組織内部で共有される貨幣量あるいは物量情報は，組織内部において情報的相互作用をもたらす基礎的な情報であり，これらの情報を用いて組織成員がコミュニケーションを行っていると考えて差し支えないであろう。

### 図表 8-1　本章の分析枠組み

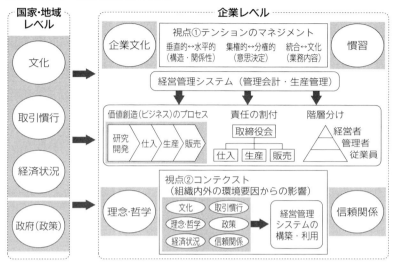

出所：筆者作成。

トの視点から，親会社と海外子会社の関係を統合するのか，分散するのかという点である。親会社に権限を中央集権的に集めるのか，親会社の戦略的意思決定に基づくものの，海外子会社への権限委譲を進めるのかという視点である。そして，そのために管理会計システムあるいは生産管理システムをいかに利用しているのか，進出国の人材をいかに登用しているのかという視点である。これは Busco et al.［2008］でも指摘されているテンションをいかにマネジメントするかという問題といえる。

　第 2 に，子会社が所在する文化や取引慣行という視点から，管理会計技法を国内（親会社）から海外（子会社や現地法人）に移転するのに際して，その影響をいかに考慮するかといった問題である。すなわち，技法の移転がそれぞれの国々の文化や取引慣行の中でどのように行われているのかというコンテクストの問題であり，岡野［2003］のいう社会システムの問題である。具体的には，管理会計や生産管理，人事制度などの社内で利用される仕組みが，企業の海外進出に際して当該国の文化や取引慣行といかに折り合いをつ

けるか，あるいは文化や取引慣行が組織の活動プロセスや組織成員の行動等にどのような影響を及ぼしているのかを観察するということであろう。

　以上から，本稿では組織内部における構造や権限委譲によって生まれるテンションをいかにマネジメントするか，コンテクストや社会システムに合わせて管理技法がどのようにして現地で利用されているのかという点に着目しながら，中国（中華人民共和国）に進出している中小製造企業を事例に経営の現地化と管理会計システムの適合がどのように進んでいるのかについて検討する。


# Ⅲ | 調査概要と西部技研の管理会計システム

　株式会社西部技研（以下，西部技研）は，1965年に設立され，福岡県古賀市に本社を置く研究開発型企業であり，環境保全や省エネ機器メーカーとして独自技術を保有する企業である。同社の経営理念は「独創と融合」であり，2017年6月時点で資本金1億円，従業員230名の中小企業である[4]。

　西部技研での調査は2回にわたって行った。第1回は2016年8月10日に創業者の三男であり3代目社長の隈扶三郎氏と経理部シニアマネージャーの平川美和氏に対し，同社の管理会計システムとその課題について伺った。第2回は2017年2月16日に中国江蘇省常熟市にある同社の中国法人総経理の藤川貴史氏に対し，中国法人の管理会計システムについて伺った[5]。

　以下では，まず西部技研の概要と同社における管理会計システムの概要について述べることとする。さらに，中国法人における管理会計システムの利用について述べる。

---

4)　中小企業基本法の定義では，製造業については資本金の額または出資の総額が3億円以下の
　　会社または常時使用する従業員の数が300人以下の会社および個人とされており，西部技研
　　は中小企業の定義に当てはまる。

5)　2018年4月以降，藤川氏は日本国内に帰任した。

## 1 株式会社西部技研の概要

　西部技研は1965年に設立された環境保全や省エネ機器の研究開発，製品販売を行う研究開発型企業である。もともとは1961年に現在の隈社長の父親である隈利實氏が九州大学の研究者であり，同氏が取得した特許技術を広く実用化することを目的として研究室を学外に立ち上げたことを起源とする[6]。この技術とは「ハニカム積層体」と呼ばれるものである。同社のWebページによれば，ハニカム積層体とは，「ダンボールの板紙のようなものを何層にも重ねて作る構造体で，断面が蜂の巣に似ていることから，一般的にハニカムと呼ばれ」[7]るものであり，西部技研はあらゆる素材をハニカム上に加工できることと，ハニカムにさまざまな機能剤を添着し，特別な機能を持たせることができる。これが同社のコアテクノロジーである。そして，この技術を応用し，除湿機やVOC（揮発性有機化合物）濃縮装置，全熱交換器などの独自性の高い商品を提供している。特に近年では世界的なレベルでの環境規制への対応のために同社製品が使用される機会が増加しており，需要が伸び続けている。**図表8-2**は西部技研が製造・販売している製品の例である。

　こうした技術を海外に展開する契機として，1985年に提携を結んだス

■ 図表8-2　西部技研の製品例

出所：株式会社西部技研Webページ。

---

[6] 創業者の生い立ち，会社設立から発展にかけての一連の過程については，村岡［2012］に詳細に述べられている。
[7] 西部技研Webページ〈http://seibu-giken.co.jp/core-tech〉より抜粋。

ウェーデンのDST社との関係がある。やがて，1993年に同社を買収し子会社化した。また，2001年に米国と2007年に中国に自ら設立した現地法人がある。現在，中国では環境問題への対応や$CO_2$削減等の規制も厳しくなってきているため，年々売上が伸び，事業を拡大している。近年では，2014年に経済産業省より「グローバルニッチトップ企業100選」に選定され，2015年には同省より「ダイバーシティ経営企業100選」にも選定されるなど，技術のみならず経営のあり方においても注目されている企業の1つである。

## 2　西部技研の管理会計システム

　西部技研はハニカム積層体を基礎技術として，工場やビルなどの湿度管理，二酸化炭素濃度のコントロールのための除湿機やVOC濃縮装置，空調用の全熱交換器など製造・販売を行っている。もともとはこうした設備機械の部品メーカーであったものが，設備全体をモジュールとして一貫生産して販売し，さらに現在では設備の据付工事まで行うといった形で事業領域を拡大している。このことを隈社長は部品メーカーがセットメーカーに，さらにエンドユーザーに直接販売し，据付工事まで行うといっただけでなく，「お客さんが本当に欲しいものって機器じゃなくって環境を欲しがる」のだと述べ，部品メーカーから経済合理性の高いソリューションを提供する企業へと移り変わっていると述べている。

　**図表8-3**は西部技研の組織図である。なお，この組織図はインタビュー調査に基づき筆者が作成したものであり，必ずしも正しいものではないことを付言しておく。

　先に述べたように，もともと西部技研は環境機器の部品メーカーとして設立された経緯があることから，製造部と営業部，管理部門から構成されている。本社のある福岡県古賀市に第一から第三までの工場が設けられ，第一工場が製品の核となる部品の1つであるローターを製造し，第二工場がハニカム積層体で作られるフィルターの加工，第三工場がそれらを組み立てて設備機器を製造している。それぞれの工場で個別の製品を作っているのではなく，それぞれの工場が一体となって一連の製造工程を構成している。

　同社の製品は基本的に受注生産となるので，個別原価計算を用いて管理を

■ 図表8-3　西部技研の組織図（2016年8月の調査時点）

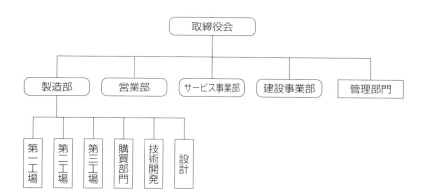

出所：インタビュー調査をもとに筆者作成。

行っている。営業部が顧客から受注を受け，製品仕様を決定し，各工場で製造工程が決まると目標原価が設定される。目標原価は売価の一定の割合と決められており，社内ではこれを「100％」と呼んで原価管理に用いる。それぞれの工場から工場へ部品を引き渡す際に振替価格（仕切価格）を設定し，全体で「100％」に収まるように部門内あるいは部門間の調整が行われる。しかし，近年では価格競争も厳しくなっていることから営業部が受注する際の価格が厳しい場合や，顧客が求める製品の性能水準を出すために設計を行うと工数や部品単価が想定している原価よりも高くなる場合もあるという。

　さらに，事業領域の拡大に伴い，メンテナンス等を中心に行うサービス事業や，顧客が求める環境を提供するために設備の据付工事，クリーンルームの建設等の建設事業を行うことから，部品を一から製造し，建設工事まで行う案件もあれば，工場を介さない取引も増えている。そのため，便宜的に製品製造，サービス（メンテナンス），建設（施工）と3つに部門別に区分して管理を行っている。経理部門はそもそも研究開発や工場での製造原価の管理と，営業部門の売価の把握をもとに利益計算することが中心的な業務であったが，事業領域の拡大に伴う管理対象の増加に対応できる管理会計シス

テムをいかにして構築していくのかが課題になっている。

# IV 中国法人における管理会計システムと課題

　先に述べたように，西部技研の中国法人（正式には西部技研環保設能設備（常熟）有限公司という）は 2007 年に江蘇省常熟市に設立された。常熟市には工場が設置されているが，これは 1993 年に子会社化したスウェーデンDST 社と共同で設置したものである。インタビュー実施時は，同一敷地内に西部技研中国法人の工場と，DST 社中国法人（西部技研から見れば孫会社）の工場とが併設されていたが，2018 年 4 月現在，中国での事業拡大に伴い，DST 社中国法人は移転して新工場を稼働させている。ここで注目すべき点は，DST 社の経営管理システムである。つまり，DST 社中国法人では西部技研の経営管理システムをそのまま移植するということは行っていない。西部技研中国法人は，直接投資による子会社であることから，日本国内の経営管理システムを導入している。以下ではインタビュー調査を行った西部技研中国法人と総経理（当時）藤川氏に対象を限定して述べる。

## 1　中国における日系企業の進出状況

　まず，西部技研が進出した中国，特に江蘇省の経済立地について見ていこう。

　**図表 8-4** は，21 世紀中国総研が行ったアンケート調査結果をもとに，製造業のみを抽出して作成した日系製造業（上場企業）による中国進出状況（2013-2014 年）を産業別・省都市別に示したものである。これによると，最も日系製造業（上場企業）が進出している地域は江蘇省（793 法人）であり，次いで上海市（707 法人）である。3 番目は広東省（641 法人）となっている。次いで，浙江省（231 法人），遼寧省（215 法人）である。また，産業別では，電気機器（932 法人），化学（596 法人），輸送用機器（470 法人），機械（443法人），繊維（205 法人），食料品（198 法人）の順で多くなっている。

　**図表 8-5** は，図表 8-4 をもとに中国における地理的関係を把握できるよう

212

## 第8章 中小製造業における経営の現地化と管理会計システムの適合

### 図表 8-4　日系製造業（上場企業）による中国進出状況（2013-2014年）：産業別・省都市別

（単位：社）

| | 食料品 | 繊維 | パルプ・紙 | 化学 | 医薬品 | 石油・石炭 | ゴム | ガラス・土石 | 鉄鋼 | 非鉄金属 | 金属 | 機械 | 電気機器 | 輸送用機器 | 精密機器 | その他製品 | 合計 |
|---|---|---|---|---|---|---|---|---|---|---|---|---|---|---|---|---|---|
| 北京市 | 14 | 7 | 1 | 14 | 9 | 1 | 1 | 5 | | | | 19 | 58 | 14 | 6 | 5 | 153 |
| 天津市 | 11 | 6 | 2 | 31 | 5 | 3 | 5 | 3 | 3 | 9 | 6 | 25 | 36 | 44 | 4 | 2 | 195 |
| 河北省 | 3 | 2 | | 7 | 1 | | 5 | | 3 | 1 | 7 | 10 | 6 | 5 | | 2 | 52 |
| 山西省 | | | | | | 1 | 1 | | | | | | | | | 1 | 3 |
| 内蒙古自治区 | 1 | | | 1 | | | | 1 | 2 | | 1 | | | | | 1 | 7 |
| 遼寧省 | 13 | 12 | 4 | 28 | 1 | | 5 | 13 | 6 | 8 | 11 | 31 | 52 | 14 | 10 | 7 | 215 |
| 吉林省 | 2 | 1 | | 4 | | | 1 | 1 | 1 | 1 | 2 | 2 | 4 | 10 | 3 | 2 | 34 |
| 黒龍江省 | 3 | 1 | | | | | | | | | | 1 | | 1 | | 1 | 7 |
| 上海市 | 34 | 54 | 14 | 135 | 18 | 2 | 15 | 17 | 8 | 25 | 34 | 90 | 157 | 57 | 18 | 29 | 707 |
| 江蘇省 | 14 | 48 | 10 | 138 | 8 | 3 | 23 | 29 | 25 | 40 | 40 | 120 | 175 | 78 | 17 | 25 | 793 |
| 浙江省 | 13 | 21 | 1 | 39 | 1 | | 8 | 4 | 3 | 7 | 14 | 31 | 46 | 26 | 7 | 10 | 231 |
| 安徽省 | 8 | | | 4 | 3 | | | | | | | 14 | 6 | 3 | | | 38 |
| 福建省 | | 1 | 1 | 1 | | | | 7 | 7 | 4 | 4 | 8 | 15 | 13 | | 1 | 62 |
| 江西省 | | 1 | | | | | 1 | | | | 2 | 2 | 8 | 3 | 1 | 2 | 20 |
| 山東省 | 46 | 30 | 5 | 23 | 2 | | 5 | 13 | 8 | | 7 | 31 | 18 | 16 | 5 | 4 | 213 |
| 河南省 | 2 | | | 1 | | | | | | | 2 | 4 | 7 | 11 | | 3 | 30 |
| 湖北省 | | 2 | | 4 | | | 1 | 1 | 1 | 2 | 4 | 5 | 8 | 25 | 1 | 1 | 55 |
| 湖南省 | | | | 1 | | | 1 | | 1 | | 1 | 1 | 5 | 6 | | | 16 |
| 広東省 | 16 | 6 | 6 | 102 | 8 | 2 | 21 | 10 | 15 | 22 | 29 | 38 | 218 | 104 | 29 | 15 | 641 |
| 広西壮族自治区 | | | | 5 | | | | | | | | | 4 | 1 | | 1 | 11 |
| 海南省 | 1 | | | | | | | | | | | | 1 | 1 | | 1 | 4 |
| 重慶市 | | | | 6 | 1 | | | | | | 1 | | 3 | 26 | | | 37 |
| 四川省 | 3 | 1 | | 7 | 1 | | | | | | 4 | 4 | 3 | 8 | 1 | 1 | 33 |
| 貴州省 | | | | | | | | | | | | | 1 | | | 1 | 2 |
| 雲南省 | 1 | | | 2 | | | | | | | | | 1 | | | 1 | 5 |
| 陝西省 | 1 | | | 2 | | | | | | | 1 | 2 | 7 | 1 | 2 | 1 | 17 |
| 寧夏回族自治区 | 1 | | | 1 | | | | | | | | | | | | 1 | 3 |
| 新疆ウイグル自治区 | | | | | | | | | | | 1 | | | | | | 1 |
| 香港 | 11 | 12 | 7 | 33 | 4 | 1 | 4 | 5 | 3 | 3 | 7 | 5 | 93 | 3 | 22 | 15 | 228 |
| マカオ | | | | | | 1 | | | 1 | | | | | | | 1 | 3 |
| 合計 | 198 | 205 | 49 | 596 | 62 | 14 | 93 | 113 | 81 | 140 | 167 | 443 | 932 | 470 | 132 | 121 | 3,816 |

出所：21世紀中国総研編 [2013] をもとに筆者作成。

### ■ 図表 8-5　日系製造業（上場企業）による中国進出状況（2013-2014年）：地理的関係

日本の上場企業（製造業）の中国進出法人数は，21世紀中国総研による調査によると，2013-2014年で3,816法人（アンケートへの回答数）となっている。

#### 山東省
在中現地法人213法人（5.58%）と6番目に多いが，食料品の進出割合は全省で最も多い。繊維の進出割合も高い。

#### 江蘇省
在中現地法人793法人（20.78%）と最も多い。食料品を除くほとんどの業種が多く進出する。化学，機械，電気機器の進出企業数が多く，鉄鋼，非鉄金属，金属の進出割合が高い。

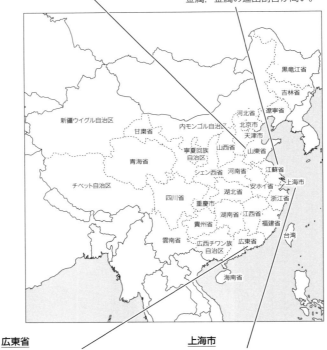

#### 広東省
在中現地法人641法人（16.80%）と3番目に多い。珠海デルタ（広州・東莞・佛山）は古くから日本の電気機器メーカーの進出地。電気機器，輸送用機器の進出企業数が多く，精密機器も進出割合が高い。

#### 上海市
在中現地法人707法人（18.53%）と2番目に多い。鉄鋼業を除くほとんどの業種が多く進出する。化学，機械，電気機器の進出企業数が多く，繊維，パルプ・紙，医薬品の進出割合が高い。

出所：21世紀中国総研［2013］をもとに筆者作成。

に，進出状況を地図に落とし込んだものである。これによると，上位5つの省または都市は大きく3つの地域に分けることができそうである。

　まず，青島，山東半島を有する山東省と大連，遼東半島を有する遼寧省，それと天津市が取り囲む渤海周辺の地域である。山東省には食料品，遼寧省には電気機器，機械，天津市には輸送用機器といった産業が多く進出している。次に，南部では広東省に数多くの電気機器メーカーが多く進出している。同地域の広州，東莞，佛山は1980年代から電気機器メーカーが多く進出し，珠海デルタと呼ばれる中国における家電製品の一大生産地であった。そして，上海市，江蘇省，浙江省の華東地域と呼ばれる地域にも数多くの日系企業が進出している。この地域には，あらゆる製造業が進出しているが，特に化学，機械，電気機器といった業種が多く進出している。西部技研中国法人は江蘇省の県級市である常熟市に位置しており，周辺には省都の南京の他，蘇州市，無錫市，常州市といった地級市があり，これらの都市にも多くの日本企業が進出している[8]。

　また，ここにあげた省または都市のうち，上海市，江蘇省，浙江省を中心とする華東地域と珠海デルタ地域を含む広東省は，中国国内でも平均年収が高い地域である。中国国家統計局［2017］によれば，2016年の平均賃金は67,569元であったが，上海市は最も高い119,935元，浙江省が73,326元，江蘇省が71,574元，広東省が72,326元と国内平均よりも高い。特に，西部技研中国法人が所在する江蘇省の平均賃金は前年比8.1%と大きく伸びている。さらに，域内総生産で見ても，華東地域の1市2省の合計で15兆元を超えており，中国全土のGDPの2割を占めているが，江蘇省は7兆7,388億元であり，最も高い広東省（8兆854億元）に次いで中国全土で2番目に高い[9]。対内直接投資（外国企業による中国国内への投資）実行額は245億

---

8) 中国の行政単位は，省級，地級，県級，郷級と区分されている。地級は第2層の行政単位で，地級市，自治州，地区などが含まれる。地級市は都市部と周辺の農村部を含む比較的大きな行政単位で，日本における県レベルに相当する。県級は第3層の行政単位で，日本における市に近いイメージである。県級市である常熟市は地級市である蘇州市を構成する一都市である。

9) 中国国家統計局Webページ「中国統計年鑑2017年版」〈http://www.stats.gov.cn/tjsj/ndsj/2017/indexch.htm]〉（最終閲覧日：2019年4月21日）。

4,000万ドル，対内直接投資契約額は431億4,000万ドルそれぞれ前年比1.1%。9.3%増であった。このように，西部技研中国法人が所在する江蘇省は経済的に豊かであり，外国企業による投資も積極的に行われていることがわかる。

## 2　中国法人総経理（当時）の視点から見る中国のビジネス環境

西部技研が中国法人を設置してから2017年時点で10年となるが，藤川氏は総経理（日本でいうところの社長）として4代目で，現地に赴任して4年目であった。同地への進出は，かねてから取引先であった日系メーカーとのつながりがあり，除湿機のOEM生産を行うことに始まった。その後，中国における大気汚染と政府による環境規制の強化などの影響により，次第に取引先が多くなり，現在では出荷台数が劇的に増加している。

藤川氏に中国におけるビジネス環境の特徴について伺ったところ，「日本人は距離感を重視する，こっち（中国：筆者注）は近距離型。どんどん接近してくる。良ければ付き合うし，悪ければ付き合わない。会社対会社というよりも，個人対個人で付き合う。そういうところなので，ビジネスが早いし，やりやすい。反面，資金の回収が（難しい：筆者注）」と述べており，日本に比してビジネスのスピードが早く，金額の多寡にかかわらず即日に受注の可否について回答を求めることが多いという。会社対会社というよりも，個人対個人での関係が基礎となっており，中国における無料通話アプリWeChatでコミュニケーションをとることもしばしばであるそうである。

2017年の調査当時では，製品製造のコアとなる部品については日本から仕入れているが，取引先の8割は現地企業であり，徐々に現地企業からの仕入を進めている。そのため，外注委託を行っている現地部品メーカーを工場に呼び，定期的に品質会議を行うことで品質の維持・向上に努めている。

また，取引先からの部品の仕入代金については仕入時点で100%現金で支払うことにしているという。これに対して，製品の販売代金の受け取りについては，中国での慣行に従い，契約時30%，出荷時30%，到着時30%，保証金10%（検収時に徴収）と，受注から納入，検収に至る各段階で代金を徴収している。しかし，「この（保証金の：筆者注）10%の回収が難しいんで

中小製造業における経営の現地化と管理会計システムの適合　第8章

す。最初はプラントの部品を作っていたので，機械が動きはじめたときだったり，検収時点だった。しかし，それでは機械がいつ動いたかがわからないから，1年後や半年後と期間を決めて（保証金の回収ができるようになった：筆者注）」という。それでいながら，「購入するわれわれは100％先に払っているところもある」ため，現地の経理担当者から「バカ正直」だといわれることもある。しかし，「こちらではロットが大きくないと売ってくれない。ロットは大きくないけど，しっかりお金を払っていると信用してもらえるようになる」という取引上のメリットも一方であるため，日本流と中国流を融合させることで，それぞれに信頼を得ることが重要であるとも藤川氏は述べている。

　こうした取引先との関係構築，代金回収だけでなく，仕入，販売の大半を現地化していくことについて，品質，納期，原価の観点からまだまだ課題はあるとも指摘している。ただし，同地で事業を拡大していく上では日本におけるビジネスの進め方をそのまま現地に導入するだけではなく，同地の取引慣行に理解を示していくことも必要だとも述べており，それを日々実践している。

## 3　中国子会社の組織構造と管理会計システム

　次に，西部技研中国法人における組織構造と管理会計システムについて述

■図表8-6　中国法人の組織構造と人員配置（2017年2月時点）

出所：インタビュー調査をもとに筆者作成。

217

べていく。**図表 8-6** は，同法人の組織構造と人員配置を示したものである。

　西部技研の中国法人は，2017 年 2 月時点で従業員が 80 名程度，男女比が 50：50 である。ほとんどが地元常熟市出身者で占められている。藤川氏によれば，常熟市は経済的に比較的裕福で人柄も真面目であり，（インタビュー実施時点では）3 年間退職者も出ていないとのことである。同社では現地化を推進していくため，2017 年 2 月時点では同社の中核となる技術部部長と総経理が兼務している営業部は日本人であったが，その他の部門は中国人が任命されていた。2018 年 4 月時点では，総経理に日本本社採用の中国人が配置されており，国籍上はほぼ現地化が成されている。

　製品の製造に当たっては，その仕様や規模によって技術部あるいは営業部が受注や見積を行い，指図書を作成する。その指図書をもとに総務部にある生産管理課が発注を行い，製造部が組み立て，再び生産管理課が品質チェックを行って納品するという流れになっている。製造に関連する指図書等は基本的に日本で使用されていたものを中国語に翻訳して利用している。製造に当たっては，週に 1 回生産会議を実施し，係長，組長，主任が工場の稼働状況を踏まえて段取り組みを行っている。こうした生産管理システムは日本で創り上げられたものを移植している[10]。検査等の仕事の正確さが要求されるような部署ではすべて女性が担当している場合もあり，同社の特徴の 1 つである「ダイバーシティ経営」の一端がここでも伺える。

　管理会計システムも，原則的に日本本社に準拠している。中国子会社の業績管理については，中国の会計制度に則った経常利益で評価されており，これが総経理にとっての KPI となる。ただし，目標の設定については総経理である藤川氏に一任されており，投資意思決定以外の中国法人におけるあらゆる意思決定権限が本社から移譲されている。よって，総経理が設定した業績目標を組織成員といかに共有し，目標を実現するかが中国子会社の課題とな

---

10)　この点，2018 年まで同地にあったスウェーデン子会社 DST 社の現地法人と西部技研のそれとでは，同地にあったにもかかわらず，管理会計や生産管理の方法のみならず，朝礼やラジオ体操の実施といった日々の活動内容まで異なっていたそうである。買収したスウェーデン子会社あるいは中国法人には同社の従来の方法を受容し，西部技研自らで設立した中国法人には日本での慣行を導入するという相違点があったことは興味深い。

る。本社からは環境に合わせて「フレキシブルに考えて良い」といわれている。これは，日本から中国事業の全体が見えているわけではなく，総経理が責任を持って事業に関する意思決定（投資意思決定は除く）を行うことを狙いとしていわれているそうである。なぜなら，中国における事業環境変化が大きく，特に環境関連事業は需要が大きく収益拡大が見込めるため，利益管理よりも受発注管理と原価管理，品質管理が重要であることに要因があると考えられる。定期的に開催される経営会議のために帰国する際や，社長である隈氏が現地法人を訪問する際に議論を重ねることで，中国現地法人の経営方針について共有が行われる。こうした環境について，藤川氏は「調整がやりやすい」と述べている。

　年次目標は売上，原価，利益率と具体的な取り組みから構成され，総経理が年度はじめに提示する。その年次目標をもとに部長は部門目標を設定し，さらに課長，主任，従業員の課や個人の目標にブレイクダウンすることで組織目標と個人目標の同期化が行われる。目標管理制度も導入されており，総経理が各部に配属されている主任クラスと面談を定期的に行っている。全社目標は進捗状況により3ヶ月から数ヶ月に1回を目安に修正が行われる。月次の進捗管理については，財務部長が月次の財務諸表を作成し，内容を総経理がチェックするとともに，随時日本本社の経理担当部署と情報が共有されている。

　ただし，「毎月月次決算は日本で行っているが，出荷したと聞いても売りが立っていませんねってことはよくある」ことが問題だという。それは，中国独自の商品・製品売買に伴う「発票制度」が影響していることに原因がある。中国では取引（売上または費用）の認識が「発票」と呼ばれる伝票をもとに行われる。「発票」とは「商品の売買，役務の提供と受入及びその他の営業活動で，商品を販売した時，役務を提供した時，または代金を受領した時に，一方の当事者が相手に発行する入金証憑」である（近藤［2003］，199頁）。「発票」は，国務院が公布した発票管理規則に従って管理されており，商品の売買，サービスの提供・受取などの経営活動に従事するものは，国務院が発行する正規の発票を入手しなければならない。また，発票の発行タイミングについては特に規則はないが，原則として売上または費用計上するためには

219

発票を税務機関に提出する必要がある。それは税務上では発票のない費用は
損金算入が認められないという実務からの影響が強いからだとされている[11]。

　このような取引慣行があるため,「回収は入ってこない, けれども支払いは
先にしないといけない。中国では全部そうですから。だから, 先に出て行く
分（をどうにかしないといけない：筆者注)」ということや, 発票に基づいて
取引を認識するので「入金されないと売上に計上できないのは問題。いくら
出荷しても入金されるまでは売上とされない。タイムラグが生じるのでやり
づらい」とも述べている。以上のことから, 代金の支払いに関する取引慣行,
とりわけ保証金の回収をいかに行うかのみならず, 税制と結びついた発票制
度の影響から利益計算と運転資金（手元のキャッシュ）が一致しないという
問題が生じることが大きな課題であると指摘している。

## 4　今後の経営課題

　藤川氏によれば, 中国現地法人における経営課題は以下の2点である[12]。

　まず, 人件費の高騰と技術人材の確保である。2017年時点で, 技術者は
30歳以下の中国現地で採用した人材が中心であるが, 今後事業拡大に伴っ
て複雑な技術が要求されるようになることが予想されるため, 技術進化への
対応が必要である。人件費については, 日本貿易振興機構（JETRO）が発表
している「アジア主要都市・地域の投資関連コスト比較」の2011年と2016

---

11) GrantThornton中国会計・税務実務ニュースレター「発票主義と発生主義について」〈https://
　　www.grantthornton.jp/globalassets/pdf/newsletter/chinatax/chinatax_201210.pdf〉（最終
　　閲覧日：2019年4月21日）による。
12) また, これとは別に, 2017年2月に政府系金融機関や福岡県, 福岡市の上海事務所へインタ
　　ビュー調査を行ったが, その際に懸念されていたのが中国における外国人就労許可制度（就
　　労ビザの取得）の変更がどのようになるのかについてであった。簡単にいえば, 年齢, 学歴,
　　職歴等に基づきポイント化が図られ, そのポイントによって発給されるビザの種類が変わる
　　という。この制度は2017年4月から適用されるとされ, 調査は適用以前に行われたために
　　当時はすべてのインタビュイーがこの点について不透明であることが懸念材料であると述べ
　　ていた。現時点においては特別な混乱は起きていない模様であるが, とりわけ中小企業にとっ
　　ては大きな懸念材料である。最も懸念されていたのは, 中小企業の場合, 大企業とは異なり
　　博士号取得者が圧倒的に少なく, 経験者を現地法人に出向させることで技術移転を図ろうと
　　している企業が多いことから, すでに現地で勤務している社員については問題がなくても,
　　今後の異動者にポイント制が適用されるのではないかということであった。このように現地
　　法制の変更にいかに適応するかは中小企業では困難な場合もある。

年の各版を用いた江蘇省常熟市が隣接する上海市における賃金比較によると，ワーカー（一般工職）の賃金上昇幅が大きく，米ドル建てでは311ドルから477ドルと1.5倍に，中国人民元建てでも2,114元から2,028元と1.4倍を超えている。環境関連ビジネスは将来的に伸長することが期待されるものの，新規の設備投資，技術移転と工具の育成と合わせて，人件費高騰は大きな経営課題である。

　次に，取引先との関係でVOC（揮発性有機化合物）に対応できる取引先がなかなか出てこないという課題である。先に述べたように，中国では，2015年8月に「改訂版大気汚染防止法」が交付されて罰則規定が強化された。これに伴い，各省当局がVOCの発生源，特に向上などの生産現場に対し，排出削減措置を求めている。この点は西部技研にとって事業規模拡大の契機ではあるものの，部品メーカーの多くを現地企業に依存しているために技術的に適応可能な企業がまだ少ないという問題がある。

# 5　小括

　以上のように，本稿では西部技研中国法人の総経理へのインタビュー調査に基づき，同法人の管理会計システムを中心に子会社内部で行われている経営管理実践について論じてきた。

　これまで見てきたように，西部技研中国法人における業績管理は中国の会計制度に則った経常利益で行われている。ただし，これは日本本社から必達目標として提示されるものではなく，現地の実情に合わせて総経理が設定可能な目標とされている。そして，総経理が設定した業績指標に基づいて中国子会社の組織成員への目標管理が行われ，面談を定期的に行うことで現地社員（中国人）との綿密なコミュニケーションを図っている。製造現場やその他の部門については，現地から人材を採用して現地化を進めるとともに，各部門の責任者に配置することによって権限委譲を図っている。また，競争力の源泉となる技術部門に関しては日本人社員による管理が行われてきたが，2018年からは日本本社で経験を積んだ中国人社員が総経理に就任し，さらなる権限委譲を進めている。生産に関連した仕組みや社内ルールは原則的に日本で用いられているものを活用し，中国語に翻訳するなどして導入を図っ

ている。商慣行や会計制度との関連でいえば,「発票制度」のような税制と商品売買が関連づけられた中国独特の商慣行の影響を受けながらも,その実情に合わせて財務管理,特にキャッシュ・フローのマネジメントを行っている。

　以上から,総経理は,広くいえば現地の文化,インタビュー調査で明らかな範囲では税制・法制度や商慣行,雇用環境の変化に適応しながら,中国子会社のマネジメントを行っているといえよう。**図表8-7**は,調査から明らかになっている点をまとめたものである。

　すなわち,日本本社で利用されてきた管理会計システムや生産管理を中心とする経営管理システムは日本からそのまま中国法人へ移転しているが,その運用レベルでは現地独自の影響要因を加味してシステムを活用している。また,総経理が法制度や取引慣行の違いを理解し,日本からの管理技法(業績管理や生産管理)をベースに現地での実践に適合させている様子が伺える。いわば,技法と現地環境を融合させ,システムと現地取引慣行の同期化を図ることで,中国現地法人の経営管理が自律的に行われているのだと考えられる。

# V　｜　おわりに

　本稿は,①中小製造業において,②経営の現地化,③特に管理会計システムの適合がどのように行われているのかという3つの視点を基点として,西部技研の日本国内あるいは中国法人の管理会計システムを中心に組織内部におけるテンションのマネジメントと,現地における文化や取引慣行の影響を受けて生まれるコンテクストや社会システムからの影響に視点を合わせて検討した。明らかになった点は以下のとおりである。

　まず,本社と海外子会社の垂直的関係と海外子会社相互の水平的関係,業務の統合と分化,意思決定の集権化と分権化という3つのテンションをいかにマネジメントするかという点についてである。管理会計システムと生産管理システムは,日本本社で用いられているシステムを現地語に変換して移転されているが,業績管理や人事制度の運用を見る限りでは現地における業務

## 図表 8-7 西部技研中国法人における管理会計システム・生産管理システムの影響要因

|  | テンション（tension）のマネジメント | コンテクスト |
|---|---|---|
| 視点 | システム利用による組織内部のテンションへの対応 | システムに影響する文化的・社会的背景 |
| 国民性・特徴 |  | ● プライドが高いので人前では怒らない。オープンにするべきところはオープンにする |
| 取引慣行 |  | ● 近距離型／接近してくる<br>● 会社対会社よりも個人対個人ビジネスのスピードが早い。即日対応<br>● 発票主義の影響<br>「回収は入ってこない，けれども支払いは先にしないといけない」 |
| 組織・人員 | ● 日本人は2人（総経理と製造部長）のみ。優秀なローカル人材を登用し，権限委譲 | ● 従業員80名程度，男女比50：50。ほぼ地元出身者。経済的に豊かな地域で真面目 |
| 管理会計システム | ● 基本的なシステムは日本本社と同じ<br>● KPIは経常利益だが，本社からの目標設定は特になく，総経理に委ねられている。設備投資は本社社長の責任<br>● 年次目標を総経理が提示。それをもとに部長が部内目標を，主任以上（12人）が責任範囲に応じて目標を割付。主任以上は3ヵ月ごとに面談を実施<br>● 月次の進捗管理は経理部長が資料を作成し，総経理が内容をチェック | ● 会計慣行の日中での相違<br>売上・費用の認識基準（発票主義）の違いから生じるキャッシュ・フロー管理の重要性 |
| 生産管理システム | ● 指図書等の書類も日本で使われているものを中国語に変換<br>● 技術は日本人が責任者だが，製造部門は中国人が責任者として登用される<br>● 取引の8割はローカル企業。製造の現地化推進。ただし，品質は日本ほど高くないため，品質会議を定期的に取引先と行う | ● 技術者は30代が中心と若いが，今後高度化する技術にいかに対応するか，技術を持った人間を確保できるかが課題 |

出所：インタビュー調査をもとに筆者作成。

の統合と分化，意思決定の集権化と分権化という視点では完全に分離されており，独立性がかなり高いといえよう。企業内の垂直的あるいは水平的な関係では直接的に観察できなかったが，日本本社から見たときに中国子会社は独立した1事業部，類似した製品を製造する別工場といった位置づけが与えられているように考えているようである。つまり，日本本社から中国子会社へ権限を委譲し，極力現地での判断に委ねることによってテンションをマネジメントしているといえそうである。

　次に，現地におけるシステム利用のコンテクストとしては，日本本社で長らく利用されてきた経営管理（管理会計あるいは生産管理）システムを基礎としながらも，そうしたシステムを中国現地の状況に適合させて利用しようとしている様子が伺える。中国人の気質，人員や取引先の現地化，発票制度に代表される中国独特の取引慣行などの社会システムに適合させながら，その運用に努めている。現在，中国法人では，同国内における環境規制の厳格化，それに伴う同社製品への需要の高まりもあって多くの受注を得ているが，現地取引先との商慣行や納入部品の品質が基準に達しないなどの課題を抱えている。しかし，現地での事業拡大において現地取引先との連携を欠かすことはできないため，定期的に品質会議を行うなどして品質向上を図ろうとしている。この点においても，日本で培ってきたノウハウを現地取引先に提供することを通じて，品質向上と企業としての成長を図ろうという意図が見える。

　以上のことから，西部技研において経営の現地化と管理会計システムの適合は十分に図られているといえそうである。また，岡野［2003］が「実質的な意味での計画機能と統制機能は事業部，工場，製造子会社などに移譲され，自律性を持っていたことに留意すべき」（岡野［2003］p.7）と指摘した日本企業の海外展開における管理会計実践が持つ特徴を示しているといえそうである。

　しかしながら，本稿での検討は十分とはいえない。課題は多々残されている。

　まず，単一ケースから指摘できることには限界があるという点である。ある企業における活動を具に観察することは可能であるが，本稿で取り上げた

西部技研の活動が他社の管理会計システムを考察する上で普遍的であるかどうかは不明である。また，本稿では，日本本社からの自律性を意識して中国現地法人での管理会計実践について述べてきたが，総経理という中国子会社におけるマネジメント層のみではなく，現地で実務に携わる従業員にも調査を行う必要がある。

　今後，中国における環境規制の強化や環境への関心の高まりが見込まれることから，同社の事業はさらに拡大していくことが予想される。中国現地法人における事業の拡大に伴って，いかなる管理会計課題が生まれていくのかについて，さらに観察を続けていく必要があろう。研究としては緒についたばかりであり，今後の理論の発展に寄与できれば幸いである。

## 参考文献

Bartlett, C.A. and S. Ghoshal［1989］*Managing Across Borders*：*The Transnational Solution*, Harvard Business School.（吉原英樹監訳『地球市場時代の企業戦略：トランスナショナル・マネジメントの構築』日本経済新聞社，1990 年）

Busco, C.G.E. and R.W. Scapens［2008］Managing The Tentions in Integrating Global Organisations：The Role of Performance Management Systems, *Management Accounting Research*, Vol.19, No.2, pp.103-125.

Chow, C.W., M.D. Sheilds and A. Wu［1999］The Importance of National Culture in The Design of and Preference for Management Controls for Multi-National Operations, *Accounting, Organizations and Society*, Vol.24, pp.441-461.

Chang, Y.Y., K. Mellahi and A. Wilkinson［2009］Control of Subsidiaries of MNCs from Emerging Economies in Developed Countries：The Case of Taiwanese MNCs in The UK, *The International Journal of Human Resource Management*, Vol.20, No.1, pp.75-95.

Harzing, A.W. and A. Sorge［2003］The Relative Impact of Country of Origin and Universal Contingencies on Internationalization Strategies and Corporate Control in Multinational Enterprises：Worldwide and European Perspectives, *Organizational Studies*, Vol.24, pp.187-214.

Mitchell, F. and G.C. Reid［2000］Problems, Challenges, and Opportunities：The Small Business as A Setting for Management Accounting Research, Editorial. *Management Accounting Research,* Vol.11, No.4, pp.385-390.

Sageder, M. and B. Feldbauer-Durstmüller［2018］Management Control in Multinational Companies：A Systematic Literature Review, *Review of Managerial Science*〈https://doi.org/10.1007/s11846-018-0276-1〉.

Taylor, B.［1999］Patterns of Control within Japanese Manufacturing Plants in China：Doubts About Japanzation in Asia, *Journal of Management Studies*, Vol.36m No.6, pp.853-873.

Van der Stede, W.A.［2003］The Effect of National Culture on Management Control and Incentive System Design in Multi-Business Firms：Evidence of Intracorporate Isomorphism, *European Accounting Review*, Vol.12, No.2, pp.263-285.

Welsh, J.A., and J.F. White［1981］A Small Business is Not a Little Big Business, *Harvard Business Review,* Vol.59, No.4, pp.8-32.

伊丹敬之［2005］『場の論理とマネジメント』東洋経済新報社。

伊藤和憲［2004］『グローバル管理会計』同文舘出版。

MAFNEG 研究会［1991］「管理会計の新展開：グローバル管理会計の模索」『産業経理』第 51 巻第 2号, 100-110 頁。

岡野　浩［1995］『日本的管理会計の展開』中央経済社。

岡野　浩［2003］『グローバル戦略会計 製品開発コストマネジメントの国際比較』有斐閣。

窪田祐一［2017］「日本企業のグローバル化とマネジメント・コントロール・パッケージ」『会計』第 191 巻第 1号, 64-76 頁。

近藤義雄［2003］『中国進出企業 Q&A［設立・運営・税務・会計］』蒼蒼社。

中川　優［2004］『管理会計のグローバル化』森山書店。

西村　明［2003］「東南アジア進出日本企業の管理会計：アンケート調査による実態分析」『九州産業大学商経論叢』第 43 巻第 3・4号, 95-144 頁。

21 世紀中国総研編［2013］『中国進出企業一覧　上場会社編（2013-2014 年版）』蒼蒼社。

日本貿易振興機構（JETRO）［2011］「第 21 回アジア・オセアニア主要都市／地域の投資関連コスト比較」4 月〈https://www.jetro.go.jp/ext_images/jfile/report/07000645/investment_cost_compe_no21.pdf〉（最終閲覧日：2019 年 4 月 30 日）。

日本貿易振興機構（JETRO）［2016］「第 26 回アジア・オセアニア主要都市・地域の投資関連コスト比較」6 月〈https://www.jetro.go.jp/ext_images/_Reports/01/42952cecddc e53c3/20160032.pdf〉（最終閲覧日：2019 年 4 月 30 日）。

廣本敏郎編［2009］『自律的組織の経営システム：日本的経営の叡智』森山書店。

村岡克紀［2012］『サムライベンチャーの流儀：世界へ飛翔した起業家の思考方法』幻冬舎ルネッサンス。

諸藤裕美［2017］「日本企業の活動のグローバル化に伴う MCS の進化」『会計』第 191 巻第 1号, 77-90 頁。

## 付記

　本章は，文部科学省科学研究費 基盤研究 (c)「小規模企業の管理会計システムの設計と導入・定着メカニズムに関する研究」（課題番号 16K04023）の助成を受けたものである。

# 索 引

## A～Z

ASOBAT ・・・・・・・・・・・・・・・・・・・・・・・・・・・・・・・・・・ 94
CAGE ・・・・・・・・・・・・・・・・・・・・・・・・・・・・・・・・・・・・・ 166
ERP ・・・・・・・・・・・・ 101, 119, 133, 175, 180, 187
GCM ・・・・・・・・・・・・・・・・・・・・・・・・・・・・・・・ 108, 110
IFRS ・・・・・・・・・・・・・・・・・・・・・・・・・・・・・・・・・・・・・・ 96
IFRS 第 3 号 ・・・・・・・・・・・・・・・・・・・・・・・・・・・・・ 157
IFRS 適用レポート ・・・・・・・・・・・・・・・・・・・・・・・ 48
IFRS 第 15 号 ・・・・・・・・・・・・・・・・・・・・・・・・・・・・ 152
IFRS 移行プロセス ・・・・・・・・・・・・・・・・・・・・・・ 168
IFRS 適用レポート ・・・・・・・・・・・・・・・ 167, 181
OECD ・・・・・・・・・・・・・・・・・・・・・・・・・・・・・・・・・・・・ 51
SBI ホールディングス ・・・・・・・・・・・・・・・・・・・ 62

## あ

アウトソーシング ・・・・・・・・・・・・・・・・・・・ 50, 51
アクチュアル・プーリング ・・・・・・・・・・・・・ 112
アストラ・ダイハツ・モーター ・・・・・・・・・ 149

意思決定の集権化と分権化 ・・・・・・・・・・・ 204
一時点で充足される履行義務 ・・・・・・・・・ 154
一定期間にわたり充足される履行義務 ・・・ 153
移転価格税制 ・・・・・・・・・・・・・・・・・・・・・・・・・・ 148
異文化会計 ・・・・・・・・・・・・・・・・・・・・・・・・・・ 5, 19
異文化会計の視点別課題 ・・・・・・・・・・・・・ 195
異文化会計論 ・・・・・・・・・・・・・・・・・・・・・・・・・・ 48
異文化コミュニケーション ・・・・・・・・・・・ 168
異文化コミュニケーションの阻害要因として
の会計 ・・・・・・・・・・・・・・・・・・・・・・・・・・・・・・ 24
異文化コミュニケーションの阻害要因
・・・・・・・・・・・・・・・・・・・・・・・・・・・・・・ 196, 197
異文化コミュニケーションの
促進要因としての会計 ・・・・・・・・・・・・・・ 24
異文化コミュニケーションの促進要因 ・・・ 196
イラテラル・ネッティング ・・・・・・・・・・・ 115

インターネット・バンキング ・・・・・・・・・・・・・ 123

エフ・シー・シー ・・・・・・・・・・・・・・・・・・・・・・・・ 60

オブリゲーション・ネッティング ・・・・・・・・ 115

## か

海外拠点の経営を担う人材育成に関する
アンケート調査 ・・・・・・・・・・・・・・・・・・・・・・ 15
海外子会社の自律性 ・・・・・・・・・・・・・・・・・・ 159
海外進出企業総覧 ・・・・・・・・・・・・・・・・・・・・・・ 5
海外進出企業の現地調査 ・・・・・・・・・・・・・ 166
会計課題 ・・・・・・・・・・・・・・・・・・・・・・・・ 178, 191
会計課題の固有性 ・・・・・・・・・・・・・・・・・・・・ 197
会計課題を基礎とした課題の性質区分
・・・・・・・・・・・・・・・・・・・・・・・・・・・・・・ 180, 194
会計基準の選択 ・・・・・・・・・・・・・・・・・・・・・・ 152
会計行動から見える異文化会計 ・・・・・・・ 193
会計制度 ・・・・・・・・・・・・・・・・・・・・・・・・ 172, 183
外国直接投資 ・・・・・・・・・・・・・・・・・・・・・・・・・・ 49
外国直接投資企業 ・・・・・・・・・・・・・・・・・・・・・・ 49
回収代行 ・・・・・・・・・・・・・・・・・・・・・・・・・・・・・ 115
改正企業会計基準第 21 号 ・・・・・・・・・・・・・ 157
為替規制 ・・・・・・・・・・・・・・・・・・・・・・・・・・・・・ 126
為替リスク ・・・・・・・・・・・・・・・・・・・・・ 129, 131
為替リスク管理 ・・・・・・・・・・・・・・・・・・・・・・ 130
環境制約 ・・・・・・・・・・・・・・・・・・・・・・・・ 166, 167
韓国証券市場 ・・・・・・・・・・・・・・・・・・・・・・・・・・ 62
管理会計のリンク ・・・・・・・・・・・・・・・・・・・・・・ 99

キープ ・・・・・・・・・・・・・・・・・・・・・・・・・・・・・・・・ 30
企業会計基準第 29 号 ・・・・・・・・・・・・・・・・・ 152
企業会計基準適用指針第 30 号 ・・・・・・・・・・・・ 152
記帳士 ・・・・・・・・・・・・・・・・・・・・・・・・・・・・・・・ 180
機能別管理 ・・・・・・・・・・・・・・・・・・・・・・・・・・ 205

| | | | |
|---|---|---|---|
| 規範 | 39, 42 | 社内共通言語 | 177 |
| キャッシュ・マネジメント | 109 | 収益獲得機会 | 152 |
| 業務の統合と分化 | 204 | 収益認識 | 152 |
| | | 重要性の原則 | 181 |
| グループ・ファイナンス | 111 | 重力モデル | 79 |
| グローバル会計 | 4, 19 | 受容可能性 | 41 |
| グローバル・キャッシュ・マネジメント | | 条件付取得対価 | 157 |
| （GCM） | 108, 110 | 条件付対価 | 157 |
| グローバル戦略 | 145 | 書記言語 | 30, 42 |
| グローバル・トレジャリー・サービスセンター | | 自律的組織 | 206 |
| | 118 | 事例研究（シンガポール） | 181 |
| | | 事例研究（台湾） | 171 |
| 経営課題 | 177, 190 | シンガポール進出企業の調査概要 | 187 |
| 経営管理への役立ち | 159 | シンガポール進出のメリット | 189 |
| 経済協力開発機構（OECD） | 51 | シンガポールの環境制約 | 181 |
| 継続的監査 | 134 | 進出形態 | 171 |
| 結縄記録 | 31 | 信用リスク | 129 |
| 言語 | 28, 42 | 信用リスク管理 | 130 |
| 現地化 | 203 | | |
| 現地対応ビジネス | 20 | 水平的関係 | 204 |
| 現場・現物主義 | 205 | | |
| 源流管理 | 205 | 税制 | 172, 183 |
| | | 西部技研 | 208 |
| 国際会計 | 4, 19 | 西部技研中国法人 | 212 |
| 国際管理会計 | 202 | 世界価値観調査 | 12 |
| 国際税務戦略 | 147 | 戦略的アライアンス | 89 |
| 国内企業 | 49 | | |
| 個別原価計算 | 210 | 促進要因 | 168 |
| コミュニケーション | 29, 34 | 総経理 | 212 |
| | | 阻害要因 | 168 |
| | | 租税回避的行動 | 148 |

### さ

| | | | |
|---|---|---|---|
| 財管一致 | 48, 84, 93 | | |
| 財またはサービスの移転 | 153 | | |
| 財務会計のリンク | 99 | | |

### た

| | | | |
|---|---|---|---|
| サピア＝ウォーフ仮説 | 41 | ダイバーシティ経営 | 218 |
| | | ダイハツ工業 | 149 |
| 資金管理システム | 124, 125 | 台湾進出企業の調査概要 | 174 |
| 資金管理体制 | 122 | 台湾進出のメリット | 176 |
| 社会 | 39 | 台湾の環境制約 | 171 |
| 社会的制度 | 39 | | |
| | | 地域統括機能 | 181 |

# 索 引

地域統括拠点 ……………………… 182
超文化ビジネス …………………… 20

ツバキ・ナカシマ ………………… 61

統一発票 …………………………… 173
統合−適合フレームワーク ……… 85, 145
独立企業間価格 …………………… 148
トランスナショナル戦略 ………… 85
トレジャリー ……………………… 111

### な

日本企業のライセンス・ビジネス …… 144
日本的管理会計 …………………… 202
日本トムソン ……………………… 61

ネッティング ……………………… 113

ノーショナル・プーリング ……… 112
のれん ……………………………… 158

### は

発票制度 …………………………… 219
半構造化インタビュー …………… 166, 169

比較可能性 ………………………… 29
ビジネス・カルチャー・マップ ……… 23
標準語 ……………………………… 33

ファクタリング …………………… 126
プーリング ………………………… 112
複式簿記 …………………………… 32
振替価格 …………………………… 211
文化 …………………………… 36, 38, 39
文化相対主義 ……………………… 40
文化的価値次元 …………………… 75

ペイメント・ネッティング ……… 115
ペイメント・ファクトリー ……… 115

方針管理 …………………………… 205
ホーム・バイアス・パズル ……… 65
ボーン・グローバル企業 ………… 88
母国複製戦略 ……………………… 145
本社の会計情報要求 ……………… 193

### ま

マネジメント・アプローチ ……… 96
マネジメント・コントロール …… 202
マルチドメスティック戦略 ……… 145
マルチラテラル・ネッティング …… 115

メタナショナル企業経営 ………… 87
メタナショナル戦略 ……………… 145

目標管理制度 ……………………… 219

### や

輸出企業 ……………………… 49, 50
輸入企業 …………………………… 50

4つの視点 ………………………… 194

### ら

ライセンシング企業 ………… 49, 50
ライセンス活動 …………………… 140
ライセンス・ビジネス …………… 142

リージョナル・ファイナンス・センター
…………………………………… 117
理解可能性 ………………………… 41
立地選択論 ………………………… 65

ロイヤルティ ……………………… 140
ロイヤルティ送金 ………………… 147

### わ

ワラザン（藁算）………………… 31

229

## 【執筆者紹介】 （執筆順）

**柴　　健次**　〔編　者・はじめに・第 1 章〕
　編者紹介

**工藤栄一郎**　〔第 2 章〕
　西南学院大学商学部教授

**林　　健治**　〔第 3 章〕
　日本大学商学部教授

**高橋　　賢**　〔第 4 章〕
　横浜国立大学国際社会科学研究院教授

**小澤　義昭**　〔第 5 章〕
　桃山学院大学経営学部教授，公認会計士

**松本　祥尚**　〔第 5 章〕
　関西大学大学院会計研究科教授

**小形　健介**　〔第 6 章〕
　大阪市立大学大学院経営学研究科准教授

**宗田　健一**　〔第 7 章〕
　鹿児島県立短期大学商経学科教授

**仲尾次洋子**　〔第 7 章〕
　名桜大学国際学群教授

**飛田　　努**　〔第 8 章〕
　福岡大学商学部教授

## 【編著者紹介】

柴　　健次（しば けんじ）

関西大学大学院会計研究科教授，博士（商学）関西大学
1982 年神戸商科大学大学院経営学研究科博士後期課程中退。
大阪府立大学経済学部教授，関西大学商学部教授を経て，2006 年より現職。

〈主要著書〉

『財政の健全化と公会計改革』〔編著〕関西大学出版部，2018 年
『公共経営の変容と会計学の機能』〔編著〕同文舘出版，2016 年
『大震災後に考える リスク管理とディスクロージャー』〔編者〕同文舘出版，
　2013 年
『分析 利益情報の変容と監査』〔共著〕中央経済社，2011 年
『〈震災後に考える〉地方自治体は重い負担に耐えられるか』〔共著〕早稲田大学
　出版部，2011 年
『公会計と政策情報システム』〔共著〕多賀出版，2007 年
『市場化の会計学―市場経済における制度設計の諸相』中央経済社，2002 年
その他著書，論文多数。

---

2019 年 7 月 10 日　　初版発行　　　　　　　略称：異文化会計

### 異文化対応の会計課題
―グローバルビジネスにおける日本企業の特徴―

編著者　ⓒ 柴　　健　次

発行者　　中　島　治　久

---

発行所　同 文 舘 出 版 株 式 会 社
東京都千代田区神田神保町 1-41　　〒 101-0051
営業（03）3294-1801　　編集（03）3294-1803
振替 00100-8-42935　　http://www.dobunkan.co.jp

Printed in Japan 2019　　　　　　　　DTP：マーリンクレイン
印刷・製本：萩原印刷

ISBN978-4-495-20951-3

JCOPY〈出版者著作権管理機構 委託出版物〉
本書の無断複製は著作権法上での例外を除き禁じられています。複製され
る場合は，そのつど事前に，出版者著作権管理機構（電話 03-5244-5088，
FAX 03-5244-5089，e-mail: info@jcopy.or.jp）の許諾を得てください。